市民の義務としての〈反乱〉

梅澤佑介

イギリス政治思想史における シティズンシップ論の系譜

慶應義塾大学出版会

目次

第四章　思慮なき服従と反乱の義務
――ハロルド・ラスキの多元的国家論

第五章　階級なき社会を目指して——ハロルド・ラスキの唯物史観批判

凡例

・人名の表記に関しては、すでに定着している表記をある程度踏まえつつ、できるかぎり原語の発音に忠実な表記を心がけた。
・引用する外国語文献に邦訳のある場合は積極的に活用したが、用語の統一など特に必要と思われる箇所については原文を参照し、適宜訳を変更している。その際、（ ）内に邦訳に関する情報を併記した。
・英語文献におけるイタリック表記の原語は基本的に傍点を付して訳出したが、古典ギリシア語、ラテン語、フランス語など英語以外の言語を表記する際の、特に強調の意味でないと思われるイタリック表記に関しては傍点を付さなかった。
・引用内の〔 〕は筆者による補足を表す。
・邦訳書情報に付記された［ ］内の数字、および外国語文献情報に付記された［ ］内の数字は原著の初版刊行年を表している。

序　章　「歴史の終わり」？

――市民に投与された催眠剤

動乱の二十世紀も終盤に差し掛かった一九八九年、アメリカの政治学者フランシス・フクヤマは「歴史の終わり？」と題する一本の論文を世に問うた。さらに、ソヴィエト連邦の解体を経た一九九二年、この論文は疑問符を捨て去り、より自信に満ちた断定的な主題を冠して、一冊の書物に昇華された。その論旨によれば、西側リベラル・デモクラシーはいまや共産主義という最後の敵を打ち倒し、自らが人類の創造しうる最良の政治・社会システムであることを証明した。したがって、リベラル・デモクラシーこそが人類の政治思想および統治形態の進化の最終到達点であり、それに比肩しうる敵がすべて滅び去ったいま、われわれは歴史のゴール地点にいるのだという〔★1〕。冷戦終結という時代背景を踏まえれば、それはまさに、東側社会主義陣営に対する西側資本主義陣営の完全なる勝利宣言であったと言える。

だが、フクヤマの断言するように、もしわれわれが本当にこれ以上の改善の余地のない社会システムを手にしているのであるとするならば、果たしてわれわれの眼前に広がる数多の社会問題は一体何に起因するものなのだろうか。飢餓、貧困、格差、過労死、差別、人権侵害、自殺、テロリズム、紛争、環境破壊など、二十一世紀に入った現在においても、人類の直面している問題群は、解決するどころか、むしろより複雑で深刻化した様相を呈している。無論、ここで列挙した問題がすべて、リベラル・デモクラシーというシステムが必然的にもたらす論理的帰結であるというのではない。政治・社会制度にあらゆる責任を帰するような極端な議論もまた、慎重かつ冷静に避けるべきである。しかしながら、「人民による自己統治」を理念として掲げる民主主義が少なくとも制度上は実現していると言えるような国々に限って見ても、その制度下で暮らす大多数の人びとが、われわれの社会が抱える問題のことを、自分自身の問題として真摯に受け止め、責任を感じ、解決に向けて日々努力しているとはとても考え難い。社会問題は自分ではなく、誰か他の専門家たちが解決にあたるべき問題であるかのように思われている。たとえ普通選挙のような民主主義的諸制度が整備されていたとしても、社会問題と個人との間にこうした精神的断絶が存在する社会においては、「人民による自己統治」など実現しようはずもない。そこでは統治に参加しないこともまた「自由」と考えられているのである。

　フクヤマはソ連崩壊の原因を、それが共産主義体制の理念に合致した人間をつくり出すのに失敗したことに求めている［★2］。なるほど自らの私的利益を進んで犠牲に供してまで社会全体のために献身する人間など、結局は幻想にすぎなかったのである。ところで、考えたくもないことだが、もし同様の命題が旧西側陣営のリベラル・デモクラシーにも当てはまるものであるとしたら、そのことはわれわれの行く末を暗示しているのではないだろうか。たしかに普通選挙や自由市場といった制度上のリベラル・デモクラシーは、冷戦終結を経て、旧東側陣営、そしてさらには第三世界にまで波及し続けている。近年の「アラブの春」にも見られるように、その波の勢いはいまだ衰えることを知らない。いまや地球全体をリベラル・デモクラシーが覆い尽くそうとしている。にもかかわらず、欧米諸国のような民主主義の歴史の古い国家においてさえ、統治の主体としての自覚を持つような能動的市民をつくり出すことに悪戦苦闘しているのが現実である。制度上の民主主義の空間的な広がりと反比例するかのように、民主主義先進国における市民の政治的無関心の問題がますます深刻さを増してきている。リベラル・デモクラシーもまた自らの理念に合致する人間の創出に失敗しているのであるとすれば、フクヤマによる東側共産主義の死因究明は、むしろわれわれの未来に待ち受ける本当の「歴史の終わり」の予言となるのかもしれない。

こうした現状を目にした上でもなお、人類の政治・社会システムにはもはや根本的な改善の余地が残されていないという意味での「歴史の終焉」宣告［★3］を、何のためらいもなく受け入れられる者が一体どれほどいるのだろうか。実はいまから一世紀ほど前、ちょうどフクヤマが表明したような楽観的歴史観に対して警鐘を鳴らした人物がいた。イギリスの政治学者ハロルド・ラスキである。「多元主義者」として有名な、あるいは「マルクス主義者」として悪名高いこの人物は、市民の政治的無関心とこのような楽観的歴史観との間に、ある重大な相関関係を見出した。だが、彼の政治思想のこうした側面は、右に挙げた二つのレッテルによって覆い隠され、不当にも看過されてきたのである。そこで本書はこのラスキという人物を、同じくイギリスの哲学者Ｔ・Ｈ・グリーンに端を発するイギリス政治思想史上の「シティズンシップ論」の系譜の中に位置づけ直すことにより、彼の生涯の思索に通底する壮大な企図に光を当てることを主要な目的の一つとする。

(1) シティズンシップ論とは何か——現代シティズンシップ論の歴史と概要

では、シティズンシップ論とは一体何であるのか。そもそも「シティズンシップ(citizenship)」という語の日本語訳が定まっていないことからも明らかなように[★4]、現代政治理論において語られるシティズンシップ論のうちにはいくつかの異なる要素が含まれている。広く現代シティズンシップ論の出発点とみなされる古典として挙げられるのは、二十世紀の半ばに発表された、イギリスの社会学者T・H・マーシャル[★5](Thomas Humphrey Marshall, 1893–1981)の論攷『シティズンシップと社会階級』[★6]である。一九四九年にケンブリッジ大学で行われた講義をもとに翌年公刊されたこの本の中で、彼は、近代以降のイギリスにおいて「市民」として認められる対象の幅が広がるにつれ、市民が国家から付与される「権利」の種類も段階的に増えていったことを指摘している。彼によれば、大まかに言って、十八世紀には私有財産権や契約の自由といった「市民的権利」が、十九世紀には選挙権を中心とする「政治的権利」が、そして二十世紀には福祉に与る権利をはじめとする「社会的権利」が認められるようになった。彼は中でも特に三つ目の「社会的権利」を重視しており、戦後イギリスの福祉国家において、この側面におけるシティズンシップが十全に保障されることによって、ある程度の「社会的階級(の間の格差)」も許容可能なものになるだろうという明るい展望を示した。マーシャル自身も認めているように[★7]、このような議論は、シティズンシップの「義務」としての側面よりも、「権利」としての側面に強調点を置いたものであった。そして、マーシャルの議論を受けて、シティズンシップ論なる分野においては、「市民」の定義に誰を含めるべきかを問う「市民資格」に関する議論と、「市民」の地位に伴う権利としていかなる権利を認めるべきかなどの問題を含む「市民権」に関する議論の二種類が主に存在してきた。

ところが、近年これとは別種のシティズンシップ論が活況を呈している。シティズンシップという語の有する豊かな意味内容は、「市民資格」ないし「市民権」という訳語によって汲み尽くされるものではない。この新たに興隆しつつあるシティズンシップ論の類型は、いわば「市民性」と訳しうるようなシティズンシップ概念をめぐる議論であり、それは一九八〇年代イギリスのサッチャー政権下における福祉国家批判に端を発する。そこでは福祉国家による国民への一方的な社会的権利の付与が、国民の「能動的市民性（active citizenship）」を掘り崩してしまうという問題が提起された［★8］。これはD・G・グリーンなどの保守派の論客のみならず、レイモンド・プラントやデイヴィッド・マーカンドといった中道左派の自己批判としても出てきた議論であったが、九〇年代後半に労働党に政権が移った後にも引き継がれ、やがて『クリック・レポート』という実践的な成果に結晶化された。この『クリック・レポート』とは、ブレア政権の下でイギリス教育省の「シティズンシップに関する諮問委員会」が出した最終答申書『シティズンシップのための教育と学校でデモクラシーを教えるということ』［★9］の通称であり、委員長を務めた政治学者バーナード・クリック［★10］（Bernard Crick, 1929–2008）の名にちなんでこう呼ばれている。そこでは、ただ社会秩序に順応するだけの「善き市民（good citizen）」ではなく、社会秩序を批判的に吟味する、デモクラシーにふさわしい「能動的市民（active citizen）」を教育によっていかに創出していくかといった問題が中心的に議論された［★11］。

能動的市民性を涵養する方法としての検討対象は、「社会保障の削減」という自由放任主義的な手段から、徐々に「教育」へとシフトしていった。このような流れを受けて、二〇〇二年、イギリスの中等教育には新たな必修科目として「シティズンシップ」が導入された［★12］。この流れは日本にも波及し、二〇〇六年以降、一部自治体においてこのシティズンシップ科目に類する教科が導入され［★13］、さらに二〇二二年からは、「アクティヴ・ラーニング」を重視した「公共」なる新科目が、高等学校教育のカリキュラムに組み込まれることになっている。先進諸国における投票率の低下や、その背景にある市民の政治的無関心という問題を受けて、現在、デモクラシーという制度に見合った理想的な「市民」という主体を、いかに「教育」を通じて創出するかという議題が盛んに論じられている。

そうした議論の中で理想とされる「市民」像としては、『クリック・レポート』での議論を受けて、「能動的市民」が想定されることが多い。しかし、この能動的市民を教育によって創出しようとする「シティズンシップ教育」という企ては、ある重大なジレンマに直面せざるをえない。「シティズンシップ」や「公共」といった新科目は、「教育」という手段を通じて、政治に対して自発的に関心を持ち、積極的に情報を収集したり思索を巡らせたりするような主体の創出を目指している。しかしながら、「自発的に考えよ」と命じられて考えることは、自発的に考えていることにはならない。市民性を「教育」によって育むことを目指すかぎり、こうしたジレンマからは逃れられないだろう。現に日本では、二〇〇六年に改正された教育基本法の中に、新たに「愛国心」の涵養を目指すという文言が盛り込まれたことが話題を呼んだ。国家をコントロールする能動的主体の創出を目指す「教育」と、国家がコントロールしやすい受動的主体の創出を目指す「洗脳」とが紙一重であることを考えると、理想的主体の創出という意味でのシティズンシップ教育ほど、「教育」という直接的な手段の孕む危険が致命的なものとなるような領域はない。シティズンシップ教育が「洗脳」に陥ることを回避するためには、間接的な方法をとる方が賢明であるように思われる（また、第一章で見るように、「愛国者」が自分に刃向う存在になりうることも、為政者は十分に自覚しておくべきだろう）。

（2）歴史研究の二つの意義――現代の「偶然性」と「思想の袋小路」

そこで本書は、「理想的市民像」を具体的に提示したり、あるいはそのような市民を創出する方法を直接示したりするのではなく、シティズンシップについて思索を巡らせた四人の思想家を、それぞれの時代背景に即して叙述する歴史的アプローチを採用した。この歴史的アプローチを採用することの意義は二つある。一つ目は、現代という時代状況に潜む「偶然性」の暴露である。いわゆるサセックス学派に属する思想史家ステファン・コリーニによれば、歴史研究を通じて、「当然ないし不可避だと思われてきたことは、偶然であることが明らかになる」。そのため、歴史研究は多くの場合、「支配的なパラダイムに対する挑戦を意図する人びと」によって利用されてきた［★14］。あるパラダイムが生まれ、それがやがて当たり前のものとして受け入れられるまでの過程が、必然的なもののように見えて実は偶然の積み重ねであったということを明らかにするのが、歴史研究というものの有する意義の一つなのである。また、同じくサセックス学派のジョン・バロウによれば、歴史家を表すものとして、「過去を尋問するもの（interrogator of past）」という比喩がしばしば用いられるが、バロウやコリーニはこのような歴史家像を、自分に都合のよい結論を歴史から引き出す態度として忌避した。

加えて、彼らは過度に合理化された歴史の描き方を嫌った。要するに歴史とは、現代という時代状況に必然的に至るまでの一直線で合理的な過程ではない。歴史研究とは、フクヤマが『歴史の終わり』で試みたように、現代という時代状況を何かの完成態として礼讃するのではなく、むしろそこから距離をとり、それを相対化した上で批判的に見るための視座を提供するものである。したがって、コリーニやバロウは、現代という時代を歴史の「ゴール」とみなすことを拒否した。彼らの思想史研究の根底には、歴史を「自由主義が勝利に至る過程」として見る、いわゆる「ウィッグ史観」に対する反感があった［★15］。コリーニやバロウが反対したのは、歴史を「後ろ向きに読む」ことであり、それゆえ目的論的歴史哲学は廃棄されるべきものであったのだ［★16］。そして、本書の主役の一人であるラスキが自らの政治学の基礎に据えようとした「歴史」とは、まさにコリーニやバロウが考えるような意味での、必然ではなく偶然の連鎖としての「歴史」であり、彼はこうした歴史観のあり方とシティズンシップ（市民のあり方）とが密接な関係を有していることを見てとったのである。

　歴史的アプローチをとることのもう一つの意義は、「思想の袋小路（intellectual dead-end）」への注目である。これは一つ目の意義と表裏一体の関係をなしている。現存する制度や思想が、必ずしもその「合理性」ゆえに歴史の中で生きながらえたのではないとすれば、反対に、現在に至る過程の中で廃棄されていった制度や思想の中にも、その「非合理性」ゆえに消えていったのではないものがあったかもしれない［★17］。そして、このことこそ歴史研究というものの存在意義の一つである。換言すれば、歴史研究とは、現存しているものが生じた原因や経緯を究明するためだけの学問領域ではない。それは、現代に残らなかったものが失われた原因や経緯をも問題とする。そして、前者の探究によってしばしば、現存しているものが現代という時代にとって不必要であることが明らかになることがあるように、後者の探究によって、歴史の中で失われていったものが、現代という時代に対して重要な示唆を有することが明らかになることもあるのだ［★18］。

歴史研究の持つこのような意義は、本書の執筆意図とも重なる部分がある。本書の対象とする十九世紀後半から二十世紀前半に至るまでの時代、イギリスにおいては、とりわけ本書で取り上げる四人（T・H・グリーン、バーナード・ボザンケ、L・T・ホブハウス、ハロルド・ラスキ）の思想家を筆頭に、シティズンシップ論が盛んに議論された形跡がある［★19］。にもかかわらず、現代のシティズンシップ論において、この時代の議論が参照されることはまったくと言ってよいほどない。この時代のシティズンシップ論はすっかり忘れ去られてしまったのである。さらにこの忘却は必ずしも必然的なものであるとは言えない。その背景には、各思想家に関する個別研究の辿った解釈史の行方や、冷戦における東西対立といった偶然的な要因が存する。そこで本書では、いわば歴史の中で「袋小路」に迷い込み失われてしまった、あるいは根本的に変質してしまったために現代という時代まで残存しなかった、グリーンからラスキに至るまでのイギリス政治思想史におけるシティズンシップ論の系譜の発掘調査を試みた［★20］。ここ数十年のシティズンシップ論においてはほとんど注目されてこなかったこの四人であるが［★21］、実は彼らの各々の政治思想においては「シティズンシップ」という概念が様々な仕方で重要な役割を演じているのである。

したがって、本書は「シティズンシップ（citizenship）」という概念に着目することにより、グリーンからボザンケ、ホブハウスを経て、ラスキに至るまでの思想的系譜に新たな光を当てる。これら四人の思想家の各々に関する個別研究においても、このシティズンシップ概念に焦点を絞った研究はほとんどなされてこなかった。ただし、ここでは「シティズンシップ」という言葉ではなく概念に着目したことをあらかじめ断っておく。というのは、例えば、グリーンの政治的著作の中には「シティズンシップ」という言葉はあまり見られないものの、彼は後にラスキが「シティズンシップ」という言葉によって展開した議論に通ずる理想的市民像を提示しており、その意味でグリーンの政治思想の中には「シティズンシップ」の概念が明確に見出せるからである［★22］。そのため本書は「シティズンシップ」という言葉の意味内容の厳密な変遷を追うことを意図したものではなく、「シティズンシップ」という概念によって捉えうるような、上記の四人が取り組んだ問題系の批判的継承関係に焦点を合わせたものであると言える［★23］。

（3）従来の視点に潜む問題――先行研究の批判的概観

この四人が生きた十九世紀後半から二十世紀前半という時代のイギリスは、計五回にわたる選挙法改正を通じて普通選挙が漸進的に実現されていく中、一方で大衆民主主義における政治的無関心の問題が顕在化し、他方で社会立法の増大に伴う国家権力の伸長を経験した。こうした状況下にあって、ますます肥大化する国家権力を市民の手によって統御していくことはいかにして可能か、国家権力と個人の自由はいかにして両立しうるのかといった問題が盛んに議論された。中でもグリーン、ボザンケ、ホブハウス、ラスキの四人は、シティズンシップ概念が各々の政治思想の中で重要な地位を占め、かつそれぞれの中でシティズンシップ概念が異なる役割を果たしている点でも特に注目に値する。とりわけシティズンシップ論と密接な関連を有する「抵抗の義務」あるいは「反乱の義務」という観念を中心に、四人の思想家には明白な批判的継承関係が見出せるのである。

もとよりこれら四人の思想家の各々の間の比較研究自体はそれほど珍しいものではない（もっともこの四人全員を一連の流れで扱う研究はそれほど多くはないが）。それでもこの四人がシティズンシップ論の分野においてはおろか、西洋政治思想史一般の分野においても長らく「忘れられた思想家」であったのは、大部分、現代政治理論において中心的な位置を占めている「自由」や「国家」といった概念のプリズムを通して彼らの政治思想が研究されてきたことによるものと思われる。このような「歴史を後ろ向きに読む」類の思想史研究は、四者の政治思想の多種多様さにしばしば覆いをかけてきた。例えば、クエンティン・スキナーは「国家」という語に着目して、イギリス政治思想史における国家概念の変遷の歴史を描いた。彼は国家概念を、国家を人格として捉えるトマス・ホッブズ由来の「擬制理論」と、国家を単なる統治機構として捉えたジェレミー・ベンサムに端を発する「常識的アプローチ」とに分類し、両者のせめぎ合いとしての国家概念史を提示した。

この分類によると、グリーンやボザンケなどのイギリス観念論は「擬制理論」に、そしてホブハウスやラスキの政治思想は「常識的アプローチ」に属するという［★24］。この思想史叙述は国家概念を軸としてイギリス政治思想史を概観する上では大変有用なものであり、またスキナーの意図はホッブズの提示した革新的な国家概念が現代まで脈々と受け継がれてきたことを示すことにあったが、このような意図の下では、グリーンやボザンケのきわめて対蹠的なシティズンシップ論や、ホブハウスとラスキの歴史観のコントラストは捨象されざるをえない。こうした観点からは、この四人の思想はホッブズやベンサムの国家概念を現代に伝えるための単なる「媒体」に格下げされてしまうのである。

また、「自由」という語に着目したアイザイア・バーリンは、政治思想史における「自由」概念を「積極的」なものと「消極的」なものとに分け、グリーンやボザンケの自由概念を前者に分類した上で、積極的自由概念と全体主義的統治形態との間に存する親和性に注意を喚起した［★25］。なるほどこのようにグリーンとボザンケの二人をひとまとめにして批判する解釈は、一方でグリーン政治思想の個人主義的側面を称揚しながら、他方でボザンケ政治思想の国家主義的含意を糾弾する傾向にあった従前の研究に対して、少なからぬインパクトを与えるものであった［★26］。

しかしながら、ここでもやはりグリーンとボザンケの間の重大な相違についてはまったく触れられていないばかりか、後のホブハウスやラスキの自由概念も同様に（バーリンの言う意味での）「積極的」な側面を有するものであったため、そもそも「積極的自由」と「消極的自由」という粗い網の目では捉え切れないこの四人の政治思想の多彩さを記述するには、「自由」概念を中心とする思想史叙述の枠組みはあまり適していないように思われる［★27］。バーリンやスキナーといった思想史研究の大家による概説においては、四者は現代に向かう過程の中で「過去の思想を伝える媒体」か、あるいは「乗り越えられるべき過去の遺物」でしかなかった。だが、この「自由」や「国家」という概念は、もちろんこの四人にとっても重要な論点ではあったものの、彼らの議論は必ずしもこれらの分析枠組みには収まり切らない射程を有するものである。なぜなら、彼らは必ずしも現代のわれわれと同じ問題に取り組んでいたわけではなかったからである。そのため、この四人の思想家が取り組んだ問題を明らかにするためには、まずは一旦「自由」、「国家」、「多元主義」、「マルクス主義」、「リベラリズム」、「福祉国家」といった現代的な関心から距離を置き、彼ら自身の重視した概念や論点に目を向ける必要があるだろう。

加えて、本書が後半で扱うラスキの政治思想に焦点を絞った従来の研究にも多くの問題が胚胎している。それらの問題は、ラスキの死後に発表された包括的なラスキ研究である、アメリカの研究者ハーバート・ディーンによるモノグラフ『ハロルド・ラスキの政治思想』［★28］に起因する部分が大きい。ディーンはラスキの政治思想を、㈠一九一四年から二四年までの〈多元主義時代〉、㈡二五年から三一年までの〈フェイビアン主義時代〉、㈢三二年から三九年までの〈マルクス主義時代〉、㈣四〇年から四五年までの時代、㈤四六年から五〇年までの時代と細分化し、膨大な——そして、きわめて恣意的な——引用をもとに、それぞれの時代区分の間で矛盾し合う要素を挙げ連ね、ラスキの思想的変遷を断罪し、彼のことをさながら支離滅裂な多重人格者のごとく仕立て上げたのであった。

このようなディーンの研究に対しては、たしかに違和感を表明した論者も少なくなかった［★29］。後にラスキの伝記的研究を著したマイケル・ニューマンは、ディーンの研究が「冷戦」という特殊な政治状況の束縛の下で、西側諸国の視点から書かれた党派的著作であったとまで評している［★30］。だが、そのニューマンの伝記的研究でさえ、実際にはディーンの強調した〈多元主義時代〉から〈マルクス主義時代〉までの変化をより緩慢なものとして捉え直したものにすぎず、ラスキの生涯を通じた政治思想の論理的整合性を示すまでには至っていない。ニューマンを含む多くの研究者が、ディーンの呪縛に囚われ、彼の提示した変遷テーゼをしぶしぶ踏襲してきたのである［★31］。

したがって、ラスキをイギリス政治思想史の中に位置づける試みもまた、ディーンのこのような時代区分を前提としてなされてきた。というのも、ラスキがこれまで注目され評価されてきたのはもっぱら「多元主義者」としてであり、そのため彼の政治思想は、特に評判の悪かった〈マルクス主義時代〉以降の著作を度外視するかたちで解釈されてきたからである。そのような研究の典型がデイヴィッド・ニコルズの『多元主義の三類型』であった。ニコルズは、教会や労働組合といった集団が国家に起源を負わない独自の集団であると主張した、「政治を主として個人対国家という点から考える理論に対する反動」としてのJ・N・フィッギスやラスキの立場を「政治的多元主義」として一括し、彼らの政治思想の集団主義的な側面を強調した［★32］。ニコルズによれば、「二〇年代になってラスキは多元主義からさらに離れ、基本的にはマルクス主義的見解をとるようになった」［★33］。ニコルズはディーンが考えるよりも早い時期のラスキの著作にマルクス主義的な要素を見出しているが、〈多元主義時代〉に展開されたラスキの政治思想と〈マルクス主義時代〉のそれとを相容れないものとみなす点ではディーンと同じ轍を踏んでいるのである。

ニコルズと同じ路線で、「多元主義」の発展をオットー・フォン・ギールケからフレデリック・メイトランド、フィッギス、アーネスト・バーカー、G・D・H・コールと、より詳細に辿った思想史研究が、デイヴィッド・ランシマンによる『多元主義と国家の人格』である。ランシマンは、ニコルズと同様に、ラスキの集団主義的な側面を強調するため、ラスキの政治思想に対するウィリアム・ジェイムズの影響を（本書の解釈とは反対に）軽視している［★34］。そして彼もまた、二〇年代にはラスキを含む思想家たちは「多元主義」から離れていったと述べている［★35］。だが、ここで「ラスキがギルド社会主義を批判するようになったこと」が、彼が「多元主義」陣営を離脱したことの根拠として挙げられていることには大いに問題がある。というのも、後に見るように、ラスキのギルド社会主義批判はむしろ二〇年代以前から彼が持ち続けていた「個人主義」の信念と深く関わるものであったのだ。すなわち、ギルド社会主義に対するラスキの批判は、彼が以前採用していた（とランシマンが考える）「集団主義」という立場に対する自己批判ではなく、彼が初期からずっと保持してきた「個人主義」の立場からの批判なのである[★36]。

ラスキの集団主義的な側面を強調するこれらの思想史解釈を現代政治理論に適用する例は、ポール・ハーストの代表作『結社民主主義』に見られる。ハーストによれば、ラスキを含む「結社主義(associationalism)」の立場は、十九世紀に自由主義的個人主義と社会主義的集産主義の双方に対するオルタナティヴとして登場した。「結社主義者たちは、集産主義や国家による強制ではなく、ヴォランタリズム〔個人に自発的な行動を期待する立場〕と自治を信奉した」[★37]。しかしながら、三〇年代、四〇年代と、時代が下るにつれて明らかになっていったように、ラスキはその生涯を通じて、「集産主義や国家による強制」と、個人の「自発性」や「創意」といった価値とを、いかにして両立しうるかという問題に取り組んだのであり、ヴォランタリズムを信奉したのはむしろ、社会秩序の自生性を信じてラスキの計画民主主義論と敵対したフリードリヒ・ハイエクのような論者であった[★38]。ラスキは、個人の自発的な行動(voluntary action)を前提とすることができなかったからこそ、その最初期から「権力の広範な配分」を熱心に主張したのである。したがって、個人主義と集産主義とを相互に排他的な立場とみなし、個人と国家とを対立的に捉えること自体、ラスキの政治思想を叙述する上では誤解を招きかねない見方である。

従来の研究が抱える以上のような問題点の多くは、「現在」の視点から「過去」の思想を眺めていることに起因している。それゆえにこそ、現代の政治哲学において中心的である「国家」や「自由」といった概念を核に、本書で扱う四人の政治思想を再構成することは、必ずしも適切な方法とは言えないのだ。

歴史家のハーバート・バターフィールドは、「過去」を「現在」との関連において研究するウィッグ史観を批判して次のように述べた。「このように、今日との直接的な関係において歴史を考えるというやり方によって、歴史的人物は容易かつ不可避的に、進歩を促した者とそれを妨害しようとした者という二つの部類に分けられてしまう」[★39]。本書が論述の対象とする十九世紀後半から二十世紀前半のイギリス政治思想史に関しても同様のことが言えるだろう。例えば、「自由」という古典的な概念のみに着目してこの時代を見た場合、グリーンやボザンケは「積極的自由」概念を提唱した「危険極まりない思想家」であり、ラスキは「積極的自由」と「消極的自由」の間で揺れ動く「矛盾に満ちた思想家」であるといったような結論が容易に導き出せるのである。

このことは何も彼らの「国家」概念や「自由」概念をまったく考慮の外に置くということを意味しない。これらは四人の思想家のいずれの政治思想においても依然として重要な概念であり、これらを完全に無視して彼らの政治思想について語ることは不可能とすら言えるだろう。しかしながら、本書はあえてこれらとは別の諸観念を中心に彼らの議論を解釈し直すことにより、彼らの政治思想の中でも、いままで不当にも軽視あるいは無視されてきた側面を照らし出そうと試みた。そうした再解釈の核となるとは、具体的にはシティズンシップ論であり、またそれと関連して「抵抗の義務」ないし「反乱の義務」の観念である。これらの諸観念に焦点を合わせることにより、従来「イギリス理想主義」、「新自由主義」、「多元主義」、「マルクス主義」といった、ある種の「型」に押し込められてきた彼らの各々の政治思想の間に、より多面的で込み入った批判と継承の関係を見出すことができる。そして、これらの観念をめぐる彼らの議論は現代シティズンシップ論の分野のみならず、「歴史と政治」というより広いテーマに関しても大いに示唆を与えるものとなるだろう。

（4）本書の構成

ここで本書の大まかな流れを示しておこう。本書の前半（第一章〜第三章）では、ラスキのシティズンシップ論や、それと密接に関連する「反乱の義務」論に深く影響を及ぼした三人の思想家であるグリーン、ボザンケ、ホブハウスの政治思想を、各々のシティズンシップ論や「抵抗／反乱の義務」論の観点から再解釈した。その際、従来の典型的な思想史研究が描いてきたように、「イギリス理想主義者」グリーンおよびボザンケの二人対「新自由主義者」ホブハウスと「多元主義者」ラスキの二人という単純な対立図式に彼らの政治思想を当てはめるのではなく、四者が各々の先達の思想をいかなるかたちで批判的に継承したのかという点に細心の注意を払った。

まず第一章では、T・H・グリーンの政治思想におけるシティズンシップ論の位置づけを論じる。本書の叙述するイギリス政治思想史においては、T・H・グリーンの提示した「抵抗の義務」の観念が、後の三人の思想家によって「反乱の義務」として受け継がれ、それぞれ独自の意味づけが与えられることとなった。その意味でグリーンは、本書の出発点に相応しい思想家である。続く第二章では、バーナード・ボザンケの政治思想に焦点を当てる。通常、イギリス観念論を創始したグリーンの後継者とみなされる彼が、いかなるかたちでグリーンの権利・義務論を歪曲し、またグリーンと対照的なシティズンシップ論を展開したのかをこの章で明らかにする。第三章では、L・T・ホブハウスの政治思想を扱う。従来、多くの研究者がもっぱらボザンケとホブハウスの政治思想の対立的な側面に目を向けてきたのに対し、本書ではホブハウスがグリーンの権利・義務論を、実はボザンケと非常に似通ったかたちで受容していたことを強調した上で、改めてボザンケとホブハウスの異同について論じる。また、ホブハウスがボザンケの政治理論を「形而上学的国家論」と揶揄していたにもかかわらず、ホブハウスの客観主義的権利論が「進歩の形而上学」に立脚したものであったことを示す。

本書の後半（第四章〜第六章）では、シティズンシップ論を中心とするハロルド・ラスキの政治思想を三つの時期に分けて検討する。その際、各々の時期におけるラスキの政治思想が相互に論理的な矛盾を来しているとする前述のディーンによるラスキ解釈に対する反駁を一貫して意識しつつも、一方でラスキは著作数が膨大であると同時に、時期によって論じている主要なテーマに若干の違いが見られるため、便宜的にこの時代区分に沿って叙述を行った。まず第四章では、ラスキの二〇年代の著作を検討する。ここでは一九二五年前後を境に彼の政治思想を〈多元主義時代〉と〈フェイビアン主義時代〉とに区分する従来の解釈に対して、ラスキの「法学的」観点と「道徳的」観点の厳格な区別に着目することにより、二つの時代の間の論理的一貫性を示す。右の二つの視点の区別はまた、晩年まで続く彼のシティズンシップ論とも深く関係するものであった。

続く第五章では、ラスキが三〇年代に入ってマルクス主義を受容したことにより、彼の政治思想に「階級なき社会の実現」という新たな目標が付け加えられたことを示す。ただし、ここで見るように、第四章で見た彼の「多元的国家論」は、マルクス主義を採り入れた後も依然として継続していた。また、彼が決してマルクス主義を無批判に受け容れたわけではなかったことについてもこの章で明らかにする。さらに第六章では、経済的領域における国家の積極的行動の推進と、個人の自由の実現との両立という、ラスキが生涯一貫して追求したテーマが、四〇年代に入って彼の「計画民主主義」論に結実したことを示す。そして、計画社会論争の文脈の中にもラスキを位置づけることにより、この論争における彼の議論の特異性を浮き彫りにしつつ、ハイエクなどによるラスキ批判の妥当性についても再検討したい。ラスキをイギリス政治思想史におけるシティズンシップ論の系譜上に位置づけることによってこそ、彼の「計画民主主義」論もまた正しく解釈することが初めて可能になると言えるだろう。

最後に、本書は決してイギリス政治思想史におけるシティズンシップ論のあらゆる系譜を完全に網羅することを意図したものではないことを断っておきたい。本書が扱うのは、「抵抗の義務」の観念を中心として、その間に明確な批判的継承関係が認められる四人の思想家のシティズンシップ論である。彼らはそれぞれホッブズやジョン・ロックなどの思想的先達に対する反論を通じて自らの理論を構築した。その中には、最先端の政治思想史研究の成果からすれば不当とも言えるような思想解釈さえ見受けられるが、本書ではそれらの大思想家たちが遺した古典的なテクストは、基本的に「四者の政治思想を正確に理解する」という目的からのみ取り扱われる。そのため、それぞれの古典（例えば『リヴァイアサン』や『統治二論』など）に関する四者の解釈の妥当性に逐一言及することは、議論を煩雑にする恐れがあるのであえて避けた。同様の目的から、本書の思想史叙述の範囲も宗教改革時代の抵抗権論や十八世紀の共和主義者たちによる徳と商業をめぐる議論などにまで遡ることはせず、グリーンが登場する前段階の時代の政治・社会思想潮流を出発点とした。次章は本書で扱うシティズンシップ論の系譜と直接の関係を有するヴィクトリア時代の「性格」論から話を始めることとしよう。

★1　Francis Fukuyama, 'The End of History?', in *The National Interest*, vol. 16, 1989, pp. 3-18; Francis Fukuyama, *The End of History and the Last Man*, Free Press, 1992（渡部昇一訳『歴史の終わり』上下巻、三笠書房、二〇〇五年）.

★2　Fukuyama, *The End of History and the Last Man*, p. 38（邦訳、上巻、八六頁）.

★3　フクヤマは、「今日では、現状よりもはるかに素晴らしい世界など想像し難いし、本質的に民主主義的でも資本主義的でもない未来を思い浮かべるのは困難だ」ということを根拠に、「歴史の終わり」を宣言した。Fukuyama, *The End of History and the Last Man*, p. 46（邦訳、上巻、九八―九頁）. しかし、彼はいまだ世界の後進諸国に残存する権威主義体制を見て次のようにも述べている。「われわれは、今日の過渡的な状況を何か永続的な状態と混同しないように気をつけなければならない」。Fukuyama, *The End of History and the Last Man*, p. 37（邦訳、上巻、八五頁）. この開明的な主張は、彼の信奉するリベラル・デモクラシーという政治・社会形態それ自体にも十分当てはまりうるものである――もっとも彼自身はそう考えていないようだが。

★4　シティズンシップという語の訳しにくさについては、岡野八代『シティズンシップの政治学――国民・国家主義批判』増補版、白澤社、二〇〇九年、二一頁を参照。なお、岡野は「市民」という言葉を「十全な市民権を享受し、政治参加の権利あるいは義務を持つ者」と定義しているが（岡野『シティズンシップの政治学』二六頁）、政治参加とまったく関係を有さない「市民」観念および「シティズンシップ」観念については、本書の第二章第三節において検討する。

★5　マーシャルは一九二九年、本書の主役の一人であるL・T・ホブハウスの跡を継いで、ロンドン・スクール・オヴ・エコノミクスの社会学教授に就任した人物でもある。

★6　T. H. Marshall, 'Citizenship and Social Class' (1950), in T. H. Marshall & Tom Bottomore, *Citizenship and Social Class*, Pluto Press, 1992, pp. 1–51（岩崎信彦、中村健吾訳『シティズンシップと社会的階級』法律文化社、一九九三年、一―一三〇頁）.

★7　Marshall, 'Citizenship and Social Class', p. 7（邦訳、一三頁）.

★8　こうした問題は九〇年代以降の日本においてもネオリベラリズムの流れで提起された。そこでは国家の役割を社会保障から安全保障へとシフトさせながら、市場経済における自立した強い個人像を国民に要請する議論が展開されている。岡野『シティズンシップの政治学』一九頁注。

★9　Advisory Group on Citizenship, *Education for Citizenship and the Teaching of Democracy in Schools*, The Qualifications and Curriculum Authority, 1998（鈴木崇弘、由井一成訳「シティズンシップのための教育と学校で民主主義を学ぶために」、長沼豊、大久保正弘編著『社会を変える教育』キーステージ21、二〇一二年、一一一―一二〇頁）.

★10　クリックはロンドン・スクール・オヴ・エコノミクスでラスキの教えを直接受けた最後の世代の学生でもあった。

★11　サッチャー政権下における福祉国家批判からクリックのシティズンシップ論が登場するまでの一連の流れに関しては、平石耕「シティズンシップ――B・クリックの〝能動的シティズンシップ〟論の文脈」、佐藤正志、ポール・ケリー編『多元主義と多文化主義の間――現代イギリス政治思想史研究』早稲田大学出版部、二〇一三年、一八七―二一三頁に詳しい。

★12　なお、イギリスでは二〇一〇年の政権交代の後、保守党政権下における教育自由化の流れで、シティズンシップ科目は選択科目に引き下げられた。

★13　長沼、大久保編著『社会を変える教育』一二〇頁。

★14　Stefan Collini, 'The Identity of Intellectual History', in Richard Whatmore & Brian Young (eds.), *A Companion to Intellectual History*, John Wiley & Sons, 2016, p. 16. なお、「サセックス学派」という思想史研究アプローチの系譜と内実の詳細については、同論文を参照。

★15　ウィッグ史観のより詳しい批判的分析に関しては、Herbert Butterfield, *The Whig Interpretation of History*, Norton, 1965（越智武臣ほか訳『ウィッグ史観批判』未来社、一九六七年）を参照。

★16　Cesare Cuttica, 'Intellectual History in the Modern University', in Whatmore & Young (eds.), *A Companion to Intellectual History*, pp. 40–1.

★17　Cuttica, 'Intellectual History in the Modern University', p. 43.

★18　サセックス学派を代表するコリーニ、バロウ、そしてドナルド・ウィンチの三人の手による記念碑的歴史研究『かの高貴なる政治の科学』はまさにこのような関心の下に書かれた。同研究は、現代のいわゆる「政治学（political science）」とはまったく関係のない、歴史の中に埋もれてしまった「政治の科学（science of politics）」を発掘する試みであった。John Burrow, Stefan Collini & Donald Winch, *That Noble Science of Politics: A Study in Nineteenth-Century Intellectual History*, Cambridge University Press, 1983, p. 3（永井義雄、坂本達哉、井上義朗訳『かの高貴なる政治の科学』ミネルヴァ書房、二〇〇五年、四頁）. 彼らによれば、「政治の科学」を打ち立てるというこの壮大な企図は、「イギリス国制」に対するイギリス人の自信喪失という歴史的偶然によって消失するに至ったが、このことは何も「政治の科学」が現代の「政治学」に対して、問題解決能力の点で劣っていることを証明するものではない。Burrow, Collini & Winch, *That Noble Science of Politics*, pp. 372–7（邦訳、三一八―三二三頁）.

★19　特にイギリス観念論者の著作のタイトルに「シティズンシップ」という語が散見されることは注目に値する。E.g. John Maccunn, *Ethics of Citizenship*, Macmillan, 1894; Bernard Bosanquet, 'The Duties of Citizenship', in Bernard Bosanquet (ed.), *Aspects of the Social Problem*, Macmillan, 1895, pp. 1–27; Henry Jones, *The Principles of Citizenship*, Macmillan, 1920.

★20　それゆえ本書の問題関心は、近年発表されたラスキに関する大井赤亥の研究『ハロルド・ラスキの政治学』のそれとは異なるものである。大井はこの著作の中で以下のように述べている。「往々にして、忘却された思想は、それを意識する必要がないほど現代の体制の土台となり、血肉化されていることがしばしばある。ラスキ政治学の理論構造を見るとき、それが二十世紀の政治体制の構築に与えた基底的な影響力を意識せざるをえず、それらを位置づけ直す作業は思想史研究の課題であろう。またそのような作業を通じてこそ、二十一世紀の政治への展望を導く糸口として、ラスキ政治学が孕む価値を見定めることも可能になるだろう」。大井赤亥『ハロルド・ラスキの政治学――公共的知識人の政治参加とリベラリズムの再定義』東京大学出版会、二〇一九年、二六九―七〇頁。

　これに対して本書は、ラスキが影響を与えなかった（もしくは影響を与えたと確定的には言いえないような）側面に注目したものである。シティズンシップ論に関しては、クリックを通じて、イギリスの中等教育におけるシティズンシップ科目の必修化にラスキの政治思想が影響を及ぼしたということが言える可能性もあるが、クリックのシティズンシップ論の思想的淵源がラスキの政治思想にあったという決定的な証拠はなく、むしろ前述の通りクリックは「能動的シティズンシップ」に関する議論を、直接的には一九八〇年代のサッチャー政権下における福祉国家批判から受け継いでおり、また仮にラスキの影響があったとしても、本書が中心的に扱う「政治と歴史」に関するラスキの議論は現代のシティズンシップ論においてまったく参照されていない。しかしながら、現実に影響を与えなかったことは、必ずしもその思想が欠陥を有することの証拠とはならないのである。

★21　特に「市民性」という意味におけるシティズンシップ論において特に参照されることの多い思想家としては、アリストテレス、キケロ、マキアヴェッリ、ルソー、トクヴィルなどが挙げられる。Derek Heater, *What is Citizenship?*, Polity Press, 1999, esp. ch. 2（田中俊郎、関根政美訳『市民権とは何か』岩波書店、二〇〇二年、七七―一三八頁）; Richard Bellamy, *Citizenship: A Very Short Introduction*,

Oxford University Press, 2008, esp. ch. 2.

★22 「言葉（word）」と「概念（concept）」の違いとその重要性については、Quentin Skinner, 'The Idea of a Cultural Lexicon', in *Visions of Politics, Volume I: Regarding Method*, Cambridge University Press, 2002, pp. 158–74を参照。クエンティン・スキナーは、言葉にのみ着目するレイモンド・ウィリアムズの研究を批判しつつ、ジョン・ミルトンを例にとって、彼が「独創性（originality）」という言葉を用いていなかったにもかかわらず、明らかに「独創性」を重視していた点において、「独創性」の概念を有していたことを説明している。Skinner, 'The Idea of a Cultural Lexicon', p. 159.

★23 なお、本書ではcitizenshipという英語を基本的には訳さずにそのまま「シティズンシップ」と表記したが、必要に応じて「市民であること」や「市民たること」と訳したところもある。

★24 Quentin Skinner, 'The Sovereign State: A Genealogy', in Hent Kalmo & Quentin Skinner (eds.), *Sovereignty in Fragments: the Past, Present and Future of a Contested Concept*, Cambridge University Press, 2010, pp. 26–46, esp. pp. 40–2.

★25 Isiah Berlin, 'Two Concepts of Liberty'（1958）, in Preston King (ed.), *The Study of Politics: A Collection of Inaugural Lectures*, Frank Cass, 1977, pp. 119–62（生松敬三訳「二つの自由概念」、『自由論』新装版、みすず書房、二〇〇〇年、二九五―三九〇頁）.

★26 バーリンの論文「二つの自由概念」がグリーン研究史の中で有した意義については、若松繁信『イギリス自由主義史研究――T・H・グリーンと知識人政治の季節』ミネルヴァ書房、一九九一年、五四―五頁に詳しい。

★27 またそれゆえに、積極的自由と消極的自由の間で揺れ動くラスキの政治思想の変遷を批判的に描いたピーター・ラムによる研究も、かえってラスキ政治思想の骨子を覆い隠してしまうものであったと言えるだろう。Peter Lamb, *Harold Laski: Problems of Democracy, the Sovereign State, and International Society*, Palgrave Macmillan, 2004, ch. 4.

★28 Herbert A. Deane, *The Political Ideas of Harold J. Laski*, Columbia University Press, 1955（野村博訳『ハロルド・ラスキの政治思想』法律文化社、一九七七年）.

★29 例えば、ラスキの弟子と目される政治学者ラルフ・ミリバンドは、ディーンの研究が「ラスキの政治思想を批判的検討に付す包括的な試み」の欠落した状況を埋めるものであったとしながらも、「不幸にも、彼の本は今日必要とされているようなバランスのとれたラスキ再評価の類というよりはむしろ、なかなか閉まらない棺桶の蓋に一生懸命釘を打ちつけようとする試みである」と評している。Ralph Miliband, 'Review: *The Political Ideas of Harold J. Laski* by Herbert A. Deane', in Stanford Law

Review, vol. 8, no. 1, 1955 p. 149.

★30　Michael Newman, *Harold Laski: A Political Biography*, Merlin Press, 2009 [1993], pp. xiv-v.

★31　例外的にラスキの思想を一貫したものとして捉えている研究として、丸山眞男「西欧文化と共産主義の対決——ラスキ「信仰・理性及び文明」について」（一九四六年）、『現代政治の思想と行動』新装版、未来社、二〇〇六年、二〇三—二二三頁、丸山眞男「ラスキのロシア革命観とその推移」（一九四七年）、『現代政治の思想と行動』二二四—四六頁、W. H. Greenleaf, 'Laski and British Socialism', in *History of Political Thought*, vol. 2, no. 3, 1981, pp. 573-91; 毛利智「ハロルド・ラスキの社会変革論——議会主義と革命主義のはざまで」、『政治思想研究』第一一号、二〇一一年、四三〇—六五頁などがある。ただし、これら研究はそれぞれ、本書の問題関心からはなおも不十分な点が残る。詳しくは、本書、第四章の注（74）、第五章冒頭、第六章冒頭を参照。

★32　David Nicholls, *Three Varieties of Pluralism*, Macmillan Press, 1974, pp. 1–2, 5（日下喜一、鈴木光重、尾藤孝一訳『政治的多元主義の諸相』御茶の水書房、一九八一年、四—五頁、一一頁).

★33　Nicholls, *Three Varieties of Political Pluralism*, p. 14（邦訳、二五頁).

★34　David Runciman, *Pluralism and the Personality of the State*, Cambridge University Press, 1997, pp. 178-9. また、ランシマンと同じく、ラスキをメイトランドやフィッギスなどの「多元主義」の流れの中に位置づけ、その後のアメリカでの「多元主義」の展開を論じた研究として、早川誠『政治の隘路——多元主義論の二〇世紀』創文社、二〇〇一年がある。本書は何もこれらの多元的国家論の先達からの思想的な影響があったことを否定するものではない。むしろいままで等閑に付されてきた別の思想的影響関係を洗い出すことにより、ラスキの政治思想の新たな一面が明らかになるであろうことを期待するものである。

★35　Runciman, *Pluralism and the Personality of the State*, pp. 195–6.

★36　本書、第四章第三節参照。

★37　Paul Hirst, *Associative Democracy: New Forms of Economic and Social Governance*, Polity Press, 1994, p. 15.

★38　ハイエクによるラスキ批判については、本書、第六章第二節（二）を参照。

★39　Butterfield, The *Whig Interpretation of History*, p. 11（邦訳、一〇頁). 強調引用者。

第一章　忠実な臣民と知的愛国者
――T・H・グリーンの「抵抗の義務」論

第一節　ヴィクトリア時代の思想状況

(1) ウィッグと「性格」論――イギリス国制への信頼

T・H・グリーンが著作活動を行った「ヴィクトリア時代」は、一八三七年、国王ウィリアム四世の死と若きヴィクトリア女王の即位によって幕を開けた。とはいえ、一九〇一年まで半世紀以上にわたって続くこの時代は、当然のことながら一様なものではなかった。それどころか、三次にわたる選挙法改正に象徴されるように、十九世紀は後の世代から見ても重要な改革が段階的に行われ、イギリスの政治・社会構造が目まぐるしく変化した時代であった［★1］。

前世紀末に勃発したフランス革命とそれに続いてヨーロッパ全土を襲ったナポレオン戦争の嵐は、十九世紀初頭のイギリス世論の保守化を惹起し、トーリー党長期政権の下で改革の動きは一時凍結されていた。産業革命と工業化の只中にあって、当時のイギリスにおいては労働者を保護する法律が甚だ不十分な状態にあった。しかしながら、ヴィクトリア時代に先立つ一八二〇年代に入ると徐々に改革の機運が醸成されはじめ、二四年には団結禁止法が撤廃されて労働組合の活動が合法化された。

一八三〇年にグレイ伯の首相就任により約半世紀ぶりにウィッグ党が政権に返り咲くと、翌年には早くもジョン・ラッセル卿（バートランド・ラッセルの祖父）の手による選挙法改正法案が提出され、紆余曲折を経て三二年、グレイの卓越した政治手腕により第一次選挙法改正が成し遂げられた。この改革により、イギリスの有権者の数はたしかに増加した。しかしながら、新たに選挙権を与えられた者の多くは大土地所有者に従属する小作人であったため、議会における貴族とジェントリーの盤石な支配体制はほとんど揺るがなかった。むしろ中流階級を体制内に取り込んだという意味では、きわめて保守的な性格を有する「改革」でさえあったのである。

にもかかわらず、この政治改革を皮切りに様々な社会立法が続々と行われたという意味では、ヴィクトリア時代の前葉はやはりすぐれて「改革の時代」であったと言えるだろう。貿易の自由化という帰結を恐れて選挙権の拡大に対しては反動的であったトーリーであったが、社会立法となると今度は打って変わって、労働者を使役するブルジョア階級の利害を代弁していたウィッグよりも、むしろノブレス・オブリージュに基づく人道主義を前面に押し出した慈善的なトーリー主義者が改革を先導したことはこの時代の特徴であった。一八〇二年に成立した工場法は、その後数回にわたる改正を経て、三三年の改正法によりようやく実効性を得るに至った。この改正法では、まだ十分とは言えないながらも、年少者や児童の労働を工場監督官制度によって規制し、自由放任主義に多少なりとも制限を課した点においては画期的なものであった。

また、社会政策の展開において哲学的急進派が果たした役割も無視しえない。筋金入りのベンサム主義者であったエドウィン・チャドウィックは、経済学者のナッソー・シニアとともに、救貧法改正にあたって大きな役割を果たした。三四年に成立した新救貧法の下では、それまでの貧民に対する直接現金支給による院外救済が改められ、とりわけ労働能力のある貧民に関しては、救貧院（workhouse）に収容し、刑務所同然の規律的生活と劣悪な条件下での強制労働を課すことによる院内救済が行われた。救貧院に入れられた人びとは人身の自由を喪失し、選挙権を剝奪されることになる。したがって新救貧法は、「市民」に対して当然認められるべき権利としてではなく、むしろ「市民」の立場を放棄することと引き換えに、貧者に対して救済を与えるような制度だったのである［★2］。

このような改革の背景には、為政者の救貧観の変移があった。彼らは、院外救済による現金支給が貧民のためになっておらず、かえって労働能力のある健常者の労働意欲を殺ぐことにより、社会全体の労働効率を低減させていると考えるようになった。院外救済の慣行によって染みついた労働者階級の依存体質を改善するためには、救貧院内で行われる救済もまた、救済に頼らずに働く労働者の生活よりも惨めで苛酷なものに意図的に留め置く必要があった。支配階級のこうした救貧観を代弁したチャドウィックらの手による報告書に基づいて設置された救貧院は、貧民のバスティーユ牢獄として恐れられ、貧困は道徳的な罪とみなされるに至った。

このような救貧観には、この時代の中流階級の価値観であった「ヴィクトリアニズム」が色濃く反映されている。産業革命を通じて巨万の富を得たブルジョア階級は「世界の工場」としてのイギリスの繁栄を謳歌し、経済界での寡頭支配を確たるものとした。しかしながら、彼らは古き伝統を誇る名門の貴族やジェントリーからすれば単なる「成り上がり者」にすぎず、ジェントルマンとしては到底受け入れられることはなかった。そこでブルジョア階級は「ヴィクトリアニズム」と呼ばれる独自の道徳を築くこととなる。それはまさに有閑階級のジェントルマンが蔑視した「労働」を尊ぶピューリタン的自助独立の精神であった。「勤勉」、「節制」、「忍耐」がその主要な徳目であった。サミュエル・スマイルズの『自助論』が彼らのバイブルであった[★3]。そして、彼らのアイデンティティの中核となっていたのが「性格（character）」の観念である。

この「性格」を有していることこそ、彼らにとっては真っ当な人間の条件であった。こうした観点から、上層労働者階級を含む中流階級は、一方で貧困層の怠惰を蔑んだ。下層労働者階級の現在の経済的苦境は彼らの堕落した気質から生じたのであり、因果関係はその逆ではなかった[★4]。ここでの「性格」とは、主に逆境に挫けない心を意味しており、貧乏人の貧乏たるゆえんは、逆境に直面したときに衝動を抑制することができず、わずかな稼ぎを飲酒や娯楽などの憂さ晴らしに浪費し、節制することができないことにあった[★5]。裏を返せば、十分な勤労所得があることは、立派な「性格」を有していることの証左であった。したがって、貧困層を国家の醵金によって救済することは、彼らの自立心を掘り崩してしまうものとして忌避された[★6]。

他方で、中流階級の道徳的非難は上流階級の奢侈に対しても向けられた。彼らはただ単に財産を持っていればそれでよしとはしなかった。その財産の質も問われたのである。彼らは禁欲の精神に基づいて、土地貴族の無節操な贅沢や俗物趣味を軽蔑した［★7］。財産はあくまでも勤労によって獲得されたものでなければならなかった。こうしてヴィクトリア時代のイギリスにおける中流階級は、貴族とも労働者とも異なる独自の価値観を構築していったのである。

しかしながら、中流階級のこうした排他的アイデンティティは、彼らが抱き続けたジェントルマンに対する憧憬と羨望の裏返しでもあった。政治の舞台の主役の座には、相変わらず貴族たちが居座っていた。ブルジョアの階級的要求であった貿易の自由化も、結局はウェストミンスターを牛耳る貴族たちの手によって成し遂げられたのであった。たしかに議会にはリチャード・コブデンやジョン・ブライトといった、いわゆる「マンチェスター学派」なるブルジョアの代弁者もいた。だが、彼らは全体として見れば取るに足らない少数派であり、彼らの念願は自由貿易に理解のある開明的な地主層の協力を俟って初めて成就されうるものであった。事実、一八四六年、最後の保護関税であった穀物法が撤廃されたのは、自由党ではなく保守党のサー・ロバート・ピール内閣の下においてであった。皮肉にも、この穀物法闘争を機に保守党は本流の保護貿易派と自由貿易を推進するピール派とに分裂し、以後、ダービー伯の三次にわたる短期政権を挟みつつも、二十年ほど政権を退く憂き目を見ることとなる。

このように、第一次選挙法改正を経たあとも、議会政治は貴族階級によって主導されていた。上下両院の議員職は無給の言うなれば名誉職であり、資産と余暇に恵まれた有閑階級を除いては、いまだ議会政治への門戸は閉ざされたままであった。チャーティスト運動の人民憲章が「議員への歳費支給」をその条項に盛り込んだのもこのためであった。一方で、旧態依然とした政治により自由貿易が実現されたあとのイギリスは、一八七三年の大不況に至るまで、未曽有の繁栄を享受することとなったのである。

「繁栄の時代」にあって、労働者階級の闘争であったチャーティスト運動も沈静化し、労働組合も高額の組合費に基づく共済機能を備えた相互扶助組織へと姿を変えていった。自助と独立を重んずる中流階級の価値観は労働者階級にも浸透し、個人ではなく集団を単位として、その理念は実践に移されたのである。このように、議会政治の運営に与りえなかった中流以下の階級も、体制内に馴致されることで政治的にも保守化し、選挙権のさらなる拡大に対する熱意もまた冷却していったのであった。だが、ベンジャミン・ディズレーリが小説『シビル』において、イギリス人を富者と貧者に分かたれた「二つの国民」として描いたように、最下層の生活がなおも悲惨な状態にあったことも忘れるべきではない。

にもかかわらず、いや、だからこそと言うべきか、いずれにせよこのような事情も手伝って、将来イギリスで完全な普通選挙が実施されることになることなど、この時点では――ジョン・ステュアート・ミルなど一部の急進的な思想家を除いては――夢想だにしえない事態であったろう。ヴィクトリア時代中期の繁栄の下、「ウィッグ」のイデオローグたちはイギリスの階層秩序に基づく国制（constitution）を「自由な統治（free government）」として称えた。その代表格たるウォルター・バジョットは『イギリス国制論』（一八六七年）の中で、人間らしい生活を送ることすら許されていない最下層の人びとでさえ「政治的に満足している」状況に、イギリス国制全体が安定的なものであることの要因を見出した［★8］。ウィッグにとっては当然のことながら、衝動を克服する術を持たず、欲望のままにアルコールに浸る下層労働者階級には「性格」が認められないため、彼ら自身に選挙権を与えることなどもってのほかであった［★9］。仮にこの階級にまで選挙権が拡大されるようなことがあれば、いままで保持されてきたイギリス国制の伝統は瓦解し、無秩序が招来されるであろう。しかしながら、彼らには善き統治にふさわしい

「信従心（deference）」がある。彼らの中のいかにみすぼらしい生活を送る者でさえ、イギリスの王室に対する畏怖を感じている。この畏怖によって、イギリス国制の秩序は堅固に維持されているのである［★10］。

そして、このような信従心は中流階級にも見られる。第一次選挙法改正によって選挙権を新たに与えられた中流階級は政治的には未成熟であるため、議会政治の直接的な運営はより賢明な人びと、すなわち歴史的に支配階級を担ってきたジェントルマンに任せるべきだという合意が形成されている［★11］。このように、イギリス国制は労働者階級と中流階級の重層的な「信従心」によって安定的に維持されてきた。そして、このことからも分かるように、主に貴族階級が行う政治的決定と、有権者たる中流階級が行う投票とは、質的に異なる営為として理解されていた。下層労働者階級がイギリス王室の魔力に魅了されて抱く畏怖心に基づく信従とはまた別に、政治的支配者（貴族階級）と有権者（中流階級）の間には、政治的知性を発揮する「リーダーシップ」とそれに理性的な信任を与える「フォロワーシップ」というかたちでの信従関係が成立していたのである［★12］。

また、ウィッグの法学者であるジョン・オースティンは、バジョットも指摘したイギリス国制を安定的なものとしているイギリス人の性格を「合憲性の感情（the sentiment of constitutionality）」と表現している［★13］。ここで言われている「合憲性の感情」とは、既存の国制のあり方を、たとえどんな不満があったとしても、ありのままに受け容れるような感情である。オースティンは、イギリス国制が現に維持されているというその事実の中に、イギリス国民が全体としてはそれを受け容れているということの証拠を見出した［★14］。さらに、T・B・マコーリーに代表されるウィッグ史観に影響を与えた歴史家ヘンリー・ハラムは、イギリス人の信従心に満ちたこのような「性格」が、イギリス国制の持つ長い歴史の中で育まれてきたものであることを強調した［★15］。このように、ウィッグの「性格」論の背後には、歴史的持続性そのものに対して何らかの価値を見出すような歴史観が控えていたのである。

(2) J・S・ミル――「自由な統治」の維持のために

以上で見てきたような、歴史的に維持されてきたイギリス国制の慣習を重視するウィッグの立場に対し、慣習に無批判的に従うことに警告を発し続けた思想家が、「ラディカル」の立場を代表するジョン・ステュアート・ミル（John Stuart Mill, 1806–73）であった。とはいえ、ミルの政治思想においても「性格」の概念は重要な地位を与えられている。彼は『自由論』（一八五九年）の中で次のように語る。「欲望と衝動が彼自身のものであるような人（……）は、性格を有していると言われる。欲望と衝動が彼自身のものでないような人は、何らの性格も有してはいない」［★16］。このように、人間の本能的衝動をコントロールしうるか否かを「性格」の有無の基準とする点において、ウィッグの思想家たちとミルの「性格」観は一致している。

しかしながら、ミルはこのような「性格」概念を前提としながらも、当時広く民衆にとって理想とされていた性格は「際立った特徴を持たないこと」であるとして、こうした一般的傾向を批判している［★17］。ミルが理想とする「自由な統治」たる代議政治の活力を維持していくためには、民衆のこのような凡庸な性格は望ましくない。それは単なる秩序維持に必要な「性格」だけでなく、個人の次元における「個性（individuality）」と、その帰結としての社会の次元における「多様性（diversity）」を必要とする［★18］。

このような観点から、ミルは伝統や慣習を偏重するウィッグの国制擁護論を批判した。慣習に対して、

「それが慣習だから」という理由のみから従うのであっては、個性は鍛えられるどころか萎縮してしまうだろう［★19］。ミルにとって、個性とは自発的な「選択」によって陶冶されるものであった［★20］。しかしながら、時代の趨勢はミルの理想に反して、現状に満足し、慣習を無批判的に受け容れている者が多数派であった［★21］。ウィッグの貴族たちによるイギリス国制擁護論はまさにこのような現状を理論的に補強するものであった。彼らはイギリスが繁栄した要因をイギリス国制の伝統に見出し、それを賛美する。その際、彼らは「民衆（the people）」の繁栄ではなく、「国（the country）」の繁栄について語る。この「国」という言葉が実際に指しているのは貴族階級のことであって、彼らには残りの「民衆」の苦しみが見えていない。だが、イギリス社会に悪弊が存在していることは明らかである。国制が本当に機能しているのであれば、貧困や犯罪などの社会悪は存在しないはずだ。それゆえに、彼は現国制擁護論を展開し、その改革に反対するオースティンのような立場を批判したのであった［★22］。

だが、他方でトーリーによる慈恵的な労働者保護の主張に対してもミルの態度は冷ややかであった［★23］。国家によるパターナリスティックな干渉は、民衆の性格を堕落させ、彼らの自立的精神を掘り崩してしまう。そう考える点で、ミルもまたヴィクトリア時代の「性格」論の基調に賛同していた。ミル自身、中流階級が理想とする個人的独立の精神が当時のイギリスの最下層に位置する人びとにまで浸透していると見ていた［★24］。また、公的な扶助を受けている者に対しては、その怠惰を法律によって処罰することすら、限定的にではあるが許されるとしていた［★25］。

だが、慈恵的専制が忌避される理由はそれだけではない。それは長い目で見れば、「自由な統治」の安定的な存続を不可能にしてしまう。ミルは『代議政治論』（一八六一年）の中で、慈恵的専制を擁護する議論を取り上げ、これを批判している。慈恵的専制の下では、君主の恩寵を受けたごく一部の人間を除いては、民衆の意見は統治に反映されえない。そして、自分の思考が現実に影響を及ぼす見込みがまったくないところでは、民衆はやがて思考すること自体をやめてしまうだろう。このような民衆の不活発は、現国制をただ維持していくという目的にとってさえ害悪である。統治機構からまったく排除された国民は、自分の国に対して愛着を持たなくなる。彼らの知的・道徳的活力は公的領域ではなく、経済活動や娯楽といった私的領域へと費やされることになる。このように、慈恵的専制は、国制の存続にとって絶対的に必要となる民衆の活力をほとんど動員することができないのである［★26］。

それゆえ、彼は普通選挙制度に基づく代議制民主主義を支持した。労働者を含む民衆は、投票などを通じて直接政治に携わることにより、政治に関する判断力や知識を磨くだけでなく、自治にふさわしい公共精神を培うことが期待された［★27］。だが、制度は一方的に精神を形づくるだけではない。代議制という制度もまた、自由な統治に適した精神によって運営されなければならないのである。そうでなければ、代議制は単なる圧制の道具に堕してしまう［★28］。代議政治の健全な運営を可能にする公共精神の陶冶は、ミルにとっては市民の社会的義務ですらあった［★29］。代議制民主主義に基づく統治機構全体に「公共精神の学校」としての機能を見出したミルの構想は、後のグリーン、ホブハウス、ラスキによって受け継がれていくこととなる。民主政治の下における市民のあるべき姿を示したミルの議論は、以下で叙述するイギリス政治思想史におけるシティズンシップ論の先駆けとみなすことも可能であろう。

ただし、ここでミルの民主主義論の時代的制約にも触れておかなければならない。以上で見てきたように、たしかにミルは、とりわけ政治教育という観点から普通選挙制を支持し、選挙権の拡大に熱心な姿勢を示した。しかしながら、彼の言う「普通選挙」を今日と同様の意味に解するのは正確ではない。例えば、ミルは公的扶助に与っている人びとに対して選挙権を与えることを認めなかった。また、彼は婦人参政権をイギリスで最も早い時期から主張した人物として知られている。しかし、彼は男性と同一の条件における選挙権を女性にも付与することを主張したのであり、納税者であることや読み書き算術ができることを条件とする彼の想定した「普通選挙」は、当時の女性の大部分を選挙権から実質的に排除するものであった。さらに、彼は複数投票制を提案した。つまり、彼の言う「普通選挙」とは、一人一票の投票によるものではなく、知性の高低を大まかに示すものとしての職業の区別に基づき、不熟練労働者には一票、熟練労働者には二票、工場主には四票、官吏には五ないし六票といった具合に、一人当たりが有する票数に差をつけるものであった[★30]。

ミルもまた、バジョットと同様に、第二次選挙法改正の是非やその先の民主主義的諸制度の拡大をめぐって思索を巡らせた一人であり、そこにはイギリスが長い伝統を誇る議会政治と選挙制度改革との折り合いをいかにつけていくかといった関心があった。そこでの中心的な論点は「どの範囲まで選挙権を広げるのがイギリスの〝自由な統治〟の存続にとって望ましいのか」ということであり、「ウィッグ」や「ラディカル」といった政治的立場はこのような枠組みの中における位置づけを指していた。これに対して、以下に登場する後の思想家は、民主主義的な諸制度の存在を自明のものとして、なぜ国家の命令としての法に従わなければならないのか、すなわち「政治的義務（political obligation）」の問題を解明しようと努めた[★31]。それは裏を返せば、いつ政治的義務が解除されうるのか、すなわち「抵抗権」や「抵抗の義務」の問題でもあった。特に後者の「抵抗の義務」は、「統治のしかたと統治のされかたの両方を知る者」［★32］としての「市民」の主体性の問題と密接に関連しており、ここにおいて「リーダーシップ」と「フォロワーシップ」が政治的論議の上で「シティズンシップ」の観念の中に合流を果したと見ることもできるだろう。ともかく、イギリス政治思想史におけるシティズンシップ論の系譜に「抵抗の義務」の観念が登場するまでには、T・H・グリーンを俟たなければならない。

第二節　T・H・グリーンと新たな問題

一八三〇年代から四〇年代にかけての第一次選挙法改正とチャーティスト運動に象徴される選挙権拡大に対する関心の高まりは、続く五〇年代から六〇年代におけるイギリスの「繁栄の時代」の恩恵に与った労働者階級の生活状況が相対的にではあるが豊かになったことを受けて、すっかり冷え切ってしまっていた。政界では内政改革にあまり積極的でない自由党党首パーマストン卿が、二次にわたる長期安定政権を維持していた。ただし前述の通り、その間にもウィッグやラディカルの思想家たちは、来たるべき選挙法改正をめぐって意見を争わせていた。そして六五年、パーマストンの突然の死によってラッセルとグラッドストンが自由党の新しい指導者となり、改革の機運が再び高まりを見せることになる。

ところが皮肉なことに、紆余曲折を経て選挙法改正法案を最終的に成立させたのは保守党のダービー内閣であった。ダービー内閣の下で選挙権の拡大を時代の趨勢と見たディズレーリは、穀物法撤廃以来、長年少数党の地位に甘んじてきた保守党の勢力を盛り返すべく、改革に積極的に着手することにより民衆の支持をとり込もうとした。選挙資格条件から財産規定を取り払った当該選挙法改正は、そのあまりの革新性から「暗闇に向かっての跳躍」と呼ばれた。同改正法は選挙権を労働者階級の上層部にまで拡大し、これにより有権者の数は一三五万人から二四七万人にまで増加した。これと対応して七〇年には初等教育法が制定され、新たに有権者となった都市労働者を既存の体制にとり込み、選挙人に相応しい教養を彼らに身につけさせることが目指された。

労働者階級による政治への新たな参入によって、彼らを自らの陣営に招き入れることが第二次選挙法改正以降の自由党と保守党の双方の課題となった。七三年にはイギリス経済は大不況に見舞われ、翌七四年に組織された第二次ディズレーリ内閣は対応を迫られた。この時期の保守党内閣は、「トーリー・デモクラシー」と呼ばれる一連の社会立法によって、労働者階級を保守党陣営に引きつけようと試みた。都市の劣悪な衛生状態の改善を目指す公衆衛生法、地方自治体にスラムの撤去や都市開発の権限を認めた職工住宅法、労働組合の法的地位を確立した労働組合法などがその具体的な措置であった。こうした社会立法が保守党の手によって次々と実施される中で、自由党もまた自由放任主義と個人主義を基調とするその性質の見直しを余儀なくされていった。

さて、本節で扱うトマス・ヒル・グリーン（Thomas Hill Green, 1836-82［★33］）は一八三六年、イギリス国教会の牧師ヴァレンティン・グリーンの末子として生まれた。トマスは五五年にオックスフォード大学ベイリオル・カレッジに入学し、後の憲法学者A・V・ダイシーと大学生活をともにした。当時から彼は教授の主催する読書会などを通じてカントやヘーゲルの著作を熱心に読み込んでいたという。またグリーンは若い頃から実践的活動にも関心を抱き、七〇年代には飲酒の習慣が労働者階級に道徳的堕落をもたらしているという信念の下で禁酒運動にも参加した。七六年にはオックスフォード市議会議員に選出され、とりわけ教育改革に精を出し、労働者階級や女性の教育に力を入れた。七八年には、オックスフォード大学で一六二一年より続く「ホワイト記念道徳哲学講座」担当教授に就任し、後述の『政治的義務の諸原理』や『倫理学序説』のもととなる講義を行った。しかしながら、グリーンは一八八二年に若くしてこの世を去り、未完の『倫理学序説』は遺稿を託されたA・C・ブラッドリーの手によって、翌八三年に出版されることとなる。

一般的に、グリーンは「イギリス観念論（British idealism）」の中心的な始祖としてよく知られている。これはカントやヘーゲルなどのドイツ観念論をイギリスにおいて受容した思想学派を指し［★34］、グリーンはこのような学派の代表的な人物として、死後様々な批判や評価を受けた。同時代人としてはダイシーが一九〇五年に公刊された『法律と世論』の中で、「個人主義（individualism）」から「集産主義（collectivism）」への時代潮流の変遷に寄与した一人としてグリーンを断罪した［★35］。また、「イギリス社会主義の哲学的基礎」を探究したアダム・B・ウラムは、極端な自由放任主義に対する批判を初めて哲学的に貫徹させた人物として、ダイシーとは反対にグリーンを高く評価している［★36］。

だが、このような「集産主義者」としてのグリーン像は、メルヴィン・リクターの研究によって大きく修正されることとなった。リクターの研究は、グリーンが経済の領域においては決して集産主義を信奉していたわけではなく、むしろ立場的にはマンチェスター学派ないし古典的自由主義者に近かったことを明らかにした［★37］。また、マイケル・フリーデンによる研究は、ニューリベラリズム研究の視点から、自由主義の集産主義化に対するグリーンの影響を相対化するものであった［★38］。

こうしてグリーンの「個人主義者」としての側面が徐々に浮き彫りになっていく中で、彼のシティズンシップ論に対する関心も高まっていった。デイヴィッド・バウチャーとアンドリュー・ヴィンセントは、グリーンのシティズンシップ論と彼の「永遠意識」の形而上学との連関を指摘した［★39］。ただしこの研究は、本書が取り扱う主要なテーマの一つである「抵抗の義務」の観念に触れていない。「抵抗の義務」を中心的に論じたグリーン研究としては、管見の限りでは、エリオット・ゼイシン、日下喜一、ポール・ハリス、コリン・タイラーによるそれぞれの研究が挙げられる［★40］。だが、このうちハリス、日下、タイラーは「抵抗の義務」の観念を「抵抗権」から明確に区別されたものとして扱ってはおらず、また、この中で唯一両者を区別して論じているゼイシンも、後に述べる理由により両者の差異を不十分なかたちでしか説明していない［★41］。

そこで、以下ではグリーンの政治思想における「抵抗の義務」の観念の位置づけを明らかにするとともに、その観念と彼が理想的な市民像とする「知的愛国者」との関係を、彼のシティズンシップ論として提示する。まず、(一)では彼の義務論と権利論を検討する。彼が自然権理論に対する批判を通じて導き出した、社会の承認に基づく「権利」概念は、それとは明確に分離した個人の意識に発する「義務」概念から生ずるものであった。次に、(二)ではルソーとオースティンの理論的折衷を通じて彫琢されたグリーンの主権論について考察する。この主権論もまた彼の権利論の延長として説明されうるものであり、その意味でやはり義務論を出発点とするものであった。(三)では彼の義務論の背後に控えていた「永遠意識」の形而上学について解説する。そして、(四)ではそのような形而上学から「抵抗権」と「抵抗の義務」が導き出されることを明らかにする。ここにおいて、グリーン政治理論における「権利」と「義務」の分離が最も顕著なものとなる。最後に、(五)では「忠実な臣民」と「知的愛国者」というグリーンが提示した二つの市民像を比較し、彼がとりわけ後者に「抵抗の義務」を自覚する主体としての理想的市民像を見出しており、こうした能動的シティズンシップを民主主義の拡大によって涵養しようと企図していたことを示す。

(1) 義務と権利

政治思想の分野でグリーンの主著とみなされている『政治的義務の諸原理』は、一八七九年から翌八〇年にかけてオックスフォード大学で行われた一連の講義をもとに出版されたものである。彼はこの論攷を、国家に服従する義務、すなわち「政治的義務」はいかにして生じうるのかという問題の提起から始めた。そして、彼はこの問いに対する解答の先例として、ホッブズ、スピノザ、ロックらの自然権理論を挙げ、彼らの示した諸原理が政治的義務の問題に対してきわめて不十分なかたちでしか答えられていないことを批判している。

グリーンの政治的義務論の出発点は、「義務（duty/obligation）」［★42］と「力（force）」ないし「強制（compulsion）」との区別を明確化することであった。彼によれば、「道徳的義務」とは、人間のある内面的な「性向（disposition）」や「動機（motive）」から行われるものであり、したがって、義務というものは「強制されえない」［★43］。それゆえ、国家に服従する義務を単なる「力」によって説明することは不可能である。なぜなら、外面的な力による強制は内面的な道徳的義務を生み出さないからである。こうした観点から、まずはスピノザとホッブズの主権理論が拒絶されることとなる。

グリーンはスピノザに対する批判から始めた［★44］。なぜ彼がホッブズよりも後の時代のスピノザを先にとり上げたのかと言えば、それはスピノザの方がより分かりやすい間違え方をしているからである。両者は「自然権」という同様の誤った想定から議論を出発させているものの、こと論理的一貫性に関してはスピノザの方が優っているとグリーンは見ていた。彼によれば、スピノザの過失は、「社会の成員としての個人の使命」から「個人」を引き離し、また、「個人にそのような使命を達成させる役割」から「国家」を切り離したことにあった。そうすることによって、スピノザは個人と国家ないし社会との間の関係を切断し、個人と国家の各々を「権利」ではなく単なる「自然力（natural force）」の媒体としてしまった［★45］。というのも、後に詳述するように、そもそも「権利」なるものが成立するためには、社会の「共通善」を志向する個人の「義務」意識が存在していなければならないとグリーンは考えていたからである。「権利」というものの存立は、「社会」の存在を前提としているのである。だが、そもそもスピノザにとっては、何事にも「善」や「悪」といった性質は内在しておらず、ただ人間の思考のみが物事にそれらの属性を付与するだけであり、それと同じように、「力」を「権利」に変えるために必要なのは、個人がただそう思考することだけであった［★46］。つまり、そこでは「社会」による承認は必要とされない。逆に言うと、スピノザは「力」と「権利」の間に本質的な差異を認めていなかったのである。

ホッブズの主権論もまた、スピノザのこのような議論の延長に位置づけられる。ホッブズの議論は、社会から切り離された原子論的個人を想定する点、さらに「自然権」と「自然力」を区別できていない点においてはスピノザと同種の議論であった。ただし、スピノザに見られた論理的一貫性は、ホッブズの議論には見出すことができない。というのも、スピノザはホッブズと異なり、人びとの自然権＝自然力が結合されるとき、それが消滅したり、あるいは他の何物か、すなわち「絶対権（imperium）」になったりするとは考えなかったからである。だからこそスピノザは、君主の「力」に限界があるがゆえに、君主の「権利」にも限界があると考え、国家による言論弾圧に反対したのである［★47］。

それに対してホッブズは、君主の有する主権は絶対的な権利であると論じている。主権者は自然状態に置かれた人間相互間の「信約（covenant）」により彼らの自然権を委譲され、主権を有するに至る。以後、主権者が「市民法（jus civile）」というかたちで発する命令は、臣民に対する臣民本人の命令とみなされるため、それに対して臣民が違背することは不正となる。つまり、臣民には主権者に服従する絶対的な義務がある。

しかし、ここでグリーンは疑問を投げかける。市民法が成立する以前の「信約」を守る義務は一体どこから生ずるのか、と。彼によれば、ホッブズはこの信約を守る義務を、「利益」あるいは「計算」という語を用いて別の仕方で説明しているという。すなわち、もし信約を破るようなことがあれば、自然状態における万人の万人に対する闘争に逆戻りすることになり、各人の生命が再び危険にさらされてしまうため、信約は守らなければならないというようにである。しかし、この説明が通るのであれば、ホッブズが禁じている臣民による政体の変更もまた許されなければならない。なぜならば、仮に君主政を廃し共和政を打ち立てることによって政治秩序が維持されるとすれば、それは臣民の「利益」になるはずだからである。

これでは現に「力」によって支配している者が「権利」を持っているということになるため、ホッブズにおいても「自然権」はやはり単なる「自然力」を意味することになる。もし臣民による反乱が成功すれば、君主の主権はなかったことになってしまう［★48］。だが、ホッブズは抵抗権を認めていない［★

49]。それどころか、主権者に対して反対意見を言う権利すら認めていない[★50]。このことは、グリーンの眼には矛盾として映った。ホッブズの言う、臣民に対する主権者の「権利」は、臣民の「力」に対する主権者の「力」の優越を前提としていなければ成立しえない。したがって、ホッブズにおける「権利」は、彼がそれをどう表現していようとも、実質的には単なる「力」と同等のものになってしまっており、その意味で彼もまた「強制力」から区別されたものとしての「主権」を説明することに失敗しているのである[★51]。

またグリーンは、ホッブズやロックなどの「自然状態」という想定や、自然状態における権利としての「自然権」概念そのものを拒絶した。彼はロックの「自然状態」論を以下のように批判している。

実際、自然法によって治められている、すなわち、義務を課す人がいるのでなく、ただその義務を意識する人がいるというだけの義務、その不履行が政治的優越者によって罰せられることのない義務によって治められていると適切に言いうるような社会状態は、政治社会に先立つ状態ではなく、得てして政治社会が漸進的につくり出していくような状態である。事実の過程を逆転させなければならないということは、政治社会の起源を契約に見出す理論の根本的な誤りである。万人と万人の間の契約の可能性を説明するためには、その理論は万人の自由と平等を規定する自然法に従う社会を仮定しなければならない。だが、自然法、すなわち人の意識以外に義務を課すものが存在しないような法によって治められる社会は、政治社会〔という状態〕がそこからの退歩であるような社会——市民による統治を確立する動機が存在しえないような社会であったことだろう。[★52]

グリーンはここで、ロックが仮定するような、他人によって強制されることのない義務によって維持されている「自然状態」なるものは、むしろ政治社会が目指すべき理想の状態であるということを述べている。強制なしに社会が維持されるのであれば、それに越したことはないのである。

この一節は、グリーンにおける「強制」から「義務」への移行と、彼の「自由」概念との関係を示唆する点において重要である。彼は講義『政治的義務の諸原理』を終えた次の年の一八八一年、レスター市の自由党連盟に向けて「自由党立法と契約の自由」と題する講演を行った。そこで彼は以下のように述べている。

> 個々人の自発的な行為によって公衆衛生が十分に確保され、必要な教育が十分に与えられるような社会というのは、これらの諸目的を達成するために法の強制が必要とされるような社会よりも高度な状態にある(……)。だが、われわれは人びとのありのままの姿を見なければならない。社会がそのような状態に到達するまでは、若き市民たちが真の自由に必要な健康と知識とをもって成長するように、できるかぎりの保障を与えることが国家の務めである。〔★53〕

グリーンが理想とするのは、法によって強制されることがなくとも、人びとが自発的に真の自由に必要な条件を確保しようとするような社会状態である。彼は、外的な強制ではなく内面的な義務の意識から行動することによってのみ、人びとは真の意味で自由になると考えた。だが、現実はそのような状態からはほど遠い。ロックはこのような理想状態を、政治社会に先立って存在する状態として仮定した点で誤っていた。つまり、グリーンにとって、「万人と万人の間の契約」が国家の強制なしに成立しうるような自由の状態がすでに実現しているのであれば、あえてそこから政治社会を改めて創出する必要もないのである。

政治社会と自然状態の転倒した関係に加え、グリーンは社会契約論が依拠する自然権理論をも否定した。というのも、彼によれば、「権利」というものは社会状態なしには存立しえないからである。「社会状態ではなく、自然状態における権利としての〝自然権〟というのは矛盾である。社会の成員の側に共通利益の意識がなければ、いかなる権利も存在しえない」［★54］。グリーンは、権利なるものが成立するためには、その前提条件として、共通利益の意識を有する社会的結合が成立している必要があると論じた。そうでなければ、スピノザやホッブズに対する批判でも論じられていたように、そこにはただ諸個人の「自然力」が存在するだけなのである［★55］。

では、グリーン自身の政治理論における「権利」とは一体いかなるものであったのか。G・ガウスの解釈によれば、グリーンにおける「権利」の定義は次のように定式化されうる。すなわち、権利とは、「（1）共通善に寄与するものとして（2）他者や社会によって承認された（3）力」である。ここでガウスが特に注目した（2）の側面は、「権利承認テーゼ（rights recognition thesis）」と呼ばれる［★56］。このテーゼによれば、ある個人の権利は、社会の他の成員によって「承認」されていなければ「権利」とはなりえない。なぜなら、「同等同類のもの（*ἴσοι καὶ ὅμοιοι*）」としての人間の相互認識、そして自己のものであると同時に他者のものでもあるような「善き生」の意識がなければ、たとえある個人が自らの権利を主張したとしても、他者がそれを共通の目的として認識していないため、他者の側には彼の権利を守るという「義務」を果たすための動機が生じえず、それゆえにその「権利」は単なる剥き出しの「力」にとどまるからである［★57］。つまり、ある個人の「権利」は、社会の他の成員の「義務」意識がなければ存立しえないのである。それゆえ、グリーンにとって、自然状態における対応する義務なき「自然権」なるものは、現実には成立しえない想定であった。

そして、自然権が存在しえないとすれば、自然状態における諸個人が各々の自然権を持ち寄り、絶対的な服従を要求する権限を持つ政府を樹立するという想定もまた成り立ちえない。したがって、国家に服従する義務の根拠を自然状態における諸個人間の「同意」に見出すロックの説明もまた、自然権が社会の承認を受けておらず、単なる「力」にすぎないという点で、結局は「力」による政治的義務の説明の失敗として拒絶されるのである。グリーンの政治理論は、以上で見てきたような自然権批判を出発点として構築されており、そのため彼の主権論もまた、自然権理論の代替案として提示された「権利承認テーゼ」の延長として理解されなければならない。

（2）主権論

グリーンにとって国家主権とは、単なる諸個人の力の結集としてではなく、市民の側から見た政治的義務として説明されるべきものであった。では、国家に対して服従する義務はいかにして正当化されうるのだろうか。この問いに答えるにあたって、彼はまず「法的義務（legal obligation）」と「道徳的義務（moral duty）」とを区別することから始めた［★58］。一方で、法的義務は外面的な行為にのみ関わるものであるため、法によって強制することができる［★59］。ただし、「実際に法の裁可によって維持されている諸権利および強制されている義務の体系」と、「そのような裁可によって維持されるべき諸関係と諸義務の体系」とは別物である［★60］。現行法が常に理想を体現したものであるとはかぎらない。現行法によっていまだ認められていない「権利」や「義務」も存在するのである。

したがって、他方でわれわれは、法的義務とは区別されたものとしての道徳的義務の問題も探究しなければならない。なぜなら、法的義務と道徳的義務は、時には衝突することさえあるからである［★61］。というのも、前述の通り、道徳的義務とは内面的な動機から生ずるものであるため、その性質上それを法律によって強制することは不可能であるからだ。グリーンがこの講義の冒頭で「法に従うわれわれの道徳的義務の真の根拠」を明らかにすると宣言したことを考慮すれば、彼はこの講義を通じて、「道徳的義務」の観点から、法の命ずる「法的義務」、あるいは主権者ないし国家に従う義務たる「政治的義務」の正当性の吟味を試みたと言えるだろう［★62］。

では、グリーンは国家に服従する義務の道徳的根拠を何に求めたのであろうか。彼は、国家に対する服従を要求する法の評価基準について次のように述べている。「法は〝自然権〟を強制するから善いのではなく、その法がある目的の実現に寄与するから善いのである」［★63］。このように、彼は法に対する服従義務の根拠を「力」それ自体にではなく、その力の行使が向けられる「目的」に見出した。

それでは、一方で市民の権利を保障し、また他方で市民に対する国家の権利（主権）を要求する法の「目的」とは一体何であるのか。彼はこの問いに対して以下のように答えている。

個人が社会によって保障されているある力を有するという権利主張や権利、そして、その個人に対してある力を行使する社会の逆からの権利主張は、ともに次のような事実に基礎づけられている。すなわち、それらの力が道徳的存在としての人間の使命の達成にとって、自身や他者の完全な性格（character）の発展という務めに対する有効な献身にとって必要であるという事実である。［★64］

国家側の権利は、個人側の権利とともに、それが人間の道徳的発展に寄与するかぎりにおいて正当化されうる。ここで論じられている「道徳的完成」を、グリーンは大著『倫理学序説』において次のように定義した。それは「諸個人の完成が同時に社会の完成でもあるような完成のことであり、また、社会の完成が同時に諸個人の完成でもあるような完成のことである」。そして、このような意味で、この「道徳的完成」は「共通善（common good）」とも呼びうる［★65］。これはグリーンが自身の倫理・政治思想の中核に据えた概念であり、後のボザンケやホブハウスの政治思想においても、同概念には重要な役割が与えられることとなる。

したがって、グリーンによれば、国家の目的はこの「共通善」を実現することであった。それゆえに、「被治者たちが政府に従うべきであるということを意識するのは、政府が彼らに共通善を表現しているかぎりにおいてである」［★66］。前述の通り、道徳的義務というのは「動機」に基づいて自発的に履行されるものであったため、このように国家が共通善という目的を果たしていることが市民の側で承認されているかぎりにおいて、国家に対する服従の義務も発生することになる。だが、ここで一つの疑問が生じうるであろう。すなわち、いかなる場合にこのような義務の意識が被治者の側に存在しているということが言えるのであろうか。あるいは、国家の側から見た場合に換言するのであれば、市民が服従の義務を有する「主権」が存在しているということを、一体いかなる状況下において確定的に言いうるのであろうか。

この問いに答えるにあたって、グリーンはジャン＝ジャック・ルソーとジョン・オースティンの両者の理論を折衷的に受容した。グリーンは、一方でルソーを高く評価している。というのも、ルソーは他の社会契約論者たちと異なり、人民主権は社会が設立された後も絶えず行使されると考えたからである。ルソーは社会が主権者を「設立する」とは考えておらず、むしろ「社会それ自体が、自身を形づくる行為において主権者となり、そしてその後もずっと主権者であり続ける」と考えた［★67］。グリーンは「力」と主権（すなわち国家の「権利」）を区別したルソーを称賛して次のように述べている。「彼は力（power）から〝主権（sovereignty）〟をはっきりと区別しており、そしてその区別を根拠に、それは譲渡されたり代表されたり分割されたりしえないと考えたのである」［★68］。そして、ルソーは、真の主権者は法ではなく「一般意志（general will）」であると論じた［★69］。

しかしながら、ルソーにおける「主権」は、代表されることを許さないがゆえに、現実に成立することが困難なものであった。なぜなら、主権が断絶を免れるためには、それは絶えず全国民の集会において行使されていなければならず、またそれが一般意志であるためには満場一致の同意が必要であり、ルソーは最終的にそれらの困難を解決できていないからである［★70］。現代の規模の国民国家における主権の存立を説明できないのであれば、それはグリーンの要求に十分なかたちで応える概念であるとは言い難い。

そこで彼はこうした困難に対処するために、ルソーから前出のウィッグの法学者であるオースティンへと視点を移す。オースティンによる「主権者」の定義によれば、「もしある確定的な優越者が、同じような優越者に対する服従の習慣がなく、所与の社会の大部分から習慣的な服従を受けているのであれば、その確定的優越者は、その社会における主権者である」［★71］。このような主権概念に依拠することにより、現実における主権者の同定という困難は解決可能なものとなった。ただし、グリーンによれば、オースティンは被治者に対して無制限に強制することのできる「力」を主権の本質と考えていたため、彼の提示する主権の正当性根拠もまた、ルソーのそれと同様に不十分なものであった［★72］。そこで彼はルソーとオースティンの理論的折衷を試みた。次の一節は、両者の主権論の折衷から導き出されたグリーン自身の「主権」概念の定義を表している。

> 他のいかなる優越者からも独立の一人または団体のある確定的優越者に対し、社会の大部分が習慣的に服従しているような社会状態においては、この確定的優越者が、一般意志と適切に呼びうるものを表現しかつ体現しているものとみなされるがゆえに、そのようなかたちで服従を受けているのである。そして、その服従は、優越者がそのようにみなされているという事実を実際上の条件としている。優越者が行使するのは決して無制限な強制力ではなく、長い目で見れば、あるいは習慣的な服従を確保するという目的のためには、何が被治者の一般的な利益であるかに関して、被治者の側がある信念を遵奉していることに依存している強制力である。［★73］

ここでの定義にも表れているように、国家主権の究極的基礎は「力」ではなく「意志」である。主権者に対する服従を確たるものとするためには、主権者は一般意志を体現していなければならない。少なくとも、被治者からはそのようにみなされていなければならない。「それはただ例外的にのみ強制力によって裏打ちされる必要がある」［★74］。

このように、グリーンにとって強制力は国家主権の本質的な要素ではなかった。なぜなら、強制力によって獲得される服従は、決して習慣的なものにはなりえないからである。習慣的な服従の条件は、国家の有する強制力ではなく、国家に対する被治者の忠誠心である。国家が一般意志を体現しているということに関して被治者の同意が得られず、それゆえ国家に対する忠誠が得られないのであれば、そのときは必然的に服従が止まる。裏を返せば、グリーンは、習慣的な服従が行われているところでは、国家が一般意志の表現者としての役割を果たしていることに関して、当然被治者の側に同意が存在しているのだと考えたのである［★75］。

（3）永遠意識の形而上学と積極的自由概念

このようにグリーンは、ルソーの主権概念を現実において成立可能なものとするために、習慣的な服従が存在しているという事実をもって、主権者が一般意志を体現していることに関して被治者が同意を与えているものとみなした。この意味で、グリーンはルソーの一般意志概念を受け容れ、それを自らの主権概念を定義する上での拠り所にしたと言える。ただし、にもかかわらず、彼がルソーの一般意志概念に対して部分的には批判を加えていることも見逃してはならない。すでに見たように、ルソーにとっての「一般意志」とは、現実には全人民の集会においてのみ行使されうるものであったわけだが、仮にそのような集会が可能であったとしても、実際には情報の欠如や派閥形成の傾向が存するため、集会における決定は「一般意志」というよりも、むしろルソーがそれと区別したはずの「全体意志」に近いものとなってしまう［★76］。そこでグリーンは「一般意志」という語を、「共通善へと向かう公平無私の意志」を意味するものとしてのみ理解した［★77］。つまり、彼は「一般意志」概念をその形成過程、すなわち集会における決定から切り離し、「共通善」という目的との関係に限定する再解釈を施したのである。

では、人びとはいかにしてこの「共通善」の内容を知りうるのであろうか。ここに至って、われわれはグリーンの「永遠意識（eternal consciousness）」の形而上学に足を踏み入れることになる。デイヴィッド・ヒュームの『人間本性論』に付した長大な序文でイギリス経験論を批判的に吟味したグリーンを祖とするイギリス観念論の哲学的教義の中心にあるのは、「意識（consciousness）」と意識される「対象（object）」との区別の相対化であり、世界はそれを経験する主体の意識から離れては存在しえないという命題であった［★78］。だが、ここでより重要なのは、だからと言って、世界を経験する主体の数だけ世界が存在するということにはならないということである。世界は人間の数だけ存在するような多元的なものではなく、本質的に一元的なものである［★79］。にもかかわらず、現実には意識を持つ多数の人間が存在する。このようなジレンマを解決すべく、グリーンは「永遠意識」という概念を措定した。すなわち、世界とは、時々刻々と変わりゆく有限な存在たるわれわれの不完全な意識とは異なり、時間から独立した「永遠に完全な意識」の所産として理解されるべきものである。このように、永遠意識とは、現実には存在しないものの、世界の一元性を担保するために措定された、いわば論理的な空隙を埋めるための形而上学的な概念であった。

それは、カントにおける「超越論的演繹」、あるいはヘーゲルにおける「世界精神」とよく似た前提であるとも言われる［★80］。ただし、「永遠意識」は超越的なものではなく内在的なものである点において、それら二つの概念とは異なる。なぜなら、それはわれわれの意識の成長を前提としており、われわれが世界を知りゆく過程において、われわれの意識は漸進的に「永遠意識」の伝達媒体として完成していくからである［★81］。グリーンにとって、永遠意識とはわれわれの意識の完成体であって、人間の「道徳的完成」ないし「自己完成」、すなわち「共通善」の内容もまた、永遠意識の漸次的開示の歴史を通じて徐々に明らかになっていくものである［★82］。つまるところ、それは同時代にありながら共通善の内容を特権的に知りうる個人ないし集団は存在しないということを意味した［★83］。

そして、このことは彼の「自由」概念にとっても重要な含意を持つ。いわゆる「積極的自由概念」の先駆けとして現在広く知られている彼の自由論によれば、「特に重んじるべきものとしての自由」とは、単なる拘束や強制の欠如ではなく、「為すあるいは享受するに値すること、しかもその上われわれが他者と共通して為すあるいは享受することを、為すあるいは享受する積極的な力や能力」を表す概念である［★84］。ここでは自由が「共通善」に関連づけられているが、国家――より厳密に言えば、国家主権を行使する個人ないし集団――が共通善を知っているという保証はないため、国家が共通善を体現しているとはかぎらない。それゆえにグリーンは、「国家において実現されているものとしての自由」というヘーゲルの説明を、歴史的事実に即していないものとして斥ける。彼は、ヘーゲルが「理想的なるもの（the ideal）」と「現実的なるもの（the actual）」を同一視していることを批判し、むしろ両者の不一致を強調した。

もちろん、ある面においては疑いなく国家は個人の道徳的解放に寄与していると言えるだろう。だがグリーンによれば、自由とは、究極的には個人との関係において論じられるべきものであった［★85］。「自己実現」の主体は、あくまでも国家ではなく個人なのである。そして、これらのヘーゲル批判は、グリーンにとって国家主権に従うことが必ずしも個人の自由を意味しないことを示している。

また、グリーンがカントの人間観に対して加えた批判も、とりわけ後述のラスキの人間観との比較において触れておかなければならない［★86］。グリーンによれば、カントは「道徳的自我」と「感覚的自我」とを区別し、後者に属する「欲望（desire）」を自由な決定、すなわちグリーンにとっての「自己実現」の動機としては排除してしまった。これに対して、グリーンは自覚された「欲望」を、意識を経る前の単なる「欲求（appetite）」から区別し、後者と異なる前者は自由な決定の動機になりうるとした［★87］。したがって、彼は理性が命ずる利他的な行動に限らず、意識によって選びとられる決定に従って行動することはすべて「自由」な行動となりうるのであり、同時にそれが内なる欲望から生ずる動機であるという点で「義務」の基礎にもなりうると考えたのである。これはある意味で、カントの道徳的基盤を理性的なものから意識的なものへと広げる措置であった。つまりグリーンは、定言命法により命じられた行為のみならず、意識による行動の精査を認めることで、道徳的行為の重点を普遍的格率から自己意識のレベルへと移したと言うことができるだろう。

だが、以上で見てきたようなドイツ観念論とイギリス観念論との微妙な差異にもかかわらず、両者の間には重大な連続性も見出せる。カント批判に関しては、グリーンが動機の基盤を広げたとはいっても、人格を意識と無意識とに区別する点においては、少なくとも人格のある部分が他の部分を支配するという契機を含んでいる。例えばバーリンは、グリーンの唱道する「積極的自由」観と人間の自我分裂との間の必然的な連関を批判的に指摘した。すなわち「自己支配」としての積極的自由概念は、それが「支配」であるからには、「一方では支配する自我、他方では服従させられる何ものか」の自我の内なる分裂をもたらす。そしてバーリンは、「自律」の理念として出発した自由概念が、現実においては外部の理性的存在者、すなわち国家に対する「他律」への道を開くというパラドックスを描いてみせた［★88］。

またヘーゲル批判に関しても、グリーンは「自由」の主体が国家でありうることは否定する一方で、「主権」の主体は暗黙の裡に国家に限定していた［★89］。後のラスキはグリーンのこのような側面を批判的に敷衍し、意志に基づく力を有する主体は（国家以外の集団を含めて）いかなる主体であろうと「主権的」であるとする「多元的国家論」を構築したと言える［★90］。だが、いずれにせよ、グリーンが現存の国家を、必ずしも共通善を体現しているものとはみなさなかった点は注目に値する。というのは、そうとなれば、国家によって統治される市民の側には、「服従」の反対である「抵抗」の余地が生ずるからである。

（4）抵抗権と抵抗の義務

さて、先述の通り、グリーンにとって実現されるべき究極的な道徳的価値とは「共通善」であった。ただし、日下喜一が指摘しているように、その共通善の具体的な内容は「形式的に表現する以外に方法はなく、具体的かつ完全に指摘することは不可能」である。なぜなら、人間はいまだ「永遠意識」へと向かう道徳的発展の途上にあるのであり、それゆえ共通善を部分的にしか知りえないからである。こうした「善の形式性」は、カントと同じく「形式主義者」の誹りを免れないであろう。

だが日下は、グリーンはカントのこのような欠陥の克服に努めていると言う。彼は共通善の具体的内容に関して、あるヒントを示した。すなわち、国家などの現行制度の中に、すでに共通善が部分的に表現されていると考えたのである［★91］。それは、国家主権が「共通善へと向かう服従者の意志」によって支えられていると考えた彼にとっては、実に当然の帰結であった。というのは、共通善を表現していない国家は、被治者からの服従を得ることができず、やがては崩壊に至るはずだからである。したがって、歴史の中で淘汰されずに残存している国家は、共通善を部分的にではあるが表現しているということになる。

ただし、それは国家を倫理的理念の完全な具現化として捉えるヘーゲルのごとき主張を意味するものではない［★92］。国家はあくまでも共通善の部分的な表現にすぎないのだ。そしてそれゆえに、国家は時に「共通善の実現」という自身の目的から逸脱しうるのであり、ここに「抵抗」の問題が浮上する。

すでに見たように、グリーンは国家が「個人の道徳化」、すなわち「共通善」という自らの目的から逸脱することが現実にありうると論じた。国家の強制力は、「一般的な善き生にとって明らかに益しない仕方で行使されることがしばしばありうる」［★93］。そこで彼は、国家に対する抵抗ないし不服従の余地を認めた［★94］。そして、その抵抗もまた、権利と義務との関係で論じられることになる。

ただし、ここで「抵抗権」と「抵抗の義務」とが、他の権利と義務と同様のかたちでの単純な対応関係になっていないことには注意が必要である。ガウスは、グリーンの権利論において、AがBに対して権利を持つということは、BがAに対する自らの義務を意識することによって初めて言えるということを指摘した上で、彼の権利論における「権利」と「義務」との対応関係のうちの一つを次のようなかたちで定式化している。すなわち、「BのAに対する義務は、AのBに対する権利を含意する」〔★95〕。つまり、ガウスはグリーンの政治思想において、権利と義務の双方が同時に存在するような状況のみを問題にしたのである。

しかしながら、このような権利と義務との対応関係は、「諸個人の互いに対する義務」についてのみ当てはまるものであって、グリーンがそれに加えて論じようとした他の二種類の政治的義務、すなわち「主権者に対する臣民の義務」と「国家に対する市民の義務」には当てはまらない〔★96〕。「抵抗の義務」の問題は、まさにこの二つの関わるものなのである。そして、グリーンによれば、「抵抗権（a right to resist）」が存在しなくとも「抵抗の義務（the duty of resistance）」は存在するような状況がありうるという〔★97〕。したがって、ガウスが論じなかった「抵抗」の問題に関しては、権利と義務の両者を互いに区別した上で別々に論じなければならない。

まず、抵抗の「権利」は、すでに触れたグリーンの権利論の範疇に属する。つまり、彼にとっては抵抗権もまた、他の権利と同様に「社会」による承認の産物であり、それが社会善に適っているということが社会の成員間で認められることによって初めて権利となるものである。

> 市民は決して〈国家を構成する〉一人の市民としてしか行為してはならないという一般原則は、いかなる条件においても自分の国家の法に従う市民の義務を導かない。なぜなら、それらの法は、社会的諸関係の維持者かつ調和者としての国家の真の目的と一致しないかもしれないからである。し

かしながら、国家が認めていないいかなる権利の市民による主張も、承認された社会善との関係に基づいていなければならない。［★98］

抵抗権は、それが権利であるからには、ある個人ないし集団の抵抗が共通善の促進に寄与するということが「社会」の他の成員によって承認され、その抵抗に協力する義務、あるいは少なくとも、その抵抗を妨げない義務を他者が意識していなければならないということである。

ただし、そのような権利が承認されることは容易ではない。というのも、権利は社会によって承認されることにより初めて成立するものであるため、「反社会的に行為する権利」というのはそもそも権利というものの本質に矛盾する［★99］。また、国家も「諸社会の社会」という意味においては一つの「社会」であり、国家それ自体が権利をつくり出すことはないものの、各人の権利主張を調停し権利を保障するという意味においては、人びとが権利を国家から得ているということは事実であるため、国家に反する権利も原則としては存在しえないからである。したがって、国家に対する抵抗権が認められるためには、国家が市民の道徳的完成のための条件を保障するという自らの目的から逸脱しているということが、広く社会的に承認されていなければならないのである［★100］。

だが、グリーンはここで議論をやめなかった。彼は、抵抗権とは別に、抵抗の義務が存在しうることすら認めたのである。まず、彼は現行法が共通善の促進に役立っているか否かを個人が判断してよいかという問題に対して、「われわれはもちろん〝判断してよい〟と無条件に答えなければならない」と断言している。個人は常に単なる力（mere powers）と権利（rights）とを判別していかなければならない。そして、もし個人が、「政治的超越者」のある命令が共通善を促進するものではないと判断した場合、「個人はその命令を撤回してもらうために法律上の方法によってできるかぎりのことはなすべきであるが、その命令が撤回されるまではその命令に従うべきである」と留保を付した上で、合法的な手段によって悪法を廃しえない場合、われわれはいまや抵抗の義務の問題に至るという［★101］。

先に述べた通り、グリーンによれば、権利とは諸個人の中に義務の意識があって初めて社会的に成立しうる観念であった［★102］。つまり、義務の意識が生ずるまで権利は存在しないのであって、「対応する義務なき権利」は存在しえないのである。しかしながら、その反対の「対応する権利なき義務」は存在しうる。なぜならば、権利が社会の大多数からの承認に基づいているのに対して、義務の意識は個人の内なる動機から生ずるものだからである。「多数者の抵抗権を論ずる代わりに、少数者と多数者に等しく可能であるような抵抗の義務について議論することは重要である。（……）抵抗は、市民の大多数が承認する以前から義務でありうるし、彼らの大多数がそれを承認したときに義務となるのでは必ずしもない」［★103］。このような義務は、権利とは異なり社会による承認を必要としない。というのも、道徳的な意味における義務とは、グリーンにとって、個人の内面的な動機に基づくものだったからである。そして、抵抗することが共通善に対する貢献であると個人が理性的に判断するならば、個人の内面には抵抗の動機が生じ、そのことは同時に「抵抗の義務」の存在を意味するのである［★104］。

（5）「忠実な臣民」と「知的愛国者」

このように、グリーンが抵抗権から区別されたものとしての「抵抗の義務」の問題に拘ったことは、彼の政治思想の規範的側面を明らかにしようとする上できわめて示唆的である。というのも、この「抵抗の義務」の問題は、「忠実な臣民」と「知的愛国者」という二つの市民像をめぐる彼のシティズンシップ論と密接に関連しているからである。

グリーンはまず「政治的従属」と「奴隷の従属」を区別して次のように述べる。「臣民（subject）に権利を保障する従属としての〝政治的従属（*political* subjection）〟が奴隷の従属から区別されるとき、道徳と政治的従属とは共通の根源を有する」。ここで言われている「共通の根源」とは、人びとによる共通の善き生の合理的承認を意味する［★105］。つまり、人間の道徳的完成を貫徹するためには、「恐怖」によって獲得される「奴隷の従属」ではなく、法による拘束が共通善に適っているという意識によって支えられた「市民的ないし政治的服従（civil or political obedience）」が行われていなければならない。恐怖に基づく従属は、「政治社会あるいは自由な社会（political or free society）の基礎」とはなりえないのである［★106］。

ここでさらに、彼は奴隷的従属から区別されたものとしての「政治的服従」の主体を「忠実な臣民（loyal subject）」と「知的愛国者（intelligent patriot）」とに分けている。彼は両者に関して次のように述べる。共通善の観念が市民のことを、「知的愛国者ではないにしても、忠実な臣民にすることに〔すら〕失敗するのであれば、それは国家の過失である。それは、その国家が真の国家でないことのしるしである」［★107］。強制による服従はほとんど習慣的なものとはなりえないため、国家は共通善の観念に基づいた「忠実な臣民」か「知的愛国者」のいずれかによる服従によって支えられなければならない。

ただし、ここで注目すべきは、彼が「忠実な臣民」よりも「知的愛国者」の方が、国家を支える服従主体としてはより望ましいと考えた点である。まず「忠実な臣民」とは、国家による私的権利の保護の単なる受領者にすぎない。彼らは納税や兵役を国家によって命じられたときにのみ、国家のことを意識する。このような態度からは服従の義務意識は生じるとしても抵抗の義務意識は生じえないだろう。なぜなら、彼らは統治の単なる客体であるため、彼らの内面には積極的に国家を改善へと導くための動機が生じえないからである。そして、グリーンによれば、ローマ帝国はその成員が「知的愛国者」ではなく「忠実な臣民」であったために没落の運命を辿ったのであった。

それに対して、「知的愛国者」とは、国家に対して奉仕するより能動的な情熱を持つ主体である。彼らは国家を外敵から守り、内側から発展させることにより国家に奉仕する。もし国家が共通善から逸脱するようなことがあれば、彼らは抵抗によって国家を正しい方向へと導くだろう。グリーンは当時まだ過渡期にあった選挙権の拡大を推し進めることにより、このような政治的義務に対してより鋭敏な感覚を持つ主体を形成することが可能であると考えたのであった［★108］。「もし彼が政治的義務のより高い感覚を持つべきであるのならば、彼は国家の任務に参加しなければならない」［★109］。その意味で、バジョットらの代表するウィッグや、次章で扱うボザンケとは異なり、グリーンの政治思想はミルのそれと同じく、政治参加を通じた市民精神の変革という構想を含んでいたと言える。

したがって、政治的服従と表裏一体のものとしての抵抗の義務の問題は、彼にとって望ましい市民像、すなわち、いわば「シティズンシップ」をめぐる問題であった。彼にとって、抵抗を単なる権利の問題としてではなく、義務の問題として語ることは重要な意味を持った。というのも、権利とは、共通善を自身のものとする力の「消極的実現」にすぎないからである。権利はその力の「自由な行使」を認めるが、それを「積極的に実現するものではない」［★110］。この意味で、国家は道徳的になることを市民に強制することはできない。なぜなら、道徳とは内面に自ずから生ずる「動機」によって実現されるものだからである。そして、それゆえに国家が目的から逸脱した際に生ずる市民の「抵抗の義務」とは、社会に積極的に奉仕する「知的愛国者」という彼の理想的市民像と分かち難く結びついた問題だったのである。

小括

本章で示したように、グリーンはその主権論において、国家に対する服従が現に行われているという事実をもって、その国家が共通善を表現していることについて被治者の同意が存在することの証左とした。彼は、国家は被治者の同意に基づくことによってのみ安定して存続しうると考えたのである。また、裏を返せば、そのような服従によって歴史的に存続してきた国家は、部分的にではあるが共通善を体現している。支配者層の私的利益を追求するための道具へと堕した国家が長続きするはずがない。このように考える彼の主権論は現状追認的な契機を孕んでいるとみなされ、後の時代に批判されることとなる彼の保守的な側面を表していた。

だが、他方で彼は、国家が共通善という目的から逸脱した際には「抵抗の義務」を自覚するような、能動的な主体たる「知的愛国者」を理想的市民像として要請した。共通善を保障することをやめた国家は「真の国家」ではない。それゆえ、そのような国家に対する抵抗も正当化されうる。グリーン思想のこうした革新的な側面は、ボザンケのような受容者からは厄介な代物として慎重に扱われ、ラスキのような受容者からは熱烈な歓迎を受けた。

一見互いに矛盾するかのように見えるこれら二つの側面を架橋するのは、国家の「力」の側面を等閑視した彼の国家論であった。彼は「強制力」を国家の本質的な側面としては考慮しなかった。だからこそ彼は、国家が服従を得ているということは、国家が被治者の意志を体現していることの証拠だとみなしえたのであった。「強制力」が決定的な意味を持たないこのような想定の下では、市民の抵抗を通じた国家行動の是正も容易に機能しうるだろう。彼は国家が自らの意志を、たとえそれが被治者の意志に反する場合でも、「力」によって貫徹できるものとは考えなかったのである――あるいは一時的にはそれが可能であったとしても、長い目で見れば、かつてのローマ帝国のように、そのような国家は滅びるであろう。ところが、後のラスキはこうした想定を受け容れることができなかったからこそ、グリーンと理想的市民像を共有しながらも、彼の主権論に対しては痛烈な批判を浴びせかけたのである。

また、グリーンの提示した、「共通善に寄与するものとして社会的承認を得た力」としての「権利」概念は、後のボザンケやホブハウスに曲解されながらも脈々と受け継がれていくこととなる。彼らによるグリーン権利論の曲解はまた、「義務」概念や「抵抗権」論、「抵抗の義務」論にも変容をもたらすものであった。以下の章では、グリーンの遺した権利、義務、主権、抵抗、シティズンシップなどをめぐる議論が、後の世代にいかなる影響を及ぼし、また彼らがいかなるかたちでグリーンの議論を改変し、さらに彼を乗り越えようとしていったのかを見ていく。

★1　以下、イギリスの歴史的事実に関する記述については、木畑洋一、村岡建次編『世界歴史大系　イギリス史

3――近現代』山川出版社、一九九一年と、川北稔編『イギリス史』山川出版社、一九九八年に依拠している。

★2 Marshall, *Citizenship and Social Class*, p. 15（邦訳、三〇―一頁）. 救貧対象者に対するこのような選挙権剝奪は、一九一八年まで続けられた。以下のようなマーシャルの評価も当を得たものであると言える。「救貧法は資本主義に対する援軍であって、それを脅かすものではなかった」。Marshall, *Citizenship and Social Class*, p. 21（邦訳、四五頁）.

★3 ヴィクトリアニズムの普及にサミュエル・スマイルズの『自助論』が果たした役割については、Asa Briggs, *Victorian People: Some Reassessments of People, Institutions, Ideas and Events, 1851-1867*, Odhams Press, 1954, ch. 5（村岡建次、河村貞枝訳『ヴィクトリア朝の人びと』ミネルヴァ書房、一九八八年、一五二―八二頁）に詳しい。

★4 Stefan Collini, *Public Moralists: Political Thought and Intellectual Life in Britain, 1850-1930*, Oxford University Press, 1991, pp. 91-2.

★5 Collini, *Public Moralists*, pp. 97, 100.

★6 Collini, *Public Moralists*, pp. 92-3.

★7 Collini, *Public Moralists*, pp. 106-7.

★8 Walter Bagehot, 'The English Constitution' (1867), in Forrest Morgan (ed.), *The Collected Works of Walter Bagehot*, Routledge/Thoemmes Press, 1995, p. 270（小松春雄訳『イギリス憲政論』中央公論新社、二〇一一年、三二八頁）.

★9 遠山隆淑『妥協の政治学――イギリス議会政治の思想空間』風行社、二〇一七年、三三頁。

★10 遠山隆淑『「ビジネスジェントルマン」の政治学――W・バジョットとヴィクトリア時代の議会政治』風行社、二〇一一年、一九九―二〇七頁。

★11 遠山『「ビジネスジェントルマン」の政治学』二三〇―四頁。

★12 遠山『妥協の政治学』八九―一〇〇頁。

★13 John Austin, *A Plea for the Constitution*, 1859, W. Clowes and Sons, pp. 36-7.

★14 遠山『妥協の政治学』四二―三頁。

★15 遠山『妥協の政治学』四七―八頁。

★16 J. S. Mill, 'On Liberty' (1859), in J. M. Robson (ed.), *Collected Works of John Stuart Mill*, vol. XVIII, University of Toronto Press, 1977, p. 264（山岡洋一訳『自由論』日経BP社、二〇一一年、一三二―三頁）.

★17 Mill, 'On Liberty', pp. 271-2（邦訳、一五一―二頁）.

★18 山下重一は、「ミルが個性と同義に理解しかつ最高の目的を与えた性格（character）」について論じ、ミルにおける「個性」と「性格」を同義のものとして扱っているが、前述のごとく、ミルがヴィクトリア時代に理想とされた没「個性」的な「性格」について批判的に論じていることからも分かるように、両者は完全に重なり合う概念ではない。山下重一『J・S・ミルの政治思想』木鐸社、一九七六年、一〇一頁。ただし、「個性」を「性格」と言い換えているような箇所も見受けられることは確かである。E.g. Mill, 'On Liberty', p. 261（邦訳、一二五頁）. これはミル自身の「性格」概念の曖昧さによるものであると言えるだろう。

★19　Mill, 'On Liberty', p. 262（邦訳、一二九頁）.

★20　関口正司『自由と陶冶――J・S・ミルとマス・デモクラシー』みすず書房、一九八九年、三八二頁。

★21　Mill, 'On Liberty', p. 261（邦訳、一二六頁）.

★22　関口『自由と陶冶』三三一―四頁。ミルとオースティンの関係については、関口『自由と陶冶』四一三―五頁、および四五三頁注を参照。

★23　山下『J・S・ミルの政治思想』一四三頁。

★24　J. S. Mill, 'The Claims of Labour' (1845), in J. M. Robson (ed.), *Collected Works of John Stuart Mill*, vol. IV, University of Toronto Press, 1967, p. 375. なお、中流階級の意見による世論の侵食については、Mill, 'On Liberty', p. 268（邦訳、一四八頁）を参照。

★25　Mill, 'On Liberty', p. 295（邦訳、二二三頁）.

★26　J. S. Mill, 'Considerations on Representative Government' (1861), in J. M. Robson (ed.), *Collected Works of John Stuart Mill*, vol. XIX, University of Toronto Press, 1977, pp. 400–1（関口正司訳『代議制統治論』岩波書店、二〇一九年、四三一―五頁）.

★27　Mill, 'On Liberty', pp. 305–6（邦訳、二三五―六頁）.

★28　Mill, 'Considerations on Representative Government', p. 378（邦訳、七頁）.

★29　関口『自由と陶冶』四四四―六頁。

★30　ミルの時代的制約については、山下『J・S・ミルの政治思想』一九八―九頁を参照。

★31　むろん、第二次選挙法以降も選挙権の拡大に積極的に反対する論者は存在した。代表的なものとして、Henry Sumner Maine, *Popular Government: Four Essays*, John Murray, 1885 がある。本書はあくまでも複線的な発展を遂げたイギリス政治思想の中での、「抵抗の義務」の観念の批判的継承関係をめぐるシティズンシップ論の一系譜を描くことを目的としており、同時代にこのような反民主主義的な思想潮流が存在したことを否定するものではない。

★32　Bernard Bosanquet, 'The Duties of Citizenship', in Bernard Bosanquet (ed.), *Aspects of the Social Problem*, Macmillan, 1895, pp. 4–5.

★33　T・H・グリーンの伝記的資料としては、R. L. Nettleship, 'Memoir', in R. L. Nettleship (ed.), *Works of Thomas Hill Green*, vol. 3, Cambridge University Press, 2011 [1886], pp. xi–clxi を参照。

★34　W. J. Mander, *British Idealism: A History*, Oxford University Press, 2011, pp. 19–22.

★35 A. V. Dicey, *Lectures on the Relation between Law and Public Opinion in England during the Nineteen Century*, Macmillan, 1962 [1905], p. 409（清水金二郎訳『法律と世論』法律文化社、一九七二年、三七三―四頁）.

★36 Adam B. Ulam, *Philosophical Foundations of English Socialism*, Harvard University Press, 1951, pp. 37–8（谷田部文吉訳『イギリス社会主義の哲学的基礎』未来社、一九六八年、五五頁）.

★37 Melvin Richter, *The Politics of Conscience: T. H. Green and His Age*, Weindenfeld & Nicolson, 1964.

★38 Michael Freeden, *The New Liberalism: An Ideology of Social Reform*, Oxford University Press, 1978.

★39 David Boucher & Andrew Vincent, *British Idealism and Political Theory*, Edinburgh University Press, 2000, ch. 1.

★40 Elliot M. Zashin, *Civil Disobedience and Democracy*, Free Press, 1972; 日下喜一『自由主義の発展――T・H・グリーンとJ・N・フィッギスの思想』勁草書房、一九八一年、Paul Harris, 'Green's Theory of Political Obligation and Disobedience'（1986）, in John Morrow（ed.）, *T.H. Green*, Ashgate Publishing, 2007, pp. 197-220; Colin Tyler, *Civil Society, Capitalism and the State: Part 2 of The Liberal Socialism of Thomas Hill Green*, Imprint Academic, 2012, ch. 8.

★41 本章の注（104）参照。

★42 グリーンにおけるdutyとobligationの区別の問題に関しては、本章の注（58）を参照。

★43 T. H. Green, 'Lectures on the Principles of Political Obligation'（1879-80）, in R. L. Nettleship（ed.）, *Works of Thomas Hill Green*, vol. 2, Cambridge University Press, 2011 [1886], §10.

★44 グリーンの説明において、ホッブズとスピノザの時代的前後関係が転倒していることからも分かるように、彼はここで両者の政治理論の正確な内在的理解を目指しているというよりは、むしろ両者に対する批判を通じて彼自身の政治理論を提示しようと試みている。

★45 Green, 'Lectures on the Principles of Political Obligation', §40.

★46 Green, 'Lectures on the Principles of Political Obligation', §41.

★47 Green, 'Lectures on the Principles of Political Obligation', §42.

★48 Green, 'Lectures on the Principles of Political Obligation', §46.

★49 ホッブズが抵抗権を部分的に認めているとする見解は、古くはマイヤー＝タッシュのホッブズ研究にも見られるが、彼が抵抗権を認めたか否かについては、いまだ議論の決着を見ていない。P・C・マイヤー＝タッシュ『ホッブズと抵抗権』三吉敏博、初宿正典訳、木鐸社、一九七六年〔一九六五年〕。また、ホッブズは例えば、死刑判決を受けた犯罪者に対しては明白に抵抗権を認めているが、これは死の恐怖に捉われた人間の情念を信約という規範によって縛りつけようとしても無駄であるというデ・ファクト的な観察にすぎない。Thomas Hobbes, *Leviathan*, Richard Tuck (ed.), Cambridge University Press, 1991 [1651], p. 98（永井道雄、上田邦義訳『リヴァイアサンⅠ』中央公論新社、二〇〇九年、一九二―三頁）. ここに見られるように、ホッブズにおいては人間の「利益（利害関心）」や「情念」や「権利」が密接に結びついており、グリーンはそのことに関して無自覚であるように思われる。しかしながら、本書は「思想史家」としてのグリーンではなく、「思想家」としてのグリーンに焦点を絞るため、ここでもグリーンによる思想史解釈の非妥当性を断罪するのではなく、そうした曲解からグリーンがいかなる政治思想を彫琢したかを明らかにしたい。したがって以下では、現代の思想史研究から見た個々の思想史解釈の妥当性は、特に必要がある場合を除いては問題にしないこととする。

★50　Cf. Hobbes, *Leviathan*, ch. 18.

★51　Green, 'Lectures on the Principles of Political Obligation', § 48.

★52　Green, 'Lectures on the Principles of Political Obligation', § 55.

★53　T. H. Green, 'Lecture on Liberal Legislation and Freedom of Contract'（1881）, in R. L. Nettleship（ed.）, *Works of Thomas Hill Green*, vol. 3, Cambridge University Press, 2011 [1888], p. 375（山下重一訳「自由立法と契約の自由」『國學院大學栃木短期大學紀要』第八号、一九七〇年、七五頁）. 強調引用者。

★54　Green, 'Lectures on the Principles of Political Obligation', § 31.

★55　Green, 'Lectures on the Principles of Political Obligation', § 48.

★56　Gerald F. Gaus, 'The Rights Recognition Thesis: Defending and Extending Green', in Maria Dimova-Cookson & W. J. Mander（eds.）, *T. H. Green: Ethics, Metaphysics, and Political Philosophy*, Oxford University Press, 2006, p. 215.

★57　Green, 'Lectures on the Principles of Political Obligation', § 139.

★58　Green, 'Lectures on the Principles of Political Obligation', § 1. ここでグリーンは、法的意味における「義務」にはobligationという語を、道徳的意味における「義務」にはdutyという語を用いているように見えるが、この用語法は（特に『倫理学序説』を含めて見た場合）必ずしも一貫しているわけではないとする指摘もある。Harris, 'Green's Theory of Political Obligation and Disobedience', pp. 198–9. したがって、本書ではobligationとdutyの双方に「義務」という同一の訳語を充てた。ただし、彼が明らかにこれらの語を区別して使用していると見られる箇所に関しては、「道徳的（moral）」ないし「法的（legal）」という形容詞が付いていない場合でも、dutyは「道徳的義務」（E.g. Green, 'Lectures on the Principles of Political Obligation', §18）、obligationは「法的義務」（E.g. Green, 'Lectures on the Principles of Political Obligation', §11）として解釈した。

★59　Green, 'Lectures on the Principles of Political Obligation', §15.

★60　Green, 'Lectures on the Principles of Political Obligation', §16. 強調引用者。

★61　グリーンは救貧法を例にこのような衝突を説明している。救貧法は「親の配慮、子の敬意、近所の親切」のごとき道徳的行為からその道徳性を取り去ってしまった。Green, 'Lectures on the Principles of Political Obligation', §17. すなわち、救貧という道徳的義務が法的義務に転化することにより、自発的行為であったものが強制された行為となり、その道徳的性質が消失してしまう例がここで挙げられているのである。この意味でグリーンの救貧観は、個人の自立心を掘り崩すものとして院外救済を忌避する前述のヴィクトリア時代の基調と連続性を有するものと見ることができる。

★62　Green, 'Lectures on the Principles of Political Obligation', §1. 強調引用者。

★63　Green, 'Lectures on the Principles of Political Obligation', §20. 強調引用者。

★64　Green, 'Lectures on the Principles of Political Obligation', §21. 強調引用者。

★65　T. H. Green, *Prolegomena to Ethics*, A. C. Bradley（ed.）, Cambridge University Press, 2012 [1883], §247.

★66　Green, 'Lectures on the Principles of Political Obligation', §98.

★67　Green, 'Lectures on the Principles of Political Obligation', §64.

★68　Green, 'Lectures on the Principles of Political Obligation', §70.

★69　Green, 'Lectures on the Principles of Political Obligation', §72.

★70　Green, 'Lectures on the Principles of Political Obligation', §72, §75.

★71　Green, 'Lectures on the Principles of Political Obligation', §81.

★72　Green, 'Lectures on the Principles of Political Obligation', §83.

★73　Green, 'Lectures on the Principles of Political Obligation', §84. なお「習慣的な」の強調は原文、その他の強調は引用者によるものである。

★74　Green, 'Lectures on the Principles of Political Obligation', §92.

★75　Green, 'Lectures on the Principles of Political Obligation', §93.

★76　Green, 'Lectures on the Principles of Political Obligation', §73.

★77　Green, 'Lectures on the Principles of Political Obligation', §69.

★78　グリーンのイギリス経験論批判については、Mander, *British Idealism*, pp. 61–6 を参照。

★79　T. H. Green, 'Lectures on the Philosophy of Kant', in *Works of Thomas Hill Green*, vol. 2, §26.

★80　Mander, *British Idealism*, p. 94.

★81　Green, *Prolegomena to Ethics*, §67.

★82　Green, *Prolegomena to Ethics*, §95.

★83　Mander, *British Idealism*, p. 242.

★84　Green, 'Liberal Legislation and Freedom of Contract', pp. 370–1（邦訳、七二頁）.

★85　T. H. Green, 'On the Different Senses of "Freedom" as Applied to Will and to the Moral Progress of Man'（1879）, in *Works of Thomas Hill Green*, vol. 2, §6.

★86　ラスキの人間観については、本書、第四章第二節（一）参照。

★87　Green, 'The Philosophy of Kant', §119-120.

★88　Berlin, 'Two Concepts of Liberty', pp. 128-30, 137-43（邦訳、三二〇—四頁、三四二—五五頁．また、これに対してW・J・マンダーは、グリーンにとっては国家がそのような理性的存在者を体現しているとは限らないこと、また「自由になること」が強制されえないことなどを挙げてグリーンを弁護している。Mander, *British Idealism*, pp. 241–2. しかしながら、バーリンによる批判はグリーンの政治思想の内的な論理構成にではなく、その現実に対する適用に向けられたものであり、マンダーによる反論はこの問題に適切な解答を与えているとは言い難い。

★89　萬田悦生「グリーンの政治思想と共通善」、行安茂編『イギリス理想主義の展開と河合栄治郎』世界思想社、二〇一四年、七五頁。また、『政治的義務の諸原理に関する講義』を編纂したネトルシップは、グリーンが主権について論じた章に「力ではなく意志が国家の基礎である（Will, not force, is the basis of the state）」という題目を付けている。Green, 'Lectures on the Principles of Political Obligation', ch. 7. 強調引用者。このことは、当時グリーンの政治思想を解釈した者もまた、グリーンの政治思想の中に「主権」と「国家」との間の密接な関連を見出したことを示している。

★90　本書、第四章参照。

★91　日下『自由主義の発展』一八八頁。Cf. Green, *Prolegomena to Ethics*, §241.

★92 日下『自由主義の発展』二二五頁。

★93 Green, 'Lectures on the Principles of Political Obligation', §124.

★94 なお、ここでグリーンの言う「抵抗」が直ちに暴力的抵抗を意味しないことについては、Tyler, *Civil Society, Capitalism and the State*, p. 206を参照。

★95 Gaus, 'The Rights Recognition Thesis', p. 213.

★96 「政治的義務」という言葉によってグリーンが意図しているのは、（1）主権者に対する臣民の義務、（2）国家に対する市民の義務、（3）政治的優越者によって強制されるような諸個人の互いに対する義務の三つである。Green, 'Lectures on the Principles of Political Obligation', §1.

★97 Green, 'Lectures on the Principles of Political Obligation', §107, §108. 強調引用者。

★98 Green, 'Lectures on the Principles of Political Obligation', §143. 強調引用者。

★99 Green, 'Lectures on the Principles of Political Obligation', §138.

★100 グリーンは「主権者に抵抗する権利」を、目的から逸脱したことが社会的に認められている国家に抵抗する権利とは慎重に区別した上で、これを否定している。Green, 'Lectures on the Principles of Political Obligation', §108. というのも、彼の「主権」の定義上、社会の大部分からの服従を受けていない国家は、もはや「主権」を有していないということになるからである。

★101 Green, 'Lectures on the Principles cf Political Obligation', §100.

★102 Green, 'Lectures on the Principles of Political Obligation', §116.

★103 Green, 'Lectures on the Principles of Political Obligation', §108.

★104 先述の通り、グリーンの抵抗論を論じた研究者の中では、唯一ゼイシンが「抵抗権」と「抵抗の義務」の違いに言及している。ただし、彼はグリーンの「抵抗の義務」論が、正当性を公的に承認されていない抵抗の危険を敢えて冒そうとする者にとっては〔「してもよい」ことを示す〕「権利」を持っているという感覚以上の〔「しなければならない」ことを示す〕「義務」の感覚が必要であるというグリーンのプラグマティックな考察の表れであると指摘するにとどまっており、両者の相違の根底にある原理的な問題に踏み込んでいない点で不十分である。Zashin, *Civil Disobedience and Democracy*, p. 76.

★105 Green, 'Lectures on the Principles of Political Obligation', §117.

★106 Green, 'Lectures on the Principles of Political Obligation', §118.

★107 Green, 'Lectures on the Principles of Political Obligation', § 121.

★108 選挙権の拡大による民衆の公共精神の陶冶という発想がグリーンの独創でないことは、本章第一節でとり上げたミルの政治思想で見た通りである。また、ミルが社会的職務への参加を「公共精神の学校（school of public spirit）」と呼び、次のように述べていることは非常に示唆的である。「公共精神のこうした学校が存在しない場合は、切迫した社会状況でなくても、私人は法を遵守し政府に服従する以外にも社会に対する義務を負っている、という自覚は出てこない」。Mill, 'Considerations of Representative Government', p. 412（邦訳、六四頁）. 強調引用者。

★109 Green, 'Lectures on the Principles of Political Obligation', § 122.

★110 Green, 'Lectures on the Principles of Political Obligation', § 25.

第二章　自己統治のパラドックスを超えて
――バーナード・ボザンケの「実在意志」論

グリーンの夢見た民主主義の拡大は、彼の死の直後に大きな一歩を踏み出すこととなる。一八八四年、グラッドストン自由党内閣は第三次選挙法改正を実施した。これにより有権者の数はおよそ二六〇〇万人から四四〇〇万人へと増大し、その数はついにイギリス成人男性の過半数を超えた。有権者のうち労働者階級がその六割を占めるに至り、労働者の握る票がいっそう国政を左右するようになった。女性参政権の実現や財産制限の完全撤廃は爾後の課題として残ったものの、翌八五年に成立した議席再配分法と相俟って、ここにイギリス議会制民主主義の基盤が確立された。

一方で一八七三年の「大不況」に端を発するイギリスの長い経済的停滞は大量の失業者を生み出し、一八八〇年代には様々なかたちでの労働者階級や社会主義者の組織化をもたらした。八三年にはトーリー急進派のヘンリー・ハインドマンがイギリス初のマルクス主義団体となる「社会民主連盟」を結成し、ウィリアム・モリス、エリノア・マルクス（カール・マルクスの娘）などがこれに加わった。彼らは少数の知的エリートによる社会主義革命の実現を目指したが、間もなく離脱したモリスらによって「社会主義同盟」が別に結成された。翌八四年にはウェッブ夫妻やジョージ・バーナード・ショーを中心とするより穏健な社会主義団体である「フェイビアン協会」が設立された。同協会は革命ではなく漸進的な改良を通じた積極的国家干渉の増大を主張した。これらいずれの団体も、中流階級の知的エリートを中心としている点を特色としていた。

こうしたいわゆる「社会主義の復活」の動きは労働者階級の活動においても見られた。一八五〇〜六〇年代の「繁栄の時代」にあって長らく低調気味であったスト攻勢は「大不況」を経て再燃し、八九年の港湾労働者による大規模なストライキは、職種の壁を超えた全国の広範な労働者階級の組織化を目指す「一般労働組合」を生んだ。こうした労働運動の高揚の中、スコットランドの鉱夫であったジェイムズ・ケア・ハーディは九二年、階級闘争を前面に押し出した「独立労働党」を組織した。しかしながら、同年以降、資本家側の反撃に晒された労働運動は再び保守化し、階級闘争は後景に退き、二十世紀初頭までの時期は労使協調の「自由＝労働（Lib-Lab）」路線が労働運動の主流となった。

だが、「貧困」というものに対する社会の認識も変わりつつあった。以前のヴィクトリアニズム的な観点から言えば、「貧困」とは、個人が「性格」の陶冶に失敗したことの純粋な帰結であり、それゆえ貧困の原因は個人の怠惰や無能にあった。しかしながら、八五年の「商工業不況調査勅命委員会」による社会調査や、チャールズ・ブースやシーボーム・ラウントリーなどの民間人による社会調査の結果は、個人の性格に責任を帰してきたそれまでの貧困観に疑問を投げかけ、労働条件や生活環境などの社会的要因が貧困を決定づけているものとして新たに注目されるようになった。このことは同時に、貧困を社会問題として位置づけ、国家による社会政策を通じて貧困問題を解決していくことの必要を意味した。

こうした流れを受けて、八五年の選挙では、自由党内の急進派であったジョゼフ・チェンバレンが革新的な社会政策を多く盛り込んだ「非公認綱領」を掲げ労働者階級の支持を獲得し、自由党の勝利に貢献した。また九一年には、自由党は土地改革や社会政策などを盛り込んだ「ニューカースル綱領」を採択し、支持基盤のさらなる拡張を狙った。一方で保守党内でも、ディズレーリのトーリー・デモクラシーの流れを汲むランドルフ・チャーチル（ウィンストン・チャーチルの父）を中心とする若手グループ「第四党」が労働者に向けた慈恵的な改革案を提唱し、同党の保守的性格の刷新を訴えた。このように、十九世紀末期のイギリスでは、思想においても政策においても、社会問題としての「貧困」は無視しえない争点の一つとなっていた。［★1］

世紀転換期に至るまでのこの時期は、同時に大衆社会の萌芽が見られた時期でもあった。「世界の工場」としての地位を失ったイギリスへの安価な商品の大量流入により、失業を免れた労働者の実質賃金が上昇する一方で、初等教育の義務化を実現した八〇年の教育法は労働者階級の識字率の向上を促し、九六年に創刊された『デイリー・メール』をはじめとするタブロイド紙は、小売りチェーンストアの拡充と相俟って大衆消費社会の幕開けを準備した。それは同時に、マスメディアを通じた円滑な大衆操作システムが整備されたことを意味し、序論で触れた大衆社会と福祉国家の問題はいよいよ先鋭化したかたちで現れることとなった。また、第三次選挙法改正に対し頑強に反対した保守党のソールズベリー卿を首相とする内閣が三度にわたって成立したことにも象徴されるように、選挙権の拡大に対して冷淡な立場も依然として根強く残存していたのである。

バーナード・ボザンケ（Bernard Bosanquet, 1848–1923）［★2］が政治思想の分野における主著『哲学的国家論』（*The Philosophical Theory of the State*）を世に問うたのも、反民主主義がまだ真っ当な政治的立場として理解されうるこうした知的雰囲気においてであった。彼はフランスでの宗教弾圧から逃れてきたユグノーの末裔として、一八四八年、イングランドの北端に位置するノーサンバーランドに生まれた。彼の兄弟には、後に「慈善組織協会（Charity Organisation Society）」を創立することとなるチャールズ・ボザンケがいた。一八六七年、バーナードはオックスフォード大学ベイリオル・カレッジに進学し、そこでT・H・グリーンの薫陶を直接受けることとなった。

卒業後は同大学ユニヴァーシティ・カレッジのフェロー職を経て、一八八一年にはロンドンに移り住み、兄チャールズの慈善組織協会に参加して実践的活動にも身を投じた。同協会に加えてアリストテレス協会やロンドン倫理協会にも参加し、そこでの講演をもとに数冊の論文集を出版した。慈善組織協会で出会ったヘレン・デンディと結婚した後、九七年にはロンドンを離れ、その二年後に公刊されることになる『哲学的国家論』の執筆に着手した。

また、彼は教育問題に関しても熱心な姿勢を見せ、「ロンドン倫理学社会哲学学校（London School of Ethics and Social Philosophy）」を設立し、ロンドン大学の一部門への加入を目指した。しかしながら、この野望は挫かれ、当時社会政策をめぐって対立関係にあったウェッブ夫妻が設立した「ロンドン経済学政治学学校（London School of Economics and Political Science）」（以下、「ＬＳＥ」とする）に吸収合併されるという、ボザンケにとっては甚だ不本意な結末となった［★3］。その後も彼は一九二三年に七十四歳で世を去るまで、精力的に執筆活動を続け、数多くの著作を残した。

ボザンケの著した『哲学的国家論』に対しては、彼の生前から多くの論者によって激しい批判が浴びせられた。例えば、アーネスト・バーカーやL・T・ホブハウスはボザンケの国家論を、個人の自由を抑圧する国家の絶対的権力を理論的に擁護するものであるとして指弾した［★4］。個人の自由にも配慮していたとされるグリーンの政治思想との対比において、ボザンケの政治思想を「国家主義」として非難するといったやり方が、このようなボザンケ批判の基調をなしていた［★5］。生前から第二次世界大戦期に至るまでのこのような全体的風潮に対して、比較的近年になってからは、「国家主義」の悪評からボザンケを救い出そうとする試みもまた多くなされてきた［★6］。

だが他方で、ボザンケ批判にはこれとまったく異なる種類のものも見られる。それはすなわち「自由放任主義者」としての批判である［★7］。前述の通り、ボザンケは慈善組織協会に参加しており、その「駐在哲学者」として同協会の推進する「国家による救貧政策の抑制」を理論的に基礎づけようと試みた人物でもあったのである［★8］。それゆえ、これまでの研究史におけるボザンケは、国家権力の熱烈な支持者と国家干渉の断固たる反対者という二つの顔を持ち続けていた。

しかしながら、ボザンケ政治思想のこうした二つの矛盾する側面を指摘したホブハウス自身も、そして全体としてはホブハウスの眼を通してボザンケを批判したと言えるコリーニやJ・メドウクロフトのような後の研究者も、この矛盾の原因をボザンケ政治思想における二つの互いに相容れない国家概念に帰している。すなわち、一つは強制力の執行を委任された「政府」としての国家であり、もう一つは社会的諸制度や諸慣習の全体としての国家である。特に後者は「国家」と「社会」の混同であるとして批判されることとなった［★9］。

ボザンケ政治思想のこのような問題を単なる理論的矛盾として片づけてしまう従来の解釈に対して、本章ではできるかぎりボザンケを内在的に整合的なものとして理解しようと努めた。第一節では、まずグリーンとの対比において、「自己統治のパラドックス」というボザンケ特有の問題意識を浮き彫りにする。「第一印象理論」に対する批判や社会契約論の批判的摂取を通じて、彼は独自の方法によりこのパラドックスを解決しようと試みた。第二節では、ボザンケの政治思想において「国家」と「社会」が明確に区別されていたことを示す。その上で、彼が国家に対してグリーンと類似の機能を割り当てたことと、にもかかわらず、彼がグリーンの権利・義務論に手を加えたため、そのような国家における市民の「反乱の義務」（グリーンで言う「抵抗の義務」）がほとんど成立しえないものとなったことを明らかにする。第三節では、ボザンケにおける「反抗の義務」のこのような性質との関連において、彼のシティズンシップ論の特質と、それが市民の政治参加の問題に対して有する実践的含意について考察する。

第一節　自己統治のパラドックス

(1) 師グリーンとの距離

ここからは『哲学的国家論』での議論を中心に、とりわけ彼が取り組んだ政治的義務のパラドックス、すなわち「自己統治（self-government）」をめぐる彼の議論を概観する。この自己統治のパラドックスにこそ、彼の政治理論とグリーンのそれとを分かつものの手がかりがある。というのも、グリーンの政治理論においては、「政治的義務」とは、自己が自己の命令に服する義務ではなく、それゆえそこにはボザンケが問題視したパラドックスは生じえなかったからである。グリーンにとって、この場合の国家（主権者）はあくまでも被治者にとっての「客体」であり、国家が共通善を実現しているか否かは、その時々に服従する個人が判断する問題であった。だからこそ、抵抗の義務もまた、個人の問題となりえたのである（このことについては後に詳述する）。それに対してボザンケは、イギリスにおいて普通選挙制が漸次的に実現していく中で、代議制民主主義が胚胎する「自己統治のパラドックス」という難問に対する原理的な解答を模索したと言える。

　ボザンケ自身はグリーンとの違いをどのように自覚していたのであろうか。彼は『哲学的国家論』の序文において、「最近の心理学の諸観念を、国家強制力と実在意志（real will）ないし一般意志の理論に適用する試み」と、「グリーンが国民に対する国家の価値を評価する際に示したような、慎重な警戒の時代は過ぎ去ったという確信」の二点に、自身とグリーンの相違点を見出している［★10］。

　一点目の違いとして挙げられている「実在意志」とはボザンケ独自の観念であり、ここで言われている「実在（real）」という概念は特に説明を要するだろう。彼は「イギリス観念論者」として知られているが、実はドイツ観念論者であるカントやヘーゲルと同等か、もしくは彼らの知的起源としてそれ以上に、プラトンやアリストテレスの古代哲学を高く評価している。例えば、彼はプラトンに関して、「健全な政治哲学はすべてプラトンの思想の具現化である」とまで述べている［★11］。こうしたプラトン評価は、後述の都市国家（ポリス）（ボザンケにおいては「社会」）と個人のアナロジーに関する議論にも表れている。また、彼はプラトンとアリストテレスの両者の著作を引きつつ、物事の「本質（nature）」は、「目的（end）」や「成熟状態（maturity）」にあると述べる［★12］。例を挙げるならば、「人間」というものの本質は、その「未成年状態」にではなく、「成年状態」に存するということである。これはまさにアリストテレスの「形相」論を受けたものであったと言える。

このような「本質」観に依拠しつつ、彼は、時間の中で移ろいやすい「現実的なるもの（the actual）」の中に仄めかされている「理想的なるもの（the ideal）」の具現化を「実在的なるもの（the real）」という概念によって表現した［★13］。ここで注意を要するのは、彼にとっての「実在」とは、「現実」から遊離した「理想」を意味するものではなく、むしろ「現実」の中にすでに実現しているものとしての「理想」を表していることである。その意味で、政治哲学の目的もまた、ユートピア的な「理想国家」を好き勝手に思い描くことではなく、国家の国家たるゆえん、すなわち国家の「実在」を探ることにある［★14］。植物の種の中に将来花となる要素が秘められているように、国家の「実在」は国家の「現実」の観察を通じてのみ知ることができる。ボザンケの「実在意志」論の背景には、こうした彼の「実在」観が控えていた。

そして、単なる皮相的な意志にすぎない「現実意志（actual will）」から区別されたものとしての「実在意志」の観念は、彼がルソーの一般意志論に対する批判を通じて彫琢したものであった。ボザンケは『哲学的国家論』執筆以前に発表された論文「一般意志の実在性」（一八九五年）において、ルソーの『社会契約論』の中の「主権とは一般意志の行使にほかならない」［★15］という有名な一節を挙げ、一般意志を知るという困難な企てに対してルソーが提示した「全市民による投票」という方法を批判的に吟味している。彼によれば、ルソーが示したこの解答は誤りではないものの、現代の高度に複雑化した社会においては、この方法で一般意志を知ることはできないという［★16］。

またルソーは、投票における個人の判断の一般性を担保するために、「立法者」なるものの存在を仮定しなければならなかった。ルソーによれば、一般意志を成り立たせるためには、「立法者は人間からその固有の力をとり上げ、それに代えて、これまで無縁であった力、他人の援助がなければ使用できない力を与えなければならないのである」。そして、このような他者と協力し合う力を人間に与えるのが、立法者の起草する法であった。立法者は共同体の外に立つ存在であり、人民の一般意志を知り尽くし、それを法へと翻訳する。そして、このように立法者によって与えられた法が、その下で生活する人民の「社会精神」を涵養するのである〔★17〕。

しかしながらボザンケは、いかなる特定の個人も有限な知識によっては一般意志を完全に把握することは不可能であると考えたため、ルソーの「立法者」という仮定は彼にとって受け入れ難いものであった。それゆえ、立法者によって与えられた法の所産たる「社会精神」を持つ個人もまた想定しえないものであり、代わりに想定される孤立した個人による投票が示す結果は、ルソーの用語法で言うならば、包括的な「一般意志」というよりはむしろ部分的な意志の単なる寄せ集めである「全体意志」に近いものになるというのである〔★18〕。要するに、ボザンケは一般意志が投票によって示されうるというルソーの想定を受け入れることができなかったのだ。

では、ボザンケにとっての「一般意志」とは一体いかなるものであったのだろうか。彼はこの問いにして与えられうる三つの解答を斥ける。一つ目は、「単一の争点に関する投票による共同体の決定」である。それは先に触れた通り、ルソーによって提出された解答でもあった。ボザンケは、「一般意志とは稼働中のシステム（a system in motion）のことであり、単一の発議の中には表現されえない」と述べ、その時々の投票により一般意志が完全に表現されうるということを否定した。彼にとって一般意志とは、個別的な投票ではなく、あくまでも現在機能している「システム」全体の中に表現されるものであった。

また二つ目に、それは新聞の中に見出されるような単なる「世論」とも同一ではない。一般意志は「システム」の中に具現化されたものとしてしか知りえないのである。「一般意志は内省のシステムというよりは意志のシステムであり、議論の中と同じくらい行動の中に現れる」。後に見るように、ボザンケは一人の人間の頭の中で展開される理論の合理性よりも、現実の制度の中に経験の集積として具現化した合理性を重視した。その意味で、彼の言う「実在意志」とは、現実の中に具現化された一般意志を意味するものであった[★19]。

そして三つ目に、それは「共同体の成員によってなされたすべての物事の事実上(デ・ファクト)の単なる傾向」とも異なる——もっともボザンケは、これが前の二つの解答と比べて一般意志に近いものであることを認めている。一般意志とは、単なる一時的な感情に流された行動であってはならず、論理的なるものの体現でなければならないのである。だが先述の通り、ボザンケもまたグリーンと同様に、歴史のいかなる時点においてもこのような一般意志を完全に知りうる特権的な地位にある個人は存在しえないと考えた。ボザンケにとっての「一般意志」とは、共同体の中で大部分無意識の裡に従われている「システム」に体現されるものであったのだ。それは歴史が進むにつれて徐々に意識の俎上に上っていくものの、(ルソーにおける「立法者」のような)個人が完全なかたちで把握しうるようなものではなく、むしろ社会の制度や習慣というかたちで現実の中に姿を現すものであった[★20]。だからこそ、ボザンケはルソーとの違いを強調するために、この一般意志に「実在意志」という新たな名を授けたのである。

さて、ボザンケが『哲学的国家論』の序文で二つ目に挙げたグリーンとの相違点は、ボザンケの国家に対する信頼がグリーンのそれよりも強いものであったことを示している。こうした現行制度に対する篤い信頼は彼の権利論にも表れており、彼は「事実」からの「権利」の独立性について次のように述べている。「理論家たちは拙速にも、確かな意味をもってではあるものの、権利は事実から独立しているということを述べてきた。理性が文明から独立している、あるいは精神が文化から独立しているというのも同じように正しいだろう。権利は過去の歴史における諸事実によって説明しつくされるものではない。しかしながら、それはいかなる瞬間においても事実の中に具現化されている」[★21]。このようにボザンケにとっては、国家がその法律の上で現に保障している権利は、理想的な権利体系を多かれ少なかれ具現化したものであると言える。グリーンが現行制度の限界とその外にある理想的な権利体系に重きを置いたのに対し、ボザンケは歴史的過程の中で現行制度に徐々に「理想的なるもの」が具体化されてきた点を強調した[★22]。その意味で、国家の維持する諸制度は、単に「現実的なるもの」であるのみならず、「実在的なるもの」でもあるのだ。

したがって、ボザンケは国家の現行法に対して、「実在意志」の部分的発現としての信頼を寄せた。彼にとって法律とは、単なる支配者の命令ではなく、社会全体の意志の表現であった。こうした観点から、彼は法を命令以上のもの、すなわち「国民文明の根本的統一」の反映として捉えたヴィーコやモンテスキューといった人物を評価し、またホッブズ、ロック、ルソーが、「社会契約論」という不適切な方法によってではあるものの、法の背後にある民衆の社会的精神を認識したと述べている。そして、これらがボザンケ自身の直接的な知的源泉たる十九世紀の観念論の基礎になったというのである[★23]。このように、単なる「自然力」に基礎づけられた政治理論を展開した思想家としてグリーンに批判されたホッブズやロックが、ボザンケによっては相対的に高い評価が与えられているということも、イギリス観念論を代表する二人の思想家を分かつ相違点であると言える。

ところで、冒頭でも指摘したように、ボザンケは政治的義務の真の根拠を「自己統治」に求めた。国家に服従する義務は「自己統治」の観念によってしか正当化しえない〔★24〕。国家に対する服従は、それが「自分自身の意志」に対する服従と重なり合うときにのみ正当化されうるのである。だが、彼は自己統治が「義務のパラドックス」という問題を孕んでいることを指摘する。そのパラドックスは二つに分けることができる。一つは「倫理的義務のパラドックス」である。それは「自己（self）」の概念から出発し、自己が自己自身に対して権威や強制をどのように行使しうるのかを問題にする——すなわち、自分が自分を強制するとはどういうことなのかという問題である。もう一つは「政治的義務のパラドックス」である。それは「権威（authority）」や「社会的強制（social coercion）」の概念から出発し、個人的精神に由来する「自己」が、一見ある人びとが別の人びとに対して行使するような「強制」において、主体でありながら同時に客体であるということがいかにして可能となるのかを問題にする——すなわち、国家による強制がなぜ自分自身による強制であると言えるのかという問題である〔★25〕。以上のような二重のパラドックスを含む「自己統治」なるものを解明するにあたって、まずはその原理的な説明に失敗した三人の思想的先達がボザンケの批判の標的に選ばれることとなった。

（2）第一印象理論――ベンサム、ミル、スペンサー

こうしたパラドックスの解決に失敗した政治理論を、ボザンケはまとめて「第一印象理論（theories of the first look/first appearance theories）」と名づけた。まず一人目の批判対象となっているのはベンサムである。ベンサムは法や統治を単なる必要悪としてしか捉えなかった。彼の基準からすれば法とは「苦痛」であり、またそれゆえに「悪」であり、彼にとっての「自由」、すなわち「拘束の欠如」と対立するものであった。このような観点からは「権利」もまた自由の一部を犠牲にして得られるものとして説明される。つまり、ある者の権利が守られるためには、別の者の自由の一部が犠牲に供されなければならないのである。したがってボザンケによれば、ベンサムは「命令の性格を持つものとしてしか法を理解しなかった。彼は拘束の苦痛を減らす一方で自由の快楽を増やす程度を超えた、それ〔法〕の人間本性に対する積極的関係を見出すことができなかった」［★26］。そのため、ベンサムの政治理論においては、個人が国家の法に従うことを原理的に正当化することができず、自由と法は両立しえないため、個人は「妥協」を強いられることになるのである。そして、このような「妥協」は、ボザンケにとっては政治的義務の正当性に関する一貫した説明とは言えないものであった［★27］。

二人目の批判対象はJ・S・ミルである。ボザンケによれば、彼もまた法を「悪」として捉えるベンサム的伝統から一定の影響を受けており、ミルの志向した「個性」［★28］も、社会の影響から保護された個人が、いわば「蜂の巣の六角形」の中で、つまり他者に害を及ぼさない範囲内で、個人の内面的自我の領域において涵養されるものであった。

もし個性と独創性が法と義務の不在を意味するもの、あるいはそれに依存するものであるならば、また、もし奇抜性（eccentricity）こそが完全に発達したタイプの自我であり、したがって、普遍的関係の感覚が浸透した共同体が単調（monotony）と画一性（uniformity）の犠牲者を意味するのであれば、法は人間本性の縮小であり、その必要性が説明できないままになってしまうため、自己統治が語義矛盾になるということを示すにはこれ以上の言葉を要さないだろう。［★29］

このようにミルの理論もベンサムのそれと同様に、個人と法とを相反するものとして捉えるため、国家に服従する個人の義務を正当化する理論としては十分ではない。ボザンケは、法に従う義務（政治的義務）を自由と両立しうるものとして説明するためには、法を「必要悪」以上のものとして捉える原理が必要だと考えていた。

また、ミルは個人と社会の間に境界線を引こうとしたが、そうした境界線は恣意的にしか引かれえないものであるということをボザンケは指摘している［★30］。というのも、ボザンケによれば、「私のすべての行為は私自身と他者の両方に影響するからである」［★31］。社会の中で生きているかぎり、個人のどのような行動も、例えば他者の模範となるというかたちで、他者の行動に何らかの影響を与える。さらに彼は別のところで、「もしわれわれが生涯ずっと寝たきりであったとしても、分別があり利己的でない雰囲気、あるいは利己的で浅薄な雰囲気をわれわれの周りに広めるかどうかという点で、他者に影響を与えるのである」とすら言っている［★32］。このように、どれほど個人的に見える行為でさえも社会的な影響を免れないという点において、個人的領域と社会的領域とを厳格に峻別しようとする政治理論は斥けられることとなる。そして次章で見るように、こうしたミル批判は、ボザンケの『哲学的国家論』を酷評したホブハウスによっても共有されることとなった［★33］。

三人目の批判対象であるハーバート・スペンサーにおいても、自我と「法」ないし「統治」とは対立的なものとして捉えられており、「自由」はどれだけ拘束が少ないかを表す概念であったため、自己統治のパラドックスは解決されない［★34］。このように、彼ら三人は「人間個人の本質的分離という印象」を議論の出発点としていた――そして、ボザンケは彼らのこのような議論を「第一印象理論」と呼んだ。この第一印象理論では、自己統治に基づく政治的義務を原理的に説明することはできない。「自己統治という経験は、彼らにとっては謎である」。彼らは自己統治の経験に対して、様々な仕方で「妥協」しなければならない。つまり、彼らには自己統治に関する「原理」がないのであるとボザンケは断ずる［★35］。以上の経緯から、次にボザンケは社会契約論に着目し、その政治理論に対してグリーンとは異なる肯定的な評価を与えることとなった。

（3）社会契約論――ホッブズ、ロック、ルソー

社会契約論の思想家の中でも、ホッブズとロックに対する評価は、グリーンとボザンケの興味深い対照を示している。まずボザンケによれば、ホッブズは主権が「意志」に存することを説いたという。これは、ホッブズの主権論を「力」に基づく説明であるとして断罪したグリーンの批判とは正反対のホッブズ像である。また、ボザンケは彼独自の用語法においてホッブズの主権論を解釈した。すなわち、ホッブズの政治理論の中で主権としての性質を宿した意志は「実在的」なものであった。ホッブズは、す

でに主権者が存在する場合、他の者が人民を代表する可能性を否定している［★36］。つまり、ホッブズの理論においては、実在意志の所在がはっきりしているのである。現に統治している主権者の命令が実在意志の具現化とみなされる。この点でホッブズの主権論は、国家に服従する義務を説明する原理としての要件を満たしていると言える。

ただし、彼の議論には不十分な点もある。「ホッブズは意志の中、それも彼の意味においては実在意志ないし現実意志の中に政治社会の統一性を見出したが、彼はそれが一般意志の中にではないことを強調した」［★37］。主権者の命令が「一般意志」を表すものであるかぎりにおいて、その命令に対する服従は自己統治とみなされ正当化されうる。だが、ボザンケによれば、ホッブズにとっての共同体の道徳的人格とはあくまでも「擬制」にすぎず、人民による服従を自己統治として説明できないため、彼の議論は代議制民主主義を前提とする時代の政治的義務の問題に理論的に対処しうるものではなかった。

一方でロックの理論はより真実に近い政治的経験を示しているが、ホッブズほど論理的に一貫してはいないと評されている。ロックによれば、現実の統治は「信託（trust）」によるものであり、そのため政治社会を設立した後も究極の最高権力は共同体全体に残る。その意味で彼の理論は「一般意志」としての主権概念を説明する要件を満たしている。ただし、彼の理論的困難は共同体の意志や利害関心がどのように明確な表現を獲得しうるのかという点にある。信託は条件付きのものであり、その条件が破られれば、最高権力を持つ共同体全体はその信託を取り消すことさえ理論的には許されている。しかしながら、その取り消しの合法的な方法が示されていないため、「人民の意志は、ロックによっては実在意志ないし現実意志としては表現されていない」として、ボザンケはロックの主権論に関しても不十分な点を指摘している［★38］。

ボザンケは両者の政治理論を次のようにまとめている。「ホッブズにおいては、政治的統一性は現実的であるが一般的でない意志の中に存する。一方ロックにおいては、それは一般的であるが現実的でない意志の中に存する」。両者の理論が推し進められれば、前者は「自己（self）」の消滅に、後者は「統治（government）」の消滅に行き着くだろう。というのも、ホッブズにおいては、国家の意志が現実の個人の意志に対して単なる力として関係するため真の権利は存在せず、また、ロックにおいても、個人の意志が単なる自然的主張にとどまり、社会による承認と調整によって徹底的に変容させられることがないため、やはり真の権利は存在しないからである［★39］。後述するように、ボザンケにおいても、グリーンと同じく個人の権利主張は社会による承認を経ることにより初めて権利として成立するものであった。したがって、ボザンケによる右の要約を換言するならば、ホッブズにおいては統治者の支配権が（始原契約という擬制を除いては）被治者による絶え間ない社会的承認を受けてはおらず、またロックにおいては被治者の意志が統治の規則に表現されるための具体的な方策が示されていないのである。

この両者の理論を綜合するものとしてボザンケが称揚したのがルソーの政治理論であった。ボザンケによれば、ホッブズの論理的一貫性とロックの政治的内容の豊かさを合一することにより新たな基盤が獲得される。「そして、これこそルソーが、同時に現実的でありかつ一般的であるような意志の観念において試みたことである。一方で諸権利の絶対的で確定的な調整と承認、他方で真の個性を表す全個人の主張の、その承認の中における具現化」。これこそが自己統治、政治的義務、社会的権利の真の説明であるとして、ボザンケはルソーを高く評価した［★40］。

ルソーにおける人間社会の本質は「共通自我（a common self）」にある。「この共通自我の実在性は、政治的全体（the political whole）の行為の中にあり、それは〝一般意志〟という名を授かっている」［★41］。そして、このような共通自我を「擬制」ではなく「現実」として捉えたところにルソーの革新性があった。「社会的人格が現実として捉えられるならば、ルソーが指摘しているように、物理的な個人に反する力が自由の条件になりうるということになる」［★42］。後に触れるように、国家の本質は「意志」であるとしたグリーンとは異なり、国家の「力」としての側面を重く受け止めたボザンケは、国家の強制力に従うことがいかに個人の自由と両立しうるかという問題を避けては通れなかった。だからこそボザンケは、グリーンとは異なる理由から、グリーンと同様にルソーの政治理論に活路を見出したのである。

では、ボザンケは、ルソーの言う「一般意志」がどのような意味で「現実的（actual）」であると考え、それが何に「具現化」されていると考えたのであろうか。先に触れた論文「一般意志の実在性」におけるのと同様に、『哲学的国家論』においても、その答えの鍵はボザンケの独特な「立法者」解釈の中に見出される。ルソー自身は、立法者が与える法制度に人民を従わせることの困難について次のように述べている。「本来は制度の所産である社会精神が、その制度の設立そのものを司ること、そして人びとが、法の生まれる前に、彼らが法によってそうなるはずのものになっていることが必要だろう」［★43］。

社会精神の表現たる法が、社会精神の生まれる前から存在しているとは一体どういうことなのか。ボザンケはこの難問を解決するために、ルソーの「立法者」を「社会制度の集合体（the complex of social institutions）」とみなした。まず、ボザンケは「いかなる共同体の習慣（habits）や制度（institutions）も、いわばそれを構成するすべての私的意志の永続的解釈である」と述べる。つまり、個人の私的な特殊意志は、暗黙の裡にこの習慣や制度の中にとり込まれ、全体としての一般意志との間で調整が行われている。ボザンケは習慣や制度における実在意志の顕現の不完全性を認めながらも、「社会制度の集合体は、いかなる所与の瞬間においても、いかなる個人精神の意欲を動かす明示的観念よりも完全である」と述べた〔★44〕。個人の思いつきが現行の社会的諸制度や諸慣習を合理性の面で上回ることはないというのがボザンケの見立てであった。このようにボザンケは、彼より上の世代のウィッグ知識人たちがイギリス国制への信頼をその長い歴史的伝統に基礎づけたのと同じような仕方で、現存の諸制度や諸慣習が体現する合理性を、歴史の中で漸次的に顕現してきた「実在意志」の観念によって根拠づけたのである〔★45〕。

第二節　実在意志論

(1) 国家と社会の区別

ボザンケは理想的なるものの現実における具現化、すなわち「実在意志」の所在を「社会制度の集合体」の中に求めた。この「社会制度の集合体」が「国家」と同一のものではないことを指摘しておくのは、先行研究との関連においても重要である。というのも、ボザンケの「国家」概念が持つ二面性は、常にボザンケ研究において批判の的となってきたからである。本章冒頭で触れたように、ボザンケは「社会」と「国家」の区別ができていないという批判を長らく受け続けてきた。

だが、実際にボザンケの政治理論を注意深く精査すれば分かるように、彼は「社会」と「国家」を明確に区別している。彼が共同体で現に機能している諸制度や諸慣習を「社会制度の集合体」として捉えたことは先に触れた通りである。この「社会制度の集合体」には、常に共同体で生活する諸個人の私的意志が組み込まれていく。そして、ボザンケによれば、この私的特殊意志と全体との間の調整を行う機関こそが「国家」であった。「したがって、国家は全制度の作用批判（the operative criticism of all institutions）（……）として捉えられると言いうる。そしてこの意味で、批判は諸制度の生命である」［★46］。社会の諸制度や諸慣習は、国家によって調整されることがなければ、互いに衝突し合う危険性を孕んでいる。したがって、国家はそのような調整の手段として強制力を持たなければならない。「全制度の作用批判としての国家は、必然的に力である。そして、つまるところ、それは承認され正当化された唯一の力なのである」［★47］。

　このようにボザンケは、国家の「力」としての側面を強調した――それは、国家主権を「意志」に基礎づけたグリーンが強調しなかった側面であった。ボザンケは別のところで「国家」と「社会」の関係を次のように表現している。「合法的に強制力を行使している単位として習慣的に認められている社会は国家である」［★48］。したがって、国家は単なる社会との本質的な差異として「力」を有している。この意味で社会的諸制度（すなわち社会全体）を調整する主体としての「国家」は、強制力を持つ国家によって調整される客体としての「社会」と明確に区別されていると言えるだろう。

　だが、なぜこうした役割を担う主体が「国家」であるということが言えるのであろうか。ボザンケは国家と他の集団との違いを説明するにあたり、「結社（association）」と「組織（organisation）」の区別から始めた。「結社」の例としては「群衆」が挙げられるが、彼によれば群衆心理は真の意味での「社会精神」とは言えない。「それは拡張され強化された規模における、単位と単位の間の単なる表面的なつながりにすぎない」。そこには明確な原理に則って全体を統治する機関が存在しないため、全体の意志は構成員の特殊意志の寄せ集めにすぎない。

ただし、群衆はばらばらな個人ではない。「たしかに、群衆は〝一人の人間として行動し〟うる。だが、そうだとしても、その知性や責任感の水準は、原則として非常に低いものとなるだろう」。このような集団には推論や批判といった高度な知的営為は不可能である［★49］。このように、「結社」には各特殊意志間の調整を行う手段が欠如しているため、ボザンケにとって「結社」は大して意味のない一時的な個人間のつながりにすぎないものであった。

それに対して、「軍隊」を例とするような「組織」には、その全体を統合する単一の明確な原理が存在する。「それゆえ、組織という語によってわれわれが意味するのは、結社とは反対に、特殊がそれらの属する体系的集団の枠組みや一般的本性によって決定されることである」［★50］。つまり、特殊同士の関係によって全体の性質が決まる「結社」とは逆方向に、「組織」においては特殊の性質が全体を統御する原理によって規定されるのである。

そして、このことが社会関係だけでなく、人間精神にも当てはまるということにボザンケの議論の核心がある。二つの原語をこの文脈に適する日本語に訳し直すならば、それは「連想（association）」と「構成（organisation）」と言い換えられるだろう。すなわち、「連想」が人間精神における諸観念同士の単なる偶然的なつながりであるのに対し、「構成」は原理的に秩序づけられた諸観念の体系である。このように「精神」と「社会」は異なる視点から見た同じ構造であると言える［★51］。こうした議論はプラトンの政治思想における「都市国家（ポリス）」と「個人」のアナロジーを想起させるものである——ただし、ボザンケのアナロジーは「社会」と「個人」の間のものであるのだが［★52］。

ボザンケにおいてはこの「社会」と「個人」、すなわち全体と部分を調停する役割を担うのが「国家」である。精神においては「統覚（apperception）」が諸部分を全体に統合するように、社会においても国家が諸個人の特殊意志を一般意志に統合している。その統合の最終手段が国家の有する強制力であった。

『哲学的国家論』においてはほとんど所与の事実として、社会におけるこの役割を担う主体を国家に見出したボザンケであったが、「国家主義者」としての誇りを受ける中で、一九一七年に書かれた論文「人類の統合促進における国家の機能」においては、より原理的な説明を試みている［★53］。ボザンケは「当然のことながら、国家は生の究極目的ではない」ということを認めつつも、「私は国家を共同体の機関として最善の生に必要な外的条件を維持する機能を持つ権力と理解している。これらの条件は権利と呼ばれる。それらは、その成員が持っている最善の生への能力の獲得しうる最高の完成の必要条件として、共同体意志（communal will）によって承認された権利主張である」と述べ、国家の積極的役割を評価した。その上で彼は、「自らを国家として組織する共同体は、すべての集団にとって、一般意志を構成するのに必要な経験の統一性を有する最大の団体であろう」ことが期待できると述べた［★54］。いまのところ、この「統一性の強度」に比肩しうる団体は存在しない。そうした「統一性」が仮に国家の枠組みを超えた、例えば「人類」という単位において実現するとしても、それはここではないどこか、いわば「神の国」において実現するような統合である。というのも、国家の前提となる「共通の経験（common experiences）」が人類という単位において現時点で存在するとは言い難いからである。そして、そうした共同体が遠い未来に実現したとしても、それはまた結局は世界大の「国家」というかたちをとるのである。

このような観点からボザンケは当時のイギリス帝国（British Empire）のあり方を批判した。イギリス帝国におけるように、ただ「外面的な法の支配」が存在するだけで、「国民意識」を調停せずにそのままにしておくのでは十分ではない。「もしその成員〔イギリス帝国を構成する国家〕が異質かつ不平等であり続けるのであれば、そこに一般意志は存在しない」［★55］。そして、このような共通の経験に基づく一般意志が存立しえないところでは、「真の統治」たる自己統治も成立しえないのである［★56］。

ボザンケは次のように結論を述べる。「したがって、諸権利の組織化は一般意志の所有に必要な諸条件を満たす共同体においてしか完成されえないことは私には明白に思える。その条件というのはつまるところ、非常に高度な共通の経験や伝統や抱負である。そのような共同体は、いまのところ国民国家を除いては見出されえない」。イギリス帝国は、インドや南アフリカといった「属国」のことを考慮に入れるとこの条件を満たしていないのである［★57］。ボザンケは「遠い未来」における連邦や人類という単位での共通経験の成立可能性には留保を付しているものの、現代の諸問題の「近い未来」における救済策としては複数の主権国家間における連合で十分対処可能であり、その意味でボザンケの政治思想には国家レベルでの多様性を容認する余地があるとも言えるだろう［★58］。

(2) 個人の自由と国家の限界

以上のように、ボザンケにとって、一般意志の具現化たる実在意志の担い手は、現状では、正当性を認められた強制力を行使する「国家」以外にありえなかった。では、こうした「力」としての国家に対する服従は、個人の「自由」といかにして両立しうるのであろうか。この問いを解き明かすにあたっては、ボザンケの創出した「実在意志」の観念が鍵となる。興味深いことに、個人の完成と社会の完成との間のつながりを断ち切ってしまった人物として激しい批判の対象となったJ・S・ミルに関して、ボザンケは別の面で肯定的な評価を下している。というのも、ミルの議論には「実在意志」観念の萌芽が見出せるからである。

ボザンケによれば、ミルは「自由のためのある拘束」を支持していた。「その人が一時的に望んでいるように見えること〔ボザンケで言う〝現実意志〟〕に反して、自由が真に要求すること〔ボザンケで言う〝実在意志〟〕を行う自由の本質的な性質」を、ミルは認識していた。例えば、ミルは、いまにも崩壊しそうな橋を渡ることは「自由」ではないと論じた。ある人がその橋を渡ろうとすれば、死を免れないとしよう。この人が、もしあらかじめ橋が崩壊寸前であることを知っていたならば、彼はその橋を渡らないであろう。よって、この橋を渡るという行動を無理やりにでも止めることは、彼自身の「自由」と両立する。なぜなら、ミルにとって、「自由とは本人が望むことをする自由なのであり、その人は川に転落したいわけではないからだ」[★59]。ボザンケは、この主張が「実在意志」の教義を胚胎しており、さらに彼が熱烈に称賛した「自由を強制する」というルソーのテーゼと類似したものとして受け取ったのである[★60]。

したがって、ボザンケにとっても、グリーンと同様に、真の意味における「自由」は単なる放任を意味しなかった。つまり、時間の中における個人の知識は有限であり、個人が常に合理的な選択を行うとは限らない。彼は自分の選択の結果を知ったとき、自分のした選択を後悔するかもしれない。こうした観点から、ボザンケは、個人のより実在的な自我とは現時点における自我ではなく、より多くの知識を持ったより合理的な自我であると言う。それゆえに「われわれの実在自我（real self）や個性（individuality）というのは、ある意味では現在のわれわれとは異なるものであり、われわれが為さなければならないこととして認識しているものである」［★61］。

ボザンケは、ルソーの「自由を強制する」というテーゼを高く評価しつつ、自身の「自由」概念を実在自我との関連で以下のように説明している。

> われわれがわれわれであるための条件としての自由とは、単にわれわれがいま有しているものではありえず、ましてやこれまで有してきたもの——現状維持——ではなおのことありえない。それはわれわれの内なるものの支配を主張する持続的努力と関連する条件でなければならない。われわれはそれを、なさねばならぬもの、あるいは自らの実在自我として認識するが、それに対してわれわれはかなり不完全な程度しか従っていない。自由を強制されるということを矛盾なく語るというのはこのようなことである。［★62］

したがって、実在自我の意志の顕現たる国家の法や命令が私的な特殊意志を統御するとき、われわれは「自由」になるのだ。ボザンケにとって、これは自己の他者に対する服従を意味しない。それは自己自身の実在意志に対する服従なのである。

ボザンケによれば、統治の主体と客体を物理世界における人格によって区別する必要すらない［★63］。彼は造園を例にとってこのことを説明している。造園をする際、通常は造園を指示する雇主と造園を実際に行う庭師の二つの人格が存在する。だがボザンケは、こうした作業の分担を一人の人格の内部で行なってても結果には変わりがないと言う。実際、社会においてもこのような分業が行われているのであって、高度に複雑化した現代社会においては、生活のすべてを自分一人で成り立たせることは到底できない［★64］。

したがって、個人が社会の慣習や制度に従うとき、個人は自らの内面のより合理的な部分に従っているのであり、このような服従にのみ、真の意味における「自由」は存する。なぜなら、国家の絶えざる調整により個人の特殊意志は社会の慣習や制度の中に調和的なかたちで反映されているため、それらの慣習や制度は、個人が一時的に抱くような「現実意志」よりも合理性を体現しているからである。ボザンケにおける自我の完成形は他者と共通のもの——すなわち、「共通自我（common self）」——であり、「共通自我」はグリーンの「永遠意識」と同様に一元的なものであったのだ。

ただし、具体的に国家がどのようにして個人を自由にするのかを説明するにあたっては、再びボザンケにおける——そして、グリーンにおける——「力」と「道徳」の関係を思い起こす必要がある。彼らによれば、力が直接個人を道徳的にすることは、「善」というものの性質上ありえない。なぜなら、道徳的善とは、外面的な強制によってではなく、内面的な動機から生ずるものだからである。したがって、国家にできる「自由」の保障もこのような外的な条件の保障に限られることとなる。ボザンケは国家行動が依拠すべき基準を「障害の除去（to remove obstacles）」というフレーズで言い表している［★65］。このような基準から、善き生の条件を掘り崩してしまうような国家干渉は制限されなければならないのである。

彼が実在意志の萌芽を見出したミルの議論にも、このような基準から留保が付されることとなる。ボザンケによれば、国家が行使する強制力の正当性に関してミルが提示した判断基準は、それが善き生を促進するか否かではなく、「自己と他者の間の境界線」を侵犯していないかという点にあった。ミルにとって、自己にのみ関係する行為に対する国家干渉は不正である。この誤った基準により、ミルは一方で「完全に正当化され効果的なものとなりうる干渉に対する批判へと導かれる」。また他方では、同様の混同により、逆に真の道徳的発達を脅かすような強制力を擁護しうる。ボザンケは、ミルが「道徳的義務は法により強制されるべきである」ということを仄めかしていることに対して驚きをあらわにしている［★66］。例えば、人口抑制のために扶養能力のない者が結婚することを禁止する法律の提案などが挙げられるが［★67］、こうした国家干渉は決して個人を直接道徳的にすることがないどころか、むしろ道徳的活力源を委縮させるものである。

ここでも「道徳的義務は強制されえない」というグリーン同様の前提がボザンケの議論の土台にはあるわけだが、彼は道徳的主体の活性化に関して独自の議論を展開している。彼は不要な強制に反対して次のように述べる。「これまで想定されてきた場所にできるだけ完全に責任を残しておくことは、法のなしうる最善のことであり、そのことは強制が到達しうるよりもより深い活力源（a spring of energy）に訴えかけるものである」。したがって、ボザンケはこれまで自己責任でなされてきた実践や慣行を、国家干渉の対象とすることに反対するのである。「それ〔道徳的義務の遂行〕に影響を及ぼそうとする試みは、道徳的行為が依存する活力源（springs）を破壊することにより、それ自体〔道徳的義務の遂行〕を確実に挫くのである」［★68］。このような観点からボザンケは、とりわけ経済的な領域における国家干渉に対して、グリーン以上に明確な敵意を示すこととなった［★69］。

ただし、諸個人は放置しておけば、自ずから道徳的存在になるというわけでは必ずしもない。人間の内なる動物的本性による制約のため、自動機械的行為（automatism）、すなわち、無意識であるがゆえに「動機」とは無関係に行われる行為を法によって強制することは、ある程度は必要である［★70］。グリーンも述べたように、「そのような行為（あるいは不作為）が、いかなる動機からであろうと、ともかくまったく起こらないよりは起こる方がましだというときには、公権力により強制されるべきである」［★71］。これがボザンケにおける「法的義務（legal obligation）」である。こうした強制は、知性の集積たる社会的諸制度に基づいて国家により執行されるがゆえに、それに服する個人は自らの実在意志に従っていることになるため、個人の自由とも両立する。だが、次節で見るように、ここで自由と服従の矛盾を解決するためにボザンケが用いた個人と社会のアナロジーにより、グリーンにおいて明確に分離していた「義務」と「権利」が、ボザンケにおいては密接不可分のものとなってしまうのである。

（3）義務と権利の表裏一体化

ボザンケにおける「義務」は、グリーンにおいて個人の動機から生ずるものであったのとは異なり、「**権利**」との**関係においては**、もっぱら上述のように法を通じて強制される「法的義務」として現れる。そして彼によれば、法によって課される個人の**受動的**な「義務」は、共通善に対する各々の独特な貢献であるところの「立場（position）」を個人が**能動的**に意識することによって「権利」へと変わるという。そして、このような意識こそが、個人による「一般意志」の把握であった［★72］。

ボザンケは「権利」と「義務」の違いについて次のように述べる。「権利は主張されるものであり、義務は負われるものである。そして一見すると、権利は人によって主張され、義務は人に対して負わされる。義務は、それが強制される人びとによって尊重されることにより、権利となるのである」。ただし、ここでは自己によって主張されるものが権利であり、他者によって負わされるものが義務であると言っているのではない。「自己」と「他者」（あるいは「社会」）の区別は、ここでも本質的なものではないのである。例えば、「私が自分の両親を養う義務は、もし私自身がその務めを特権として主張するならば、ほとんど権利となるのである」［★73］。

このように、ボザンケによる「自己」と「他者」の境界線の相対化によって、グリーンにおける「権利に対する義務の先行性」は、ボザンケにおいては消失した。ここでの「義務」とはもはや個人の意識から生ずる動機に基づいた道徳的なものではない。それは「権利」を守らない個人が国家によって負わされる法的なものである。そして、国家から与えられるものとしての法的な「義務」を、共通善に対するその個人の独特な貢献たる社会的「立場」の自覚に付随する「権利」へと変えていくことが望ましいこととなる。このように、ボザンケにおいては、「権利」と「法的義務」とは常に表裏一体のものとして現れるのである。

グリーンが論じた「抵抗の義務」論は、「反乱の義務（duty of rebellion）」という、より過激な名称でボザンケの議論にも登場するが、彼の「反乱の義務」論もこのような文脈において理解されなければならない。すでに述べたように、国家の慣習や制度は実在意志と完全に一致するわけではない。したがって、ボザンケは、もし現行法により保障されている権利体系が実在意志の偽りの具現化であるのならば、「反乱の義務」が存在しうることを例外的に認める［★74］。ただし、保障されるべき権利体系とは、単なる個人の「選好」や「願望」の問題ではなく、客観的な「事実」や「論理」の問題である。「もし承認されていない権利を主張したいのであれば、私はいかなる〝立場〟がそれを含むのか、そして社会精神たる承認体系の中で、その立場がいかなるものとして顕現するのかを示さなければならない」［★75］。「権利」とは、ある社会的な「立場」からの共通善に対する独特の貢献に必要な条件を保障するものであるため、その「立場」にその「権利」が必要であることを論理的に証明した上で、社会的承認を得なければならないのである。

ここでボザンケは、「反乱の義務」という語を用いながらも、それが社会的承認を必要とする点においては、ほとんどグリーンの「抵抗権」論を再説していることが分かる。ボザンケはもっぱら権利と義務を表裏一体のものとして考えたため、グリーンの「抵抗の義務」の観念を受容するに際しても、このような混同が生じたのである。ボザンケは個人による反乱について次のように述べている。「もし彼が反乱を理に適うものと考えるとしても、それは依然として社会的義務としてである。彼が独立したものであることが事実上不可能であるように、それは彼自身のある権利に基づくものたりえない」［★76］。この引用からも明らかなように、ボザンケはグリーンからすれば「義務」と「権利」の混同ともとれるような議論を展開した。国家に対する個人の反乱が正当化されうるとすれば、それは社会によって承認を受けたものでなければならない。それはもはやグリーンの展開した「抵抗の義務」論とは似ても似つかないものであった。そして、この意味でボザンケにおける「反乱の義務」論は、彼自身の考える「シティズンシップ」の実践とはほとんどつながりを持たないものだったのである。

第三節　シティズンシップと政治参加

では、ボザンケにとっての「シティズンシップ」とは一体いかなるものであったのだろうか。彼はセトルメントで行われた講演「市民たることの義務（The Duties of Citizenship）」において、彼独自のシティズンシップ論を展開している。彼がグリーンにおいてはほとんど想定されていなかったマルクス主義的な観点を意識して議論を展開していることが分かる。ボザンケは、物質的・経済的条件を決定要因として見るマルクス主義的な議論に対して、「社会の個々の成員というのは、結局のところ、性格（character）であり意志である」と確認した上で次のように反論する。物質的・経済的条件は「性格によって変更可能であり、環境（circumstance）というのが人間の行為を表す名称であるかぎりにおいて、それらは性格によってしか変更することができない」［★77］。ここでボザンケは生活の物質的条件を軽視しているわけではない。しかし、あくまでも究極的な決定要因は「意志」であり、全体としての人間の性向であるとしている［★78］。したがって、経済的な苦境もボザンケにとっては個人の意志と性格によって乗り越えられるべきものだということになる［★79］。ここにはヴィクトリア時代の「性格」論との連続性が見てとれる［★80］。

ボザンケは講演の中で、古代と現代における「市民たることの義務」の違いに触れている。彼によれば、古代におけるシティズンシップの内容は明白であった。市民の都市国家への帰属意識が強固なものであったため、市民としての義務は単純明快であり、誰にとっても同様のものを指したのである。

人間の卓越性とは、シティズンシップの体系の中で彼が行うように割り当てられたことを行うことであった。真の市民とは、統治のしかたと統治のされかたの両方を知る者のことであった。人間は本来的に社会的存在であった。社会は人工物ではなく、人間本性の帰結であり、人間道徳の条件であった。歴史的に言えば、それはありのままの生の必要と衝動から生じたものであったが、にもかかわらず、その永続的な目的は、そのすべての成員が善く生きることであった。

このように古代都市国家においては、奴隷や女性が市民の地位から除外されるものの、市民としての義務は一義的に、公的な参加を通じた共同体への貢献を意味したのである〔★81〕。そして、第三次選挙法改正を経て、再び民主主義的な政治制度を回復しつつあるボザンケの時代にあっては、バジョットにおいて分かれていた「リーダーシップ」と「フォロワーシップ」が「シティズンシップ」の中に合流を果たし、真の政治的統治たる「自己統治」が実現しつつあったかのようにもわれわれの眼には見える。

ところが、「国家」への一元的忠誠を妨げる様々な部分社会が各々の地位を高めた現代世界においては、われわれは自分の運命や人格を国家のそれとほとんど関連づけて考えなくなってしまったとボザンケは言う。例えば、古代世界におけるのとは反対に、現代においては「家族」が共同体全体に優先されるということがしばしば起こるようになった。そして、同様のことが狭義の「社会」、すなわち教会や労働組合などの集団にも当てはまる。われわれはこのような部分としての社会と全体としての社会（すなわち国家〔★82〕）とのつながりを見出そうとはまったくしない。ボザンケはこのように、諸集団が「市民共同体

（civil community）」」、すなわち「国家」への忠誠を妨げている状況を問題視した［★83］。

だが、そもそも市民としての義務を認識することがなぜ必要であるのか。それは究極的には、「国家」が数多の集団のうちの単なる一つではないからである。ボザンケによれば、ただ国家だけが他のすべての他のあらゆる部分社会の利害を包含している。われわれが「強制力」を持つ権利を認めるのは国家だけである。他の集団はどれも部分的であり、国家のみが全体的である。国家を超えた単位である「人類」に対する義務ですら、現時点では国家を通じて果たされている［★84］。したがって、ボザンケは現に強制力を行使している団体が「国家」であることから、共通善も国家を通じてのみ実現可能であるという結論を引き出す。すなわち、「最終的な調整は国家が行う」ということ自体、実在意志の具現化としての社会的慣行の一部なのだ［★85］――そしてこれこそが、後のラスキが「法」（「力」）と「道徳」の混同として批判したボザンケの政治思想である［★86］。そして、ボザンケが目指したのは、諸個人の忠誠を国家へと収斂させていくことであった。

では、近代国民国家において、市民としての義務を認識するということは一体いかなることを意味するのであろうか。それは先に触れた彼の社会分業論と密接に関連している。彼は講演を次のような言葉で締めくくっている。

したがって、結論を言えば、市民たることの義務は決してわれわれを私的生活から政治、行政、あるいは慈善活動へと引きずり出したりはしない。もっともすべての人びとが、万が一機会が生じれば、少なくともそのような役目を果たす心構えをしておくべきではある。だがそれらは、生活におけるあらゆる義務が、究極的には、組織化された共同体の多面的全体に根本的な条件と表現を見出すような人間本性の諸能力を発展させる義務であることを決して忘れないでおくようにと断固として要求するものである。［★87］

このように彼にとってのシティズンシップとは、社会の中で自分に割り当てられた共通善への独特な貢献、すなわち自分の「立場」を自覚し、自分の社会的な務めを忠実に果たしていく、あるいはそのための能力を発展させていくことであった。

このような観点から、ボザンケにおいては、イギリス社会に存在する「階級」間の差異もまた肯定的に捉えられる。つまり、自分の属する階級によって、共通善に対する貢献のしかたも異なるのである。ただし、ここで言われている「階級」とは、カースト制度のような垂直的な階層制を意味するものではない。そうした社会的分断は、共同体の統一性を損なうため忌避されるべきものである。

このような階層制とは反対に、ボザンケが想定したのはむしろ個人が平等な地位にありながらも、それぞれが多様な役割を担う社会であった。そして、ボザンケにおいてこの「役割」とは主に「職業」を意味した［★88］。「そして、この意味で社会的統合の紐帯は類似性の中にあるのではなく、最高度の個性ないし専門化の中にある。その極点は、私が社会に対して必要な奉仕を、そして私以外の誰も与えることのできない奉仕を与えていると感ずることである」［★89］。自分にしかできない共通善に対する貢献を自覚し、そのための能力を育てる責任感を持つ主体こそ、ボザンケにとっての理想的市民像であった。

しかしながら、個人が国家の慈善に頼ることは、そのような責任感を掘り崩してしまうとボザンケは考えた。そこで市民たることとの義務のリストに、国家の経済的支援に頼らない「自助」が加わることになる。先に触れた講演の続きの中で、彼はもっぱら財政的な理由に依拠しつつ、国家による院外救貧の非効率性を批判している［★90］。そして、代わりに教養ある有閑階級が、同じような人物のいない地域に移住することを提案し、そこで市民としての義務を果たすためのボランティアの力を供給することが望ましいと説く［★91］。つまり、彼は独自のシティズンシップ論を通じて、国家の権威を高めようとしていたというよりはむしろ、特に経済的な領域における国家干渉を抑制しようとしていたのである。これはまさに慈善を、国家の救貧法によってではなく、「近隣」の領域（つまり「社会」）における自発的な活動によって賄おうとする慈善組織協会の戦略そのものであった［★92］。

慈善組織協会の理念に表れているようなヴィクトリアニズムの道徳がボザンケの政治思想に底流していることは、彼の政治思想を内在的に理解する上できわめて重要な意味を持つ。というのも、このヴィクトリアニズムは、彼が実在意志の表れとする「社会的諸制度や諸慣習」の主要な要素の一つを成しているからである［★93］。例えば、ボザンケは私有財産制を擁護する議論の中で、ある個人の持てる財産はその人の性格や意志の反映であり、したがって自らの財産を持たない貧民や子供はいかなる性格も意志も持たないとしている［★94］。ここに、禁欲的な性格に基づく蓄財を称揚し、財産と性格との間に密接な連関を見出したヴィクトリアニズムとボザンケ思想の間の連続性を見出すことができる。ボザンケにおいて「意志」を持たないということは、「一般意志」に対する独特な貢献たる「立場」も持たないということである。ボザンケ自身の意図はどうあれ、彼の展開したこのような議論は、財産資格に基づく当時の選挙制度の強力な擁護論となりえた［★95］。

実際、彼はミルやグリーンといった先人たちに比べ、選挙権の拡大に関してはかなり控えめであった。先述の通り、彼はミルやグリーンと同様に、国家に対する関心を持つことを市民に強く求めたが、そのような公共精神が政治参加を通じて涵養されるといった類の議論は展開していない。当時選挙権を持っていなかった女性もまた、日々の家事をこなすことで善き市民になりうる。同じく選挙権を持たない下層労働者階級も、職場での仕事を通じて善き市民になりうる。彼らが社会に貢献するためには、必ずしも選挙権の拡大は必要ではない。なぜなら、社会生活を通じて、すでに制度や慣習の中に人民の精神は反映されているからである［★96］。それが「実在意志」としての社会的諸制度や諸慣習なのである。このように、ボザンケはグリーンの主権論の要素を多くの面で共有しながらも、彼とはまったく異なる帰結へと導かれうるシティズンシップ論を展開したのであった。

小括

第三次選挙法改正を経て、民主主義がより完全なかたちで制度的現実となりつつあった世界において、ボザンケは「自己統治のパラドックス」という新たに現出した問題に取り組まざるをえなかった。彼はルソーの「一般意志」概念を自身の政治理論にとり入れ、さらにそれを社会的諸制度や諸慣習全体の中に表現された「実在意志」として可視化した。このことにより、個人が国家の強制力に仕えることが、自己自身の意志のより合理的な部分に従うことと同義であるとみなすことが可能になった。

ボザンケの政治理論においては「国家」と「社会」が明確に区別されていた。「社会」とは諸個人の経験が集積された実在意志のより完全な具現化であり、その中で「共通善への障害の除去」という原理に基づき強制力を行使し、社会内の諸利害の調停に努めるのが「国家」の役割であった。したがって、「社会」が表現する実在意志は一個人の思惟に比べればより合理的である一方で、「国家」の方は「共通善への障害の除去」という消極的な原理を逸脱し、個人の自立心を掘り崩してしまうようなパターナリスティックな行動をとるかもしれない。国家による社会保障が次々に実現しつつあったボザンケの時代は、まさにこのような国家の暴走の時代であると彼の眼に映った。だからこそボザンケは「改革者」を自任し、国家による貧民救済を、「自助」を基本とする当時の社会的慣習からの逸脱として批判したのである［★97］――その意味でボザンケにとって「国家」と「社会」のどちらを優先すべきかという問いに対する答えは明白であった。「国家」が社会における権利の守護者として強制力の行使を認められているということも、その「国家」の役割が「障害の除去」に限定されるということも、彼にとっては同様に「社会」の慣習の一部なのである。

国家の役割を「障害の除去」に限定する点では、ボザンケはグリーンと一致していた。だが、ボザンケはグリーンの権利・義務論に、ある重大な変更点を加えた。すなわち、「権利」だけでなく、「義務」も社会的な承認を必要とするとしたのである。それゆえボザンケにおいては、「反乱の権利」と同じく「反乱の義務」も個人が社会の反対を顧みずに行使してよいものではなくなった。

そして、こうした権利・義務論から帰結する彼のシティズンシップ論が諸個人に公的な政治空間への積極的参加を呼びかけるものでなかったことも容易に理解しうる。というのは、女性は家庭にこもり家事をこなすこと、あるいは公的な場での活動に従事するにしても、直接国政に参加するのではなく、自発的結社などを通じて慈善活動を行うことが、当時の中流階級の社会的慣行となっていたからである。ボザンケはすでに社会的承認を受けた「立場」を離れて、個人が国家行動を諫める必要を想定していなかった。彼にとっては、専門分化の進んだ複雑な社会において個人が与えられた「立場」を忠実に全うすることが、シティズンシップの実践だったのである。

最後に、「個人の意志は社会的諸制度や諸慣習の中にすでに反映されている」というボザンケの実在意志テーゼがシティズンシップに対して有する両義的な含意に触れておきたい。それは一方で、ある意味ではグリーンの「知的愛国者」論以上に高度な公共精神を市民に対して要求する。なぜなら、個人の意志が社会のあり方に現に反映されているのであれば、個人は社会のあり方に対して責任を持たなければならないからである。彼は「愛国心（patriotism）」について次のように述べている。「真の愛国心とは、国家をわれわれの実質的な目的およびわれわれの生の基礎とみなす日常的な習慣のことである」［★98］。ボザンケのシティズンシップ論は、われわれが国家と自らの生を常に結びつけて考えながら生活することを要求するのである。

だが他方で、彼の実在意志論は能動的シティズンシップに歯止めをかけるような実践的含意も持ちうる。すなわち、市民の実在意志がすでに社会的諸制度や諸慣習といったかたちで実現しているのであれば、市民は能動的に国家に働きかける必要はなくなる。彼の議論が持つこのような保守的含意に能動的シティズンシップを麻痺させる危険性を見出したのが次章で取り上げるホブハウスであり、そしてそれに続くラスキであった。ボザンケの政治思想の根底にはイギリス国制に対する信頼や自助を重んじるヴィクトリアニズムがあったことはすでに見た。彼はこれらの社会的諸制度や諸慣習に合理的なるものの具現化を見出したのである［★99］。

ボザンケはたしかに「改革者」を自任したかもしれないが、ヴィクトリア時代の思想潮流と彼の議論との連続性を考えれば、彼が「保守主義者」であることを否定するのは――「保守主義」が単なる現状維持を意味するのでないとすれば――アナクロニズムであると言えるだろう。彼はたしかに「国家主義者」ではなかった。だが彼は社会における歴史的伝統の中に合理性の体現を見出し、それを保守するための議論を展開した。「時代の流れ」というものがあるとすれば、当時明白に勢いを増しつつあった国家による社会保障の波にボザンケは抗い、ヴィクトリア時代の伝統を固守しようとしたのである。このようなボザンケ解釈にも示されているように、ある思想家の政治的な意図を理解するためには、その前の世代ないし時代との連続性と断絶にも目を向ける必要がある。

さて、次章で扱うホブハウスは様々な面で後のラスキの議論を先取りしている。彼はとりわけボザンケに対して痛烈な批判を加えた。しかしながら、他方で彼はグリーンやボザンケからそれ以上に多くのものを受け継いでいる。そして、後のラスキはホブハウスのボザンケ批判を多くの点で踏襲しながらも、ホブハウスときわめて対蹠的な歴史観の上に自らの政治理論を打ち立てた。それゆえに、ホブハウスを経ることによってこそ、ラスキに対するより深い理解もまた得られるものと思われるのである。

★1　ロドニー・バーカーは、イギリスにおいて国家による社会問題への積極的干渉が以前にもまして行われるようになったという意識を同時代人が持ち始めた時期を一八八〇年頃としている。Rodney Barker, *Political Ideas in*

Modern Britain: In and After the Twentieth Century, 2nd ed., Routledge, 1997 [1978], p. 15. また、マイケル・フリーデンはこのような国家干渉が必要であるという認識を自由党支持者が持ち始めた時期を一八八六年ないし一八九三年頃としている。Freeden, *The New Liberalism*, p. 2.

★2　バーナード・ボザンケの伝記的資料としては、Helen Bosanquet, *Bernard Bosanquet: A Short Account of His Life*, Macmillan, 1924; J. H. Muirhead（ed.）, *Bernard Bosanquet and His Friends: Letters Illustrating the Sources and the Development of His Philosophical Opinions*, George Allen & Unwin, 1935を参照。

★3　ボザンケ夫妻とウェッブ夫妻の社会政策をめぐる対立を扱った論攷として、A. M. McBriar, *An Edwardian Mixed Doubles: The Bosanquets versus the Webbs, A Study in British Social Policy, 1890–1929*, Oxford University Press, 1987がある。

★4　Ernest Barker, *Political Thought in England: From Herbert Spencer to the Present Day*, Williams & Norgate, 1915, esp. ch. 3（堀豊彦、杣正夫訳『イギリス政治思想Ⅳ——H・スペンサーから一九一四年』岩波書店、一九五四年、特に四八—六八頁）; L. T. Hobhouse, *The Metaphysical Theory of the State: A Criticism*, *Routledge*, 2009 [1918].

★5　このようなかたちでのボザンケ批判は、ヘルベルト・マルクーゼやカール・ポパーなど、後の世代のボザンケ解釈にも受け継がれることとなった。Herbert Marcuse, *Reason and Revolution: Hegel and the Rise of Social Theory*, Routledge & Kegan Paul, 1941, pp. 389–98（桝田啓三郎、中島盛夫、向来道男訳『理性と革命』岩波書店、一九六一年、四三五—四六頁）; K. R. Popper, *The Open Society and its Enemies: Volume II, The High Tide of Prophecy: Hegel, Marx, and the Aftermath*, Routledge & Kegan Paul, 1945, p. 79（小河原誠、内田詔夫訳『開かれた社会とその敵』下巻、未来社、一九八〇年、七七頁）.

★6　例えば、Peter P. Nicholson, *The Political Philosophy of the British Idealists: Selected Studies*, Cambridge University Press, 1990, pp. 198–230; William Sweet, *Idealism and Rights: The Social Ontology of Human Rights in the Political Thought of Bernard Bosanquet*, University Press of America, 1997; Colin Tyler, *Idealist Political Thought: Pluralism and Conflict in the Absolute Idealist Tradition*, Continuum, 2006, ch. 5; 芝田秀幹『イギリス理想主義の政治思想——バーナード・ボザンケの政治理論』芦書房、二〇〇六年など。

★7　ホブハウスもまた、ボザンケのこのような側面を指摘し批判している。Hobhouse, *The Metaphysical Theory of the State*, p. 78.

★8　Stefan Collini, 'Hobhouse, Bosanquet and the State: Philosophical Idealism and Political Argument in England 1880–1918', in *Past & Present*, no. 72, 1976, p. 91.

★9 Hobhouse, *The Metaphysical Theory of the State*, pp. 74–6; Collini, 'Hobhouse, Bosanquet and the State', pp. 104-5; James Meadowcroft, *Conceptualizing the State: Innovation and Dispute in British Political Thought*, 1880–1914, Oxford University Press, 1995, pp. 115–7.

★10 Bernard Bosanquet, *The Philosophical Theory of the State*, Cambridge University Press, 2011 [1899], p. ix.

★11 Bosanquet, *The Philosophical Theory of the State*, p. 7. 彼のプラトンへの心酔については、Muirhead, *Bernard Bosanquet and His Friends*, pp. 21–2も参照。

★12 Bosanquet, *The Philosophical Theory of the State*, p. 130.

★13 Mander, *British Idealism*, p. 502.

★14 Bosanquet, *The Philosophical Thought of the State*, p. 250.

★15 Jean-Jacques Rousseau, *Du Contrat Social*, Ronald Grimsley (ed.), Oxford University Press, 1972 [1762], p. 124（作田啓一訳『社会契約論』白水社、二〇一〇年、四一頁）.

★16 Bernard Bosanquet, 'Reality of the General Will', in Bosanquet (ed.), *Aspects of the Social Problem*, pp. 319–20.

★17 Rousseau, *Du Contrat Social*, bk. 2, ch. 7（邦訳、第二篇第七章）.

★18 Bosanquet, 'Reality of the General Will', p. 320.

★19 Bosanquet, 'Reality of the General Will', pp. 325-6. 強調引用者。

★20 Bosanquet, 'Reality of the General Will', pp. 326-9.

★21 Bosanquet, *The Philosophical Theory of the State*, p. 35. 強調引用者。

★22 P・ニコルソンによれば、ボザンケは現存する国家に完全な理想状態を見出したわけでは決してなかった。だが彼の意図は、過去の栄光に浸る人びとや、来たるべき未来の楽園に思いを馳せる人びとを批判し、人びとがすでにこれまで達成してきたことに目を向けさせることにあった。理想は断片的にではあるが、すでに達成されているのである。Nicholson, *The Political Philosophy of the British Idealists*, p. 219. 現存の国家に対するボザンケの批判については後に詳述する。

★23 Bosanquet, *The Philosophical Theory of the State*, pp. 40–1.

★24 彼は『哲学的国家論』を、「真の政治的統治は自己統治である」という言葉で結んでいる。Bosanquet, *The Philosophical Theory of the State*, p. 334.

★25 Bosanquet, *The Philosophical Theory of the State*, pp. 54–5.

★26 Bosanquet, *The Philosophical Theory of the State*, pp. 57–9.

★27 このようなベンサム批判の基盤には、論理的に一貫しているかどうかを、その言説が真であるか否かを判断するときの基準として考えるボザンケの知識観がある。

今日の多くの論者は彼のこのような知識観を、「真理」の基準と「正当化」の基準との混同であるとして否定している。ある信念が「真理」となりうるのは、それが世界における事実と一致するときであり、他方でそれが「正当化」されうるのは、その人物の他の信念と一貫しているときである。Gerald F. Gaus, 'Bosanquet's Communitarian Defense of Economic Individualism: A Lesson in the Complexities of Political Theory', in Avital Simhony & David Weinstein (eds.), *The New Liberalism: Reconciling Liberty and Community*, Cambridge University Press, 2001, pp. 139–40.

★28　本書、第一章第一節（二）参照。

★29　Bosanquet, *The Philosophical Theory of the State*, p. 61.

★30　もっともミル自身、『自由論』の中でそうした反論をあらかじめ想定し、それに対する弁明を行っている。Mill, 'On Liberty', pp. 280–4（邦訳、一七五―八五頁）. ミルにとって、個人と他者の間の境界線は、自覚的かつ暫定的なものだったのである。山下『自由と陶冶』三六四頁。

★31　Bosanquet, *The Philosophical Theory of the State*, p. 64.

★32　Bosanquet, 'The Duties of Citizenship' p. 13.

★33　本書、第三章第一節（一）参照。

★34　Bosanquet, *The Philosophical Theory of the State*, p. 71.

★35　Bosanquet, *The Philosophical Theory of the State*, p. 80.

★36　Bosanquet, *The Philosophical Theory of the State*, p. 104.

★37　Bosanquet, *The Philosophical Theory of the State*, p. 105. 強調引用者。

★38　Bosanquet, *The Philosophical Theory of the State*, p. 105.

★39　Bosanquet, *The Philosophical Theory of the State*, p. 106. 強調引用者。

★40　Bosanquet, *The Philosophical Theory of the State*, p. 106. 強調引用者。

★41　Bosanquet, *The Philosophical Theory of the State*, p. 93.

★42　Bosanquet, *The Philosophical Theory of the State*, p. 96.

★43　Rousseau, *Du Contrat Social*, p. 140（邦訳、六七頁）. なお、ルソー本人はこうした事情から、人民を納得させるために宗教的権威などに訴える必要があると論じた。Rousseau, *Du Contrat Social*, pp. 140–1（邦訳、六七―八頁）.

★44　Bosanquet, *The Philosophical Theory of the State*, pp. 122–3.

★45　ニコルソンによれば、ボザンケは単にヘーゲルをイギリスに紹介しただけでなく、自らも独自の政治理論を発展させた。またボザンケ自身も、ヘーゲルの政治理論をさらなる高みに導いたと自負していた。ボザンケはヘーゲルの政治理論がドイツよりもむしろイギリスの歴史的・政治的土壌に適していると考えていた。その理由は、ボザンケがイギリスの「国制」と「自発的組織」に、イギリス人の自治と自己表現の伝統を見出したことにあった。Nicholson, *The Political Philosophy of the British Idealists*, p. 218. この意味ではボザンケの政治思想もまた、ウィッグ知識人たちのそれと同様、イギリス国制への信頼に基礎づけられたものであったと言えよう。しかしながら、ニコルソンの研究を含め、管見の限りでは、このような「イギリス国制の伝統に対する信頼」の側面におけるウィッグとボザンケの連続性は指摘されてこなかった。ヴィクトリアニズムの側面における両者の連続性については、本章第三節で触れる。

★46 Bosanquet, *The Philosophical Theory of the State*, pp. 150–1. ただし、ここで言われている「批判」という語にボザンケが独特な意味を与えていることには注意が必要である。ボザンケは「部分的要素を調整して全体に統合させるということが批判の本質である」としている。Bosanquet, *The Philosophical Theory of the State*, p. 147. したがって、「批判」を上記の抽象的な意味としてではなく、もっぱら言論活動の一形態という一般的な意味に解した上で、批判（つまり言論）と「強制力」が相反する性質を持つものであり両立しえないという観点から後にボザンケを批判したホブハウスは、こうしたボザンケの独特な「批判」概念を看過しているのである。Hobhouse, *The Metaphysical Theory of the State*, p. 77.

★47 Bosanquet, *The Philosophical Theory of the State*, p. 152.

★48 Bosanquet, *The Philosophical Theory of the State*, p. 185.

★49 Bosanquet, *The Philosophical Theory of the State*, p. 160.

★50 Bosanquet, *The Philosophical Theory of the State*, pp. 161–2.

★51 Bosanquet, *The Philosophical Theory of the State*, p. 170.

★52 「他の国民たちをもまたその一人ひとりを、それぞれが生まれつき適している一つずつの仕事に就けるべきであって、そうすることにより、国民の一人ひとりが自分に与えられた一つの仕事を果たして、決して多くの人間に分裂することなく真に一人の人間となるように、ひいてはそのようにして、国家全体も自然に一つの国となって、決して多くの国に分裂することのないようにしなければならないのだ」。プラトン『国家』上巻、藤沢令夫訳、岩波書店、一九七九年、四二三D。

★53 ボザンケはこの論文の中で、とりわけ国際連盟の役割に関しても、表面的にではあるものの、一定の譲歩を行っているとみなされている。Hobhouse, *The Metaphysical Theory of the State*, pp. 105–6.

★54 Bernard Bosanquet, 'The Function of the State in Promoting the Unity of Mankind', in *Social and International Ideals: Being Studies in Patriotism*, Macmillan, 1917, pp. 271–2.

★55 Bosanquet, 'The Function of the State', pp. 293–4.

★56 Bosanquet, 'The Function of the State', p. 271.

★57 Bosanquet, 'The Function of the State', p. 294.

★58 Bosanquet, 'The Function of the State', pp. 294–8. C・タイラーはこのことをもって、ボザンケ政治思想の中に「多元主義」的要素を見出している。Tyler, *Idealist Political Thought*, ch. 5. また、ドイツの憲法学者であるカール・シュミットも同様の論法により、G・D・H・コールやハロルド・ラスキではなくむしろ自分こそが真の意味における「多元主義者」であるとしている。カール・シュミット「国家倫理学と多元論的国家」［一九三〇年］今井弘道訳、『ユリスプルデンティア――国際比較法制研究』第二巻、比較法制研究所、一九九一年、一一〇頁。しかしながら、ここで言われている「多元主義」とは、「多元性」の単位を「主権国家」としている点で、本書第四章以降で見るラスキの「多元的国家論」とはほとんど関わりを持たない概念である。

★59 Mill, 'On Liberty', p. 294（邦訳、二二〇頁）. ミルはここで、政府による干渉が個人の自由の侵害に当たらない例として「危ない橋」の例を挙げているが、ミルはここで自らの「自由」概念の適用範囲をいたずらに拡張しすぎているような印象を受ける。例えば、「自由」を一部侵害することにより、「自由」とは異なる価値（例えば「生命」）を保全するという根拠によっても、「危ない橋」の例における政府による干渉を正当化することはできたはずだからである。いずれにせよ、このようなミルの広い「自由」概念が、後のボザンケにとって都合の良い議論として使われることとなった。

★60 Bosanquet, *The Philosophical Theory of the State*, p. 69.

★61 Bosanquet, *The Philosophical Theory of the State*, p. 126.

★62 Bosanquet, *The Philosophical Theory of the State*, pp. 126–7.

★63 Bosanquet, *The Philosophical Theory of the State*, p. 177.

★64 Bosanquet, *The Philosophical Theory of the State*, pp. 176–8.

★65 Bosanquet, *The Philosophical Theory of the State*, pp. 188, 190.

★66 Bosanquet, *The Philosophical Theory of the State*, p. 67.

★67 Cf. Mill, 'On Liberty', pp. 304–5（邦訳、二三二―三頁）.

★68 Bosanquet, *The Philosophical Theory of the State*, p. 68.

★69 ボザンケのこうした議論の背後に「社会の自生性」という前提があったことについては、芝田『イギリス理想主義の政治思想』特に第六章を参照。また、ボザンケ社会思想のこのような側面とハイエクの「自生的秩序」論の親近性を指摘した研究として、Gaus, 'Bosanquet's Communitarian Defense of Economic Individualism', pp. 137–58がある。

★70 Bosanquet, *The Philosophical Theory of the State*, p. 183.

★71 Bosanquet, *The Philosophical Theory of the State*, pp. 193

–4.

★72 Bosanquet, *The Philosophical Theory of the State*, p. 205.

★73 Bosanquet, *The Philosophical Theory of the State*, pp. 207–8.

★74 Bosanquet, *The Philosophical Theory of the State*, p. 149.

★75 Bosanquet, *The Philosophical Theory of the State*, pp. 213–4.

★76 Bosanquet, 'The Function of the State', p. 281. 強調引用者。

★77 Bosanquet (ed.), *Aspects of the Social Problem*, pp. v-vi.

★78 Bosanquet (ed.), *Aspects of the Social Problem*, pp. vi-vii. なお、J・S・ミルも「性格」と「環境」の相互作用に関して同様の見解をとっている。「なるほどわれわれの性格は環境によってつくられるかもしれないが、われわれ自身の意欲がその環境をつくりあげるのに大きな働きをすることだってできるではないか、(……)われわれの意志が環境の若干を左右して、われわれの意欲の将来の習慣とか能力とかに変更を加えることだってできるはずである」。J. S. Mill, *Autobiography*, Oxford University Press, 1924 [1873], pp. 143–4(朱牟田夏雄訳『ミル自伝』岩波書店、一九六〇年、一五一頁)。

★79 芝田『イギリス理想主義の政治思想』二〇一頁。

★80 実際、コリーニもヴィクトリア時代の「性格」論を扱った章の冒頭で、ボザンケによるこの一節を引用している。Collini, *Public Moralists*, pp. 91–2.

★81 Bosanquet, 'The Duties of Citizenship', pp. 4–5.

★82 本章冒頭でも触れたが、多くの論者が指摘するように、ボザンケはたしかに「国家」という語を、「政府」と互換可能な意味以外に、「社会全体」を指す言葉としても使っている。だが、後者の用語法における「国家」は、あくまでも「政府」によって統治される領域的社会としての「国家」であり、それゆえ市民の忠誠の究極的な対象が「社会」か「国家」かという二者択一が問題となる場合、それに対するボザンケの解答は「社会」である。ただし、この「社会」全体の諸利害を調整する役割を歴史的に担ってきたのは(「政府」という意味での)「国家」であり、そのこと自体もボザンケにとっては実在意志の具現化としての社会的制度や慣習の一部である。このことがボザンケの議論を非常に複雑かつ難解なものとしているように思われる。にもかかわらず、このように「国家」に与えられた二重の意味はボザンケの政治思想に論理的な矛盾をもたらすものではない。したがって、ボザンケに「国家絶対主義者」としての顔と「自由放任論者」としての顔を見出し、両者の相反する側面を「国家」概念の両義性に見出すコリーニの解釈の妥当性には疑問が残る。Collini, 'Hobhouse, Bosanquet and the State'. というのも、右のような「国家」と「社会」の二者択一に対するボザンケ自身の答えを踏まえれば、ボザンケは

「自由放任論者」ではあっても「国家絶対主義者」とは断じて言えないからである（このことについては、後にも詳述する）。

★83 Bosanquet, 'The Duties of Citizenship', pp. 4–5.

★84 Bosanquet, 'The Duties of Citizenship', pp. 8–9.

★85 W・スウィートによれば、ボザンケにおいて、国家を国家たらしめているのは「歴史」である。長い歴史の中で人びとの外的行動を現実に統御してきたのであれば、それは「国家」であり、統御に失敗しているのであれば、それは「国家」ではないということになる。歴史こそが国家の正当性の基準である。ただし、このことは単に「力は権利である（might is right）」ということを意味しない。というのも、ボザンケにとって「歴史」は「論理」を体現するものだからである。国家は論理的に正しいことが社会によって認められてきたからこそ、歴史的に存続してきたのである。Sweet, *Idealism and Rights*, pp. 185. ここにはグリーンの主権論と同様の論法が見られる。本書第一章第二節（二）参照。

★86 本書、第四章第一節（一）参照。

★87 Bosanquet, 'The Duties of Citizenship', p. 12.

★88 Gaus, 'Bosanquet's Communitarian Defense of Economic Individualism', p. 142.

★89 Bosanquet, *The Philosophical Theory of the State*, pp. 313–4.

★90 Bernard Bosanquet, 'The Duties of Citizenship–continued', in Bosanquet (ed.), *Aspects of the Social Problem*, pp. 20–1.

★91 Bosanquet, 'The Duties of Citizenship–continued', p. 23. このように、市民としての社会的責務を政治参加ではなくもっぱらボランティア活動に見出すようなシティズンシップ観は、ボザンケ特有のものであるというよりは、むしろ今日一般に抱かれている考え方の主流をなすものであると言える。例えば、『クリック・レポート』によれば、イギリス人を対象に「善き市民であること（good citizenship）の例は何か」と訊ねる調査を行ったところ、被調査者のわずか一〇%が「投票や政治的権利の行使」と答えたのに対し、七〇%が「ボランティアなどの地域的活動」と答えたという。Advisory Group on Citizenship, *Education for Citizenship and the Teaching of Democracy in Schools*, p. 14（邦訳、一二五頁）. こうした一般的なシティズンシップ観は、保守党政権の下で設置されたシティズンシップ教育委員会の一九九〇年報告にも色濃く反映されている。Bernard Crick, *Essays on Citizenship*, Continuum, 2000, p. 7（関口正司監訳『シティズンシップ教育論――政治哲学と市民』法政大学出版局、二〇一一年、一八頁）. 同様のシティズンシップ観は、アメリカの「公共奉仕学習（service learning）」という活動の中にも見られる。Bernard Crick, *Democracy: A Very Short*

Introduction, Oxford University Press, 2002, p. 115（添谷育志、金田耕一訳『デモクラシー』岩波書店、二〇〇四年、一九九―二〇〇頁）.

★92　芝田『イギリス理想主義の政治思想』一九三―六頁。また、この時代の救貧観に対するマーシャルの以下のような論述も参照。「こうした仕事の主要な部分は私的な慈善事業に委ねられていたし、援助を受けるものはそうした援助を要求する個人的権利を持っているわけではないというのが、普遍的ではないまでも代表的な、慈善事業団体の見方であった」。Marshall, *Citizenship and Social Class*, p. 20（邦訳、四三頁）.

★93　コリーニは、ヴィクトリアニズムの「性格」論の文脈でボザンケに触れている数少ない研究者の一人である。本章、注（80）。だが、彼はヴィクトリアニズムの「性格」論とボザンケ政治思想の内在的連関については論じていない。そのためか、別の論文では「自由放任論者」と「国家主義者」という二つの矛盾するボザンケ像を提示するに至った。本章、注（82）。

★94　Bosanquet, *The Philosophical Theory of the State*, pp. 303–4. ボザンケの私有財産論については、Gaus, 'Bosanquet's Communitarian Defense of Economic Individualism', pp. 147–9; 芝田『イギリス理想主義の政治思想』一九一―三頁を参照。

★95　ニコルソンは、ボザンケの「民主主義者」としての側面が多くの論者によって見逃されてきたことを指摘し、この側面を強調している。だが他方で、彼の「民主主義」概念が単なる普通選挙や議会制を指すものではなく、「社会生活全体」というより広い意味を持つものであることも認めている。Nicholson, *The Political Philosophy of the British Idealists*, p. 214. ボザンケの議論からは必ずしも「選挙権の拡大」という政治的帰結は引き出されないのである。

★96　本書と同様に、ボザンケの政治思想から、選挙権の拡大に対する消極的な姿勢を見出した研究として、Meadowcroft, *Conceptualizing the State*, esp. pp. 164–5 が挙げられる。

★97　ボザンケが、ホブハウス同様、自らを「自由主義者」かつ「改革者」として認識していたことについては、Collini, 'Hobhouse, Bosanquet and the State', p. 87を参照。

★98　Bosanquet, *The Philosophical Theory of the State*, p. 282. なお、ここでの「国家（commonwealth）」は「政府」ではなく「社会全体」のことを意味している。

★99　芝田はボザンケがダーウィンの自然淘汰論を用いて自身の議論の補強を行っていることを指摘している。ただし、その際ボザンケの想定する生存競争は人間個人間のものではなく、非合理的なるものが淘汰され合理的なるものが生存する過程であった。芝田『イギリス理想主義の政治思想』一八九頁。

第三章　調和へと進歩する歴史
——L・T・ホブハウスの形而上学的国家論批判

ボザンケの大著『哲学的国家論』が刊行された世紀転換期イギリスの議会は、帝国主義政策を争点に二分していた。一八八六年にアイルランド問題をめぐって自由党を離脱したアイルランド自治反対派は、新たに「自由統一党」を結成し、自由党は分裂に至る。この造反者の中心には、社会政策の財源を帝国からの利益に求める自由党急進派のジョゼフ・チェンバレンがいた。アイルランド自治に固執するグラッドストンへの失望という背景もあり、同年七月に行われた総選挙では保守党が大勝し、第二次ソールズベリー内閣が成立した。この内閣の下で進められた軍備拡張政策は、九二年に成立した自由党政権によっても継承され、平和主義に固執するグラッドストンの首相辞任を招いた。新首相となった自由党のローズベリー卿は「国民的効率性（national efficiency）」を合言葉に、社会政策を通じた国民的統合と帝国の維持・拡大を両輪とする「社会帝国主義」を推し進めた。

一八九五年の総選挙で再び権力の座に就いた保守党は、自由統一党と合流し、ここに「統一党」が結成された。この第三次ソールズベリー内閣の下で植民地相に就任したチェンバレンは、党内地主貴族の反対という政治的理由を背景に、土地課税による社会政策の財源の確保を諦め、帝国膨張論者に転じ、社会帝国主義政策を積極的に進めた。この帝国膨張策は九九年の第二次ボーア戦争を勃発させた。この戦争は一九〇二年に講和を見たものの、多大な戦費によるイギリスの財政破綻と、ボーア側に同情的な国際世論の中でイギリスの外交的孤立を招いた。

新たな問題を抱える中、一九〇三年、チェンバレンは関税改革同盟を組織し、自由貿易政策の見直しを迫る関税改革運動を展開した。彼の構想は膨張する財政を帝国特恵関税によって賄うというものであり、労働者階級を保護主義陣営にとり込むことを目指したが、食料に対する課税を嫌った労働者階級の反対に遭い、目論見は水泡に帰した。一九〇六年の総選挙においては、社会改革への取り組みを公約に掲げた多くの候補者を擁する自由党が大勝し、約十年ぶりに政権に返り咲いた。しかしながら、社会改革の進展に対する国民の期待はほとんど裏切られるかたちとなった。首相に就任したキャンベル＝バナマンは、自由貿易や教育といった伝統的な自由党綱領を掲げることに満足しており、社会改革に対してはあまり積極的ではなかったのである。

こうした状況の下で、労働者階級の中には自由党による社会改革に期待するのではなく、自由党からの組織的独立を果たし、自分たちの代表を議会に送ることを目指す動きが見られた。一九〇〇年、「自由(リブ)＝労働(ラブ)」主義に基づく自由党追随の社会改革路線を見直す試みの中から発足した「労働代表委員会」は、一九〇六年には「労働党」と名を改めた。当時の労働党は、社会民主連盟、フェイビアン協会、独立労働党の社会主義団体と多くの労働組合からなる間接政党であった。一九一八年までは個人加入を認めておらず、こうした複合体としての性質のため、労働党のイデオロギー的な独立性はそれほど高くなく、当面は労働組合員の利害を擁護するための議会内圧力団体としての地位にとどまった。

しかしながら、一九〇八年に成立したアスキス自由党内閣の下においては、この労働党の圧力を背景に、様々な社会立法が実現した。同年、アスキス政権は老齢年金法と炭鉱夫八時間労働法を制定した。次いで翌年には職業紹介所設置法を成立させ、さらに一九一一年には国民保険法を定め、社会・経済的な領域における国家干渉を拡大する社会改革を次々に実現した。また、労働者階級の発言力が高まる中で、議会外においては女性参政権を求める運動も盛り上がりを見せた。だが、この女性参政権運動が実際に実を結んだのは、第一次世界大戦を経た一九一八年の選挙法改正においてであった。

十九世紀末から顕著になっていた大衆社会の出現に応じて、これまで支配的な地位を恣にしてきた地主貴族階級も変容を余儀なくされていた。同時期に端を発する農業大不況の煽りと、アスキス政権下における土地課税の機運の高まりを受けて、大土地所有者は所領の売却に走り、それによって得た利益を有価証券に替えることで、利子や配当から富を築く利子取得者へと姿を変えていった。ジェントルマン資本家層とも呼ばれた彼らは、第三次選挙法改正とその翌年の議会再配分法の成立により、政治的にもこれまでと同じような栄光には与ることができなくなっていた。そのような中で、彼らのジェントルマン精神を充足する手段は、国内の階層的秩序から国外の植民地支配へと転化されていった。彼らが海外に目を向けることで国内における欲求不満を解消しようとしたことが、この時期の帝国膨張政策の推進にも一役買ったのである。ホブハウスの政治的著作において海外政策に対する関心がことさらに強いことは、このような社会背景とも深く関係している。

一八六四年、レナード・トレローニー・ホブハウス（Leonard Trelawny Hobhouse, 1864–1929）［★1］は、イングランドの南西端に位置するコーンウォールに生まれた。彼もまた聖職者の子として生を享け、オックスフォードに学び、学究生活に飽き足らず実践活動に情熱を注いだ思想家の一人であった。彼がオックスフォード大学コーパス・クリスティ・カレッジに入学した一八八三年は、同大学における社会問題への関心の高まりがまさに始まった年であった。こうした雰囲気の中で、社会主義に傾倒していたホブハウスも労働運動に参加し、自身は加入していなかったもののフェイビアン協会の会員とも親交があった。このような経験は彼の最も左翼的な著作と言われる『労働運動』（一八九三年）［★2］に結実したが、シドニー・ウェッブやバーナード・ショーのエリート主義に違和感を覚えたホブハウスは、徐々にフェイビアン協会から距離を置くようになった［★3］。

その後は、『マンチェスター・ガーディアン』などを中心に寄稿していたジャーナリスト時代を経て、一九〇七年にはロンドン大学でイギリス初の社会学教授に就任した。また、一九一一年には古典的自由主義を批判的に論じた『自由主義』を出版し、J・A・ホブソンと並ぶ「ニューリベラリズム（New Liberalism）」の論客として脚光を浴びた。このように様々な顔を持つホブハウスは、一九二九年に死去するまでに数多くの重要な著作を残した。

彼自身の著作数に比して、ホブハウスの政治思想を中心的に論じた研究は、特に書籍単位のものに限って見ると僅かしかない。だが、ホブハウスの政治思想における形而上学的な基礎の存在を指摘したS・コリーニによるモノグラフ『自由主義と社会学』（一九七九年）［★4］はとりわけ重要である。ただし、コリーニはホブハウスの思想が内包する「進歩の形而上学」に焦点を合わせたため、特に「進化論」の文脈に彼を位置づけている点で本書とは関心を異にしている。また、第二章でも参照したコリーニの別の論文「ホブハウス、ボザンケ、国家」も、もっぱらホブハウスのボザンケ批判を扱ったものであり、本書が以下で論じる「権利」と「義務」の関係をめぐる両者の異同には光が当てられていない［★5］。また、ボザンケとホブハウスの共通点を特に強調したJ・メドウクロフトの研究も、ホブハウスの権利論と彼の歴史観との内在的連関に触れていない点で、本書の関心からは不十分なものにとどまる［★6］。コリーニの研究以来、ホブハウスの政治理論に形而上学的基礎を見出す解釈は基本的に受容されてきており、こうした観点からも、ホブハウスが観念論と進化論の調停の上に築いた「進歩の形而上学」の中に世俗宗教的要素を読み込む馬路智仁の研究はコリーニの解釈をさらに深めることとなった［★7］。

そこで、まず本章第一節においては、彼の提唱した「ニューリベラリズム」の全体像を示す。古典的自由主義に対する批判から導き出された彼の「ニューリベラリズム」は、民主主義と社会立法の統合による能動的シティズンシップの涵養を意図したものであった。次に第二節では、彼の『形而上学的国家論』において展開された、ボザンケの『哲学的国家論』に対する批判を扱う。ここではラスキによるイギリス観念論批判を先取りする多くの要素が見られた。だが、後のラスキとは大きく異なるホブハウスの歴史観が、続く第三節で示される。彼はグリーンの権利・義務論に対してボザンケよりもさらに一歩進んで手を加え、独自の「客観主義的権利論」を提示した。そうした権利論は「進歩の形而上学」としての歴史観によって支えられていたのであり、その意味ではホブハウスもまたボザンケとは別種の「形而上学」に依拠していたということが明らかになるだろう。

第一節　自由主義的社会主義

(1) 古典的自由主義——マンチェスター学派、ベンサム、ミル

ボザンケに対するホブハウスの批判に入る前に、まずはホブハウス自身の政治的立場を確認しておこう。彼は一九一一年に出版された『自由主義』において古典的自由主義に対する批判を展開し、ニューリベラルとしての立場を明確に打ち出した。彼はまず、特定の政治的立場に限らず、イギリスに広く当てはまる「原理」を毛嫌いする傾向を批判的に指摘し、「社会哲学（social philosophy）」の必要性を強調している。彼によれば、イギリスにおける一般原理なき自由主義運動としてのウィッグ的伝統には、「原理」よりも「先例」に依拠する傾向があった。「それは言うなれば、自由主義における保守主義の要素であり、侵害に抵抗し、発展を継続させるためには価値あるものであるが、物事の再建のためには不十分なものである」［★8］。

このような立場から、彼はまず古典的自由主義の代表として、コブデンやブライトを中心とするマンチェスター学派を批判の槍玉に挙げた。ホブハウスはマンチェスター学派の根底にある「自然的調和（natural harmony）」の教義を次のように指摘している。「十八世紀が進むにつれ、特に経済の領域において、人びとの意志の対立は誤解と無知に由来するものにすぎず、そのような対立から生ずる害悪は政府の抑圧によってますます悪化するという見方が現れた。こうした考えの根底には、利害の自然的調和という想定が存在していた」［★9］。対立を解消ないし緩和するための政府による経済政策は、むしろ対立する

意志の自然的調和を妨げているのだという。したがって、マンチェスター学派のコブデンやブライトは、市場経済は国家干渉から放任されているかぎりにおいて、自然的調和を達成することができると考えたのである。

またベンサム主義も、出発点は異なるものの、マンチェスター学派と似通った結論に到達した。周知の通り、ベンサムにとっての至上命題は「最大多数の最大幸福」であり、個人の権利や人民主権の価値もこの原理からのみ判断されるべきであった。つまり、ベンサムにとっては、言論の自由すら絶対的なものではないのである。「われわれは、意見の自由を認めることが社会全体にとって有益かどうか考えるべきものである。（……）問題は、謬見の広まりによって生ずる損失が、自由な議論のもたらす利益を相殺してしまうかという点にある。ベンサムはそれを結果から柔軟に判断することを提唱するのである」［★10］。

私的所有権もまた同様に、この原理の審判にかけられなければならない。「ある種の所有形態がある個人に排他的な利益をもたらし、同時に公共の福祉に損害をもたらすならば、そうした所有形態の制限には十分な根拠がある。また同様の正義により、共同の福祉に資すると共同体が判断した所有形態は健全なものとして維持される。これらは〝不可侵の〟権利などによって制限されるべき事柄ではないのである」。これらの点において、ベンサムの原理からマンチェスター学派の自由放任主義とは正反対の帰結を引き出すことも論理的には可能である。「このように権利の問題に関して、ベンサムの原理は明確に社会主義的、あるいは独裁主義的とさえみなされうる。それは個人を社会の要求に完全に従属させる要素を孕んでいるのである」［★11］。

このようにベンサムの「最大多数の最大幸福」の原則は、一見して国家干渉を容易に支持しうるような、マンチェスター学派とは正反対の性質を持つものであるかのように思われる。だが、ベンサムにはもう一つの側面があった。それは快楽計算における徹底的な個人主義である。

この個人主義において平等は決定的に重要である。どの人間をも一人として数え、誰も一人以上として数えてはならない。なぜなら、すべての人が苦痛と快楽を感じうるからである。他方、自由は根本的に重要なものではない。それは目的に対する手段にすぎない。また、人民主権も決定的に重要なものではない。あらゆる政府も目的に対する手段にすぎないからである。だが、それにもかかわらず、ベンサム学派は全体として自由と民主主義の側に立っていた。［★12］

なぜそうかと言えば、統治者は原則として被治者の快楽を考慮に入れて統治を行うことはないからである。そのため、「最大多数の最大幸福」を実現しようとするならば、自由と民主主義が必要となる。ベンサムや彼の後継者であるジェイムズ・ミルは、次のように論じた。「人間はそのままにしておかれた場合、すなわち教育によって訓練されたり責任によって抑制されたりすることがない場合、最大多数の善を考慮に入れることはない。そのような人は、自分自身の善だけしか考えない。（……）このようなときに全体の幸福を公平に考えることを確保できる唯一の方法は、すべての人間が権力を平等に分かち合うことである」［★13］。自分の幸福について誰よりもよく知りうる立場にあるのは自分自身なのである。

『哲学的国家論』の中でベンサム批判一辺倒であったボザンケに対して、その自然権概念に対する批判などに関してベンサムを比較的高く評価したホブハウスであったが、社会有機体説をとる立場から彼もまたベンサムの原子論的個人観を批判した。「動物の体の一部分を他の部分から切り離すことができないように、社会生活のいかなる要素も残りの要素から離れて存在することはない。この意味で、社会生活は有機的なものとして正しく理解されるべきであ」るのだ。

こうした見方から、ホブハウスは「ベンサム流の民主主義観」の不十分さを指摘している。「したがって、多数派の直接的かつ測定可能な利益は、決して全体社会の究極的な善と一致するわけではない。共同体全体の利益のために多数派が自己利益に基づきつつ統治すべきと考えることは、現実には、科学と政治的能力の最高度の努力を要するような諸問題に対して多数の人びとが完璧な知見を持っていると想定するようなものである」[★14]。この一節から、共同体の「一般意志」と単なる個人の特殊意志の総計である「全体意志」とを区別し、また単なる見かけ上の「現実意志」と真の合理的意志である「実在意志」とを区別したボザンケの理論的前提を、ホブハウスもある程度は共有していることが分かる。

ボザンケやホブハウスとは異なり、社会を個人の総計以上のものとして考えなかったベンサムは、基本的に幸福の実現を個人の努力に託したとホブハウスはみなす。そして、こうした態度は、マンチェスター学派と同様に、個人の私的特殊意志の「自然的調和」を前提とするものであった。「ベンサムらは諸個人こそが自分自身の利益を最もよく理解できる存在だと想定した。そして共通善は個人の利益の総和であるとされ、そこから各人が自らの善を自由に追求すれば、そうした選択の一般的自由によって最大多数の善が最も効率的に達成されると考えられたのである」[★15]。このような立場から、ベンサムは政治的決定を個人の選択の自由に基礎づける普通選挙制度を擁護したのであった。この点において、マンチェスター学派とベンサム主義の双方はイギリスの古典的自由主義の形成に寄与したのだと結論づけられる。そして、個人の自由な競争や選択の結果として、社会における不平等もまたやむなきこととして正当化されたのであった。

しかしながら、ホブハウスは両者の政治・経済理論から導き出される政治的帰結に反発する。彼によれば、「自由」とはその本質において「平等」を含むものであり、したがってそれは国家による統制と抑制を必然的に伴うものである［★16］。つまり、「個人の自由」と「国家による抑制」を対立的なものとして捉えることは誤りであるというのだ。「ある点で一人の人間を抑制することは、その点での他の人びとの自由の条件である」［★17］。したがって、自由主義を貫徹しようとすれば、ほとんど社会主義と同様の路線をとることになるのであり、このような貫徹された自由主義を、彼は「自由主義的社会主義（Liberal Socialism）」と呼んだ［★18］。これこそが彼の言う「ニューリベラリズム」の基本的立場であった。

そして、そのような社会主義への歩み寄りを実際に辿った先人として、J・S・ミルに高い評価が与えられている。ホブハウスは、ミルがもともとは個人の責任を強調していた手前、労使間の契約に対する国家干渉を成人の範囲にまで拡大することに慎重になっていたことを指摘しつつ、その後のミルの見解の変化を次のように評価している。

しかしながら、彼は歳をとるにつれて次第に、大多数の人びとを賃金稼得者のまま放置し、少数者の生計を地代や利潤、投下資本の利子に依存させるシステムの構造全体に大きな不満を持つようになった。（……）壮年時代の彼には自発的協同組織がこの目的〔余剰生産物の分配〕を達成するための最良の手段と映ったが、晩年には彼自身の見解が変化して、だいたいにおいて社会主義者と同列に置かれることを認めた。彼の自伝の中に残された社会主義的理想の簡単な解説は、おそらく、私たちの有する自由主義的社会主義の最良の概説である。［★19］

このように、晩年のミルの議論には「自由主義的社会主義」と呼ぶべき要素が含まれているという。しかしながら、他方でホブハウスはミルの限界も指摘している。「ミルは自分の主張を、自己に関係する行為と他者に関係を及ぼす行為との区別に基づかせたが、その限りではいまだに古い個人主義に支配されていた。私たちが率直に認めるべきなのは、ある一人の生活の諸側面で社会にとって重要でないものは一つもないということである」［★20］。社会有機体説をとるホブハウスにとって、自己と他者の境界線はそれほどはっきりと引くことができるものではなかった。いかに個人的な行為に見えることですら、社会に対して何らかの影響を及ぼしている。この点でホブハウスは、ボザンケと同様のミル批判を共有していたと言うことができるだろう。

（2）社会立法と能動的シティズンシップの涵養

しかし、個人的領域と社会的領域の間の境界線の相対化という共通点にもかかわらず、ホブハウスが明らかにボザンケのごとき立場を想起させるような自助論批判を展開していることはきわめて重要である。彼は自助論を次のように要約している。

もし個人が自らなすべきことを国家が代わって行うならば、性格（character）、創意（initiative）、進取（enterprise）の精神などにどのような影響を及ぼすだろうか。（……）一般にもしその試みが個人的な努力を他人の援助にとって代えるものであったならば、その結果は個人の進取の意欲を弱めるだけであり、結局のところ産業における労働報酬の率を低下させるだけだろう。（……）労働者階級の状態がどれほど悲惨であっても、その状態を改善する正しい道は個人の進取精神に任せることであり、またおそらくは幾人かの思想家たちの考えによれば、自発的な団結を信頼することだと考えられた。（……）労働者階級は徐々に経済的独立の地位を得て、国家に依存することなく、自分自身の頭脳の力と、頼みとする腕力とによって、生活の様々な危険に対処できるであろう。［★21］

この引用箇所が、ボザンケら慈善組織協会の依拠する自助論の内容を指していることは、前章で紹介したボザンケの議論からも容易に理解しうる［★22］。また、彼は別の著作の中でも、ヴィクトリアニズム的な「性格」観に基づく自助推奨論を次のように描写している。「貧困と生活苦はもっぱら生まれもった性格上の欠点のせいであり、それらは諸制度の変革ではなく、無価値な家系の排除によってのみ治癒可能である」。そしてホブハウスは、こうした価値観から距離をとることのできる人物がこのような議論を聞くと、「困窮者たちに自らの生活の悲惨さの責任を負わせるというこの便利な手法に関してこれまで感じてきたであろうあらゆる懐疑を確固たるものとするのである」と言う［★23］。ここにはヴィクトリア時代に典型的な自助論に対するホブハウスの軽蔑が見てとれる。

このような自助推奨論に対して、ホブハウスは「慈善（charity）」と「正義（justice）」の問題を明確に区別することで応答を試みている。彼によれば、これまで夫を亡くした女性や幼児を持つシングルマザーは「慈善」の対象とみなされてきた。「彼女たちを助けて家庭を保たせることが慈善家にとっての問題だったが、他方、家庭から離れて労働するということがどれほど大変なことであろうとも、〝救貧税に頼らない〟ことが彼女たちの義務であるとみなされてきた」。これまでの伝統的な見方においては、救貧は道徳的善の問題であり、それゆえに国家による救済は個人の善の自発的性質と矛盾するというグリーンやボザンケの主張が力を持ってきた。「慈善」は任意のものでなければ「善」たりえないのである。

だが、いまや救貧を「慈善」ではなく「正義」の問題とする議論が現れ始めているという。そして、このような議論が説得力を認められるのに比例して、救貧というものに対するわれわれの見方も変わってくるだろう。「われわれは母親を日雇い仕事に追いやるのが望ましいとはもはや考えないだろうし、また公共の金を受け取ることで彼女が堕落するとも考えない。事実、われわれは公共の金を施しとみなすことをやめ、それを市民としての貢献（civic service）に対する支払いとみなすだろう」［★24］。つまり、救貧はシティズンシップに対する報酬として正当化されるのである。

このような議論は、私的空間における共通善に対する市民としての貢献として家事や子育てなどの社会的分業を捉えたボザンケにとっては、同じ前提を共有した上でなされた手強い反論であったと言えるだろう。というのも、仕事に対する報酬が当然支払われるべきであるとするならば、救貧とは、道徳的に卓越した富裕層が困窮者に対して自発的に行う単なる美徳の問題ではなく、「支払われるべきものを支払う」という「正義」の問題だからである。前者の不作為は糾弾されえないが、後者の不作為は「不正」として糾弾されうる。他の仕事と同様に、家事や子育ても等しく社会に対する貢献なのである。

さらに、ホブハウスはボザンケの主張に反して、社会立法は個人の責任感を弱体化させるどころか、むしろそれを強めるものであると言う。彼は『自由主義』の一年前に刊行されたパンフレット『人民による統治』において、個人に対して共同体が有する新しい役割としての「救貧」をそのようなものとして論じている。救貧とは「共同体全体による〔その成員に対する〕新しい責任の思慮深い想定」である。いまや救貧の責任を負っているのは、慈善活動に熱心な有閑階級ではなく、共同体全体（すなわち国家）なのだ。

ただし、こうした救貧が、統治者と被治者が分断された共同体における慈恵的専制やエリートの支配によってなされる場合は事情が異なる。それは恩恵を被る側の積極的な働きかけを必要としない。そして、そうした働きかけを不要なものとするかぎりにおいて、それは「相互扶助の原理のより民主的な発展」を阻害する。そのような結果こそ、まさに大陸の国家社会主義が意図したことの一部であった〔★25〕。彼はビスマルクが実施したような社会政策が、ドイツ国民の民主主義的要求を抑え込むための老獪な策略であると見ていた。

このようにホブハウスは、国家による救貧が「能動的シティズンシップ（active citizenship）」〔★26〕を喚起するのでなければ、それは無意味であると断じている。「政府の仕事が主に公共秩序の維持と国家の防衛に限られているかぎり、それに対する一般の人びとの関心は限定的である。それが日常生活の活動により深く立ち入っていくからこそ、それを統御することはすべての人びとの能動的な関心事となるのである」〔★27〕。代議政治という単なる制度は自由の完全な保証にならない。それは市民の政治的関心を伴っていなければ意味をなさないのだ。自由の「唯一の最終的な保証は人びとの精神である」〔★28〕。つまり、ホブハウスはこの能動的シティズンシップの精神が存立するための二つの条件を「民主主義」と「社会立法」の二つに見出した。「民主主義」は「社会立法」を議題に挙げることにより市民の公的関心を喚起し、また「社会立法」は「民主主義」的プロセスを経てなされることにより、市民の公的責任感を醸成するのである。

だが、ここで一つの疑問が生ずる。「社会立法」をあらかじめ議題として設定しておくことは「民主主義」と言えるのであろうか。「民主主義」的手続きに則って、「社会立法」を廃するという結論に至ることもありうるだろう。にもかかわらず、ホブハウスは少なくともイギリス国内においては、両者の結びつきを密接不可分のものと見ていたようである。山本卓は、このようなホブハウスの「ナイーヴな民主主義観」の背景には、「歴代自由党政権の下で自分の考える民主主義は着実に進展してきたという一種の楽観論」があったと論じている［★29］。彼は自由党政権下で次々に実施された社会政策を歓迎した。第一次世界大戦を経た後も、彼は決して現状に満足していたわけではなかったものの、将来における「社会進化」への信頼を捨てなかった。そして、このことが次章以降で取り上げるラスキとホブハウスを大きく分かつ点の一つとなっているのである。

第二節　形而上学的国家論批判

(1) 理論と実践

一九一八年に出版された『形而上学的国家論』において、ホブハウスはいよいよ、ボザンケに対する直接的かつ全面的な批判を展開するに至る。ここで提出された観念論に対する徹底的な反論は、ラスキをはじめ、イギリス観念論と対立する立場をとった論者たちによって広く受容されたわけであるが、後続の章との関連においては、とりわけラスキが「多元的国家論」として提示した政治理論をも多かれ少なかれ先取りする議論をホブハウスが展開していたことは注目に値する。以下ではそうした観点から『形而上学的国家論』におけるホブハウスの議論を見ていくこととする。

ホブハウスは、国家の正当性を探究する試みを学問的に位置づけることからこの書物を始めている。彼によれば、われわれが政治・社会制度の価値や正当性を突き止めようとして研究に着手するとき、われわれの探究は倫理学の一部門たらざるをえないという。そして、彼はこのような学問を「社会哲学」と呼んだ。この社会哲学につきまとう危険は、「理想」を追い求めるあまりに「現実」を見失いがちな点にある。もっぱら国家の「理想」に関心を持つこうした立場は、国家の「現実」に関する「社会科学（social science）」の知識によって補完されなければならない。「したがって、われわれには社会哲学の代わりに社会科学があるのであり、われわれにはちょうど〔自然科学によって〕物理的身体のあらゆる体系の行動を突き止め、評価し、予知することができるように、社会科学によって〔国家の現実を〕突き止め、評価し、予知することができるのである」［★30］。

だが、「理想」はある意味では「現実」の一部であり、両者を峻別することは容易ではない。哲学は「事実」を無視できないし、社会科学もまた「理想」の持つ力を無視できないのである。したがって、原理においては、一方で「目的」や「あるべきもの」を探究する「哲学」と、他方で「事実」や「因果関係」といったものを探究する「科学」とを区別することが可能であるものの、実践において両者は混ざり合っている。それゆえ、少なくとも学問においては「存在（is）」と「当為（ought）」を自覚的に区別することが重要であるとホブハウスは論ずる［★31］。

このようにホブハウスは、「哲学」的な立場を自任するボザンケに対し、客観主義的な「科学」の立場から政治理論を展開した［★32］。しかし、このことは、彼が「理想」それ自体を自身の政治思想から全面的に排除しようとしたことを意味しない。それどころか、彼はボザンケの『哲学的国家論』が公刊される前年に書かれた論文「集産主義の倫理的基礎」（一八九八年）において、「理想」なき改革者は牙を抜かれているのと同じであるとして、当時の唯物論的マルクス主義者の宿命論的歴史観を非難している。

「理想は、保守主義者にとっての確固たる事実（established fact）と同じくらい、改革者にとって必要なものである。（……）要するに、進歩的運動は理想を持たなければならず、将来に向けた倫理的な理想は、それがまだ実現されておらず、社会的諸制度の中にも具現化していないかぎり、抽象的でなければならない」。現行の社会的傾向が今後どうなるかは分からない。そして、社会主義が歴史の中で勝手に成就するのであれば、社会主義者はいらない。必要なのは、現存の諸傾向の中で一体どの傾向が本当に望ましいのか、あるいはその傾向の中のどの要素が利用可能なのかを議論し、取捨選択することなのである［★33］。

その上で彼は、実践における「存在」と「当為」の密接不可分な関係に鑑み、機械論的科学と観念論的世界観を比較して次のように述べている。すなわち、ヘーゲルやボザンケの観念論的国家観は、「理想」の要素を排除しようとする一面的な「科学」以上に厄介である。というのも、一方で「科学」によって意志や自由が否定されれば、われわれには反抗的な意志が芽生える。「機械論的科学は、少なくとも反抗の倫理（the ethics of revolt）を刺激する」。つまり、自由意志の存在を否定する科学的言説そのものが、また新たな意志を生むのである。

だがこれに対して、ヘーゲル哲学に典型的なように、もしわれわれの生きる世界が理想の世界であると教えられたならば、「われわれの反抗力は委縮し、われわれの理性は催眠され、生活を改善し悪を矯正しようとするわれわれの努力は、現状の受動的黙認の中へと姿を消す。あるいはもっと悪いことに、われわれがその手の中の単なる人質であるような絶対的なるもの（the Absolute）に対する隷属的な追従へと解消されてしまう」［★34］。だからこそ、望ましいものと現実的なるものの区別が必要であり、観念論的国家観の問題点はこれらの「理想」と「現実」の混同にあるという［★35］。このようにホブハウスは「理論」というものが「実践」に対して持つ含意を、ラスキに先立ってプラグマティックに指摘したのであった［★36］。

（2）意志の複数性と多元的国家論の萌芽

またホブハウスは、「ヘーゲル主義者」であるボザンケが「唯一の意志（the will）」について語っていることを批判し、「社会には多数の意志（many wills）が存在するのであり、われわれの遵守する法への服従は、他者の意志への服従を意味する」と主張している［★37］。ホブハウスは、「経験」という点においては、個人の他者からの究極的「孤立（isolation）」を前提としている。すなわち、Aの経験はBの経験に類似することはありうるが、それらは同一ではない。したがって、AはBの経験を「推し量る」ことしかできない［★38］。つまり、ホブハウスにとっては、このような個人の究極的孤立を前提とするからこそ、個人間の関係における「力（force）」の濫用が問題となるのである。AとBが経験を共有しているのであれば、「力」が持つ危険は少ないだろう。民主主義的かつ画一的な社会ではそのようなことが言えるかもしれない。「だが、統治者と被治者の区別があるかぎり、力の行使は大いに濫用される危険がある」。というのも、統治者は、力が実際に作用する場からは遠く離れたところにいるのが常だからである。統治者は自身の行使する「力」が被治者に対していかなる影響を及ぼすのかについて思いを馳せることはほとんどない。すなわち、「複数の意志（wills）」が存在する現実においては、国家の「力」が濫用される危険性が常に存在するのである。

これに対して、ホブハウスによると、ボザンケにおいては「原理的には、他者なるものは存在しない」という。このことからホブハウスはさらに、ボザンケにおいては「力というものも存在しない」という結論を引き出す［★39］。つまり、ホブハウスは「力」と個人の自由意志との衝突を調停するためにボザンケが想定するような「共通自我」なる概念を拒絶し、自らの考察の出発点を「個人の究極的孤立」に設定したのである。この意味で、共通経験の共同体を国家存立の前提とするボザンケと、国家内部における社会集団の経験間の衝突を想定したホブハウスの間では、学問的関心自体が遠く隔たっていたと言えるだろう――すなわち、前者はすでに一定の同質性が実現されている共同体内部における「自己統治」の原理的説明に、そして後者は共同体内部の社会的格差を解消し、一般意志に基づく自由な統治に必要な統一性をこれから創出するための実践的方法に関心があったのである。

さらに、ホブハウスがこのような「意志の複数性」という前提に依拠して「多元的国家論」と呼びうるものを、その主唱者とみなされるラスキなどに先立ってすでに展開していたとすら言うことができる。

彼は、ボザンケがあたかも国家だけが社会的組織であるかのように議論していることを批判して、次のように述べている。「真実は、社会的探究においては、立証されていない大きな原理というのは概してその著述家がたまたま親しんでいるような慣習や制度の単なる一般化か、彼の理想の表現か、あるいはかなりありそうなこととして、その二つの混合であるかのいずれかである」［★40］。つまり、ホブハウスによれば、ボザンケは現に究極的な権力を持っているのが国家であるという事実から、国家が理想的なるものを体現しているという誤った結論を引き出しているのである。

このような観点から、ホブハウスは『自由主義』の中で、「国家」と「他の結社」の異同について論じている。彼は一方で、「国家も様々な結社のうちの一形態であるが、強制力の行使や至上性によって、そしてその地理的な境界内に住んでいるすべての人たちを支配できる権利によって区別される」として、国家と他の結社の間に違いを認める。しかし他方で、「とはいえ一般に国家とは生活の維持と改革を図るための多くの形態の人的組織の一つであるとみなすのが正当であること、このことが、ここでわれわれが指摘しなければならない一般原理であり、そしてこれこそが私たちが古い自由主義と最も異なった立場にある点である」と述べている［★41］。このように、ホブハウスの提示したニューリベラリズムという立場は、国家と他の集団の相違点のみならず共通点をも強調する点において、後の多元的国家論とも大いに重なるものであったと言える［★42］。

そして、ホブハウスはボザンケと異なり、ミル、グリーン、そしてラスキと同様に、政治参加を通じた能動的シティズンシップの涵養を構想している。彼は一方で、一定の留保を付しながらも慈恵的専制を拒絶し、社会進歩の観点から市民の主体性が必要であることを強調する。「もちろん、慈恵的専制君主とか慈愛ある貴族政治の善政にも、価値ある諸要素がある。平和な秩序の内部では、多くの良いものが栄える余地がある。しかし、社会進歩の完全な実りは、大多数の人びとが単に受動的な受取人であるばかりでなく、実践的な貢献者でもあるような社会によってのみ刈り取ることができる」［★43］。ここにはグリーンの「忠実な臣民」と「知的愛国者」に関する議論と類似の主張を見てとることができる。彼はまた、グリーンと同様に、選挙権の拡大が市民の能動的な態度の涵養に寄与することを期待している。「選挙権の付与それ自体が、まさしく関心をかき立てるのに必要な刺激であろう」［★44］。

さらに興味深いことに、ホブハウスはラスキが後に主張することとなる「権力の広範な配分」に近い議論を、彼に先立って展開している。

> 個々の有権者が自らを支援し、方向性を示すために必要なのは、隣人や仲間の労働者と団体を組織することである。（……）彼は責任を自覚するし、〔彼に〕責任を感じさせることが、あらゆる政府の課題である。社会的な関心の発展――それが民主主義であるのだが――は、成人選挙権と選挙された立法府の主権にばかりでなく、個人を全体に連結するすべての中間団体にもよっている。これが現在この国で中央集権的な官僚制によって押し潰されている自治権移譲や地方自治の復活が民主主義的進歩の本質であるということの理由の一つである。（……）民衆による統治の実行は、それ自体が一つの教育である。［★45］

ホブハウスは、単なる形式的な制度は自由の保障にならないという前述の観点から、真の民主主義は個々の有権者の責任感を必要とすることを強調した。そして、この責任感を促進する一つの手段として、「自治権の移譲」に言及した。このように民主主義や分権の拡大を通じて能動的シティズンシップを涵養するという政治構想は、ミルからグリーン、ホブハウスを経てラスキに至るまで、連綿と継承されていったのである。

（3）「二つの社会主義」批判

では、ホブハウスがグリーンやラスキと決定的に異なる点は何か。それは彼が「形而上学」的なるものを徹底的に斥けた点である。次章以降で検討するラスキの形而上学に対する態度が両義的でより複雑なものであったのに対し、ホブハウスはボザンケの『哲学的国家論』を「形而上学的国家論」と揶揄した上で全面的に拒絶した。ここでは「形而上学」的なるものに対するそうしたホブハウスの態度と関係の深い彼の「二つの社会主義」に対する批判を見ておこう。

ホブハウスは古典的自由主義の教養そのものの中から社会主義的な結論を引き出すことにより、レッセフェールの教義に代表されるような「古い自由主義」を批判し、「自由主義的社会主義」としての「ニューリベラリズム」という独自の立場を表明したわけであったが、その一方で「自由主義とは少しも関係ない二つの形態の社会主義がある」と述べている。この二つの社会主義は、「機械的社会主義（mechanical Socialism）」と「官僚的社会主義（official Socialism）」と名づけられ批判されることとなった［★46］。

まず「機械的社会主義」とは、唯物史観に基づく俗流マルクス主義を暗に指す言葉であり、この名の下で批判対象となっているのはハインドマンによって創始された社会民主連盟であった［★47］。ホブハウスは、まず社会学者としての立場から、俗流マルクス主義の下部構造論の安易な単純さを指摘している。「機械的社会主義は歴史の誤った解釈に基づいている。それは社会生活と社会発展の諸現象を経済的要因という唯一の作用に起因するとみなす。これに対して健全な社会学は、社会をすべての部分が相互作用する一つの全体であると考えるところから始まる」[★48]。このように機械的社会主義の社会生活理解は、人間の経済的な側面以外を捨象したあまりにも一面的なものであった。

先に触れた論文「集産主義の倫理的基礎」において、ホブハウスはそのような一面性が彼らの掲げる政治的目標にも表れていることを指摘している。機械的社会主義の誤りは、経済構造の変革を究極目標とするときに頂点に達する。彼らはその一面的な人間理解のゆえに、国家権力のあらゆる拡張を無批判に社会主義の勝利として歓迎する傾向がある。だがホブハウスは、時には社会主義に敵対する政府権力の増大もありうることを指摘し、国家権力の減少も増大も、それ自体が目的ではないと断じている。また、ビスマルクの国家社会主義などは、社会保障を拡充する代わりに被治者の市民的自由を抑圧するものであった。

つまり、問題は拡張された国家権力が何のために使われるのかということであり、その意味で、国家権力の増大はあらゆる問題を解決する万能薬ではないのである。そして、彼は次のように結論づける。「したがって、社会主義の真の目的は、まずもって倫理的なものである。それは、国家の機構に対する人間の従属ではなく、倫理的な、つまり人間的な目的のための国家の使用である」。このようにホブハウスは、社会主義の政治的目的を経済的変革に従属させる「機械的社会主義」を批判して、代わりに自身の政治学を倫理学に基礎づけたのである[★49]。

また、彼は機械的社会主義のユートピア的傾向を批判している。彼によれば、このような傾向も同様に、機械的社会主義の一面的な社会生活理解に根差すものであった。

未来に関して言えば、機械的社会主義は論理に基づいて構築した政府による産業統制というシステムを考えている。これについて言っておく必要があるのは、ユートピアの建設は社会科学の健全な方法ではないということに尽きる。この特殊なユートピアは、自由と運動と成長の必要を十分に満たしていない。機械的社会主義の理想を現実的な議論の領域にもたらすために社会主義者が必要とするのは、私たちの現在の制度に全体として代わる一つの体系を定式化することではない。そうではなく、実際の仕事における政治的能力を、つまり現実の産業組織の中で誤っていることは改革し、善いことは発展させる政治的能力を導く一つの原理を定式化することである。(……) 空想的で分かりやすいユートピア像(Utopian vision)は幻想である。というのも、その対象は人為的な観念であって、生きた事実ではないからである。[★50]

機械的社会主義の提示するユートピアは、人間社会のダイナミズムを無視した静態的で観念的なものであるため、人間社会の「生きた事実」を看過したものにならざるをえない。

他方で、もう一方の批判対象である「官僚的社会主義」とは、官僚によるエリート主義的な社会管理構想を意味しており、具体的にはフェイビアン協会の思想を指していた。官僚的社会主義は「効率性(efficiency)」を重視するあまり「自由」という理念を軽視し、「平均的な人間」一般に対する侮蔑を自らの教養のうちに含んでいる。「それは人類を全体として無力で弱い種族とみなし、これを慈悲深く遇するのが自分たちの義務であると考えている」。官僚的社会主義の管理対象である「平均的な人間」は、「自分が組織されているということを知る必要はない」。そして、ホブハウスはこうしたフェイビアン主義的な統治を次のように批判している。

〔フェイビアン主義者にとっての〕統治の本質は操作の方法にある。民主主義の表向きの指導者たちは無知な連中で、たいした管理手腕もないのに自分たちの進むべき道を決めて、群衆も羊のように彼らに従うであろう。統治の技術とは、人びとに自分たちがやっていることを知らせないままに望むことを行わせ、また彼らに行く先を示すことなく後戻りしても間に合わないところまで進ませるという点にある。このようなものとして理解されている社会主義は、本質的に民主主義とも自由ともまったく関係がない。[★51]

だがホブハウスによれば、必要なのは社会立法や福祉国家そのものではなく、あくまでもその実現方法が重要なのである。人びとを統治に参加させることが、個人の自由にとっては決定的な意味を持つのだ。以上で見てきたような「二つの社会主義」に対する批判から、ホブハウスは自身の「自由主義的社会主義」の立場を鮮明なかたちで提示している。

第一に、それは民主主義的でなければならない。それは上からではなく下から生じなければならない。というよりはむしろ、それはより十全たる正義の方策と相互扶助のためのより善い社会の組織化を達成しようとする社会全体の努力から生ずるべきものである。それは少数の上位者ではなく大多数の大衆の真摯な願望に応えるべく努力しなければならない。そして第二に、まさにこの理由から、それは個々の人間を考慮するものでなければならない。それは平均的な人間に、彼が真に気にかけている個人的生活における活動の自由を与えなければならない。それは自由に基づいていなければならず、人格の抑圧にではなくその発展に寄与しなければならない。(……)共同の福祉のために産業を組織することは、個人的な選択の自由を踏みつぶすことも、創意やエネルギーの源泉を涸らすこともなしに、どの程度まで可能であるのだろうか。[★52]

そして、こうした問題意識から、「自由主義的社会主義」の実現可能性を「科学」的に探究した思想家がホブハウスであったと言える。だが、「機械的社会主義」批判のところで述べたように、現存の制度的全体に代わるオルタナティヴを構想することなく、現行制度の内部での「改革」により個人の自由と産業の統制を両立させることは、一体どのようにして可能になると言えるのであろうか[★53]。この問いに答えるにあたって、ホブハウスは皮肉なことに、自らがあれほど嫌悪した「形而上学」的な「進歩」の観念に頼ることとなったのである[★54]。次節では、ホブハウスがグリーン批判を通じて彫琢した独自の「客観主義的権利論」と、その背後にある彼の「進歩の形而上学」を見ていこう。

第三節　客観主義的権利論と進歩の形而上学

（1）客観主義的権利論

ホブハウスは、グリーンやボザンケと同様に、「自然権」概念に対してきわめて批判的であった。彼は晩年の一九二二年に出版された『社会正義の諸原理』の中で、原子論的個人観に基づく自然権理論を批判して次のように述べる。「社会理論においては、この一面的な個人主義は、自然権理論の中に最も力強く表現されてきた。義務の社会的性格は広く認識されてきたものの、権利はまるでそれらが個人の肌や手足の一部であるかのように、しばしば個人に帰せられてきた」［★55］。この一節にも表れているように、ホブハウスにとって「義務の社会的性格」はすでに一般的な認知を得ており、問題となっているのは「権利」の社会的性格が認識されていないことであった。

そして彼の理論においても、ボザンケにおけるのと同様に、「権利」と「義務」はやはり表裏一体のものとして現れる。「権利」とは、「義務」という言葉の言い換えにすぎない［★56］。彼にとって両者の違いは言葉の問題にすぎないのである。そして、彼の理論における「権利」と「義務」のこうした相補的関係は、『形而上学的国家論』における次のようなグリーン解釈にも表れている。「義務が社会関係であるのとまったく同じように、権利は社会関係であり、あなたの権利とは、私か他の誰か、あるいは社会全体があなたに対して負うものなのである」［★57］。

ホブハウスにとってもまた、権利とは自然権理論が主張するような個人的なものではなく、共通善との関係によってしか正当化されえない社会的なものであった［★58］。この点で彼はグリーンの権利論を――その前提となっている義務論に関しては無意識的に曲解しながらも――意識的に継承していると言えるだろう。たしかにグリーンにおいても「共通善」との関係という点では「義務」もまた社会的性格を有するものであったものの、「個人の意識」が出発点であるというグリーンの強調した「義務」の個人的性格については、ホブハウスの口から語られることはなかった。この意味で、ボザンケに引き続きホブハウスにおいても「権利」と「義務」とは密接不可分の関係にあったのである。

ただし、「権利」（そしてそれゆえ同時に「義務」）に関するボザンケとホブハウスの理論には決定的に異なる点も存する。「権利」は「社会の承認」を必要とするというグリーンらの「権利承認テーゼ」に対して、ホブハウスはある問題を提起している。すなわち、彼によれば、グリーンの権利論には「社会によって承認された主張として道徳的権利を定義」しているのか、「社会の善によって決定されるものとして権利を」定義しているのかという問題が残るのである［★59］。つまり、「権利」というものが成立するにあたってその条件となるのは「社会による承認」であるのか、それとも「共通善」との関係であるのかという問題である［★60］。

彼はこのような問題に対して、別のところで次のような解答を与えている。「権利」が成立する「条件とは、承認から独立した客観的なものである。もし誰かが、ある特定の条件が実際に善き生の実現に必要であることを明らかにすることができれば、その条件は、時の始まりから現在まで一度も承認されたことがないかもしれなくとも、そしていま社会が承認することを拒むかもしれなくとも、権利であることを科学的に立証されているのである」［★61］。このようにホブハウスは、「権利」が成立する条件としては「社会による承認」よりも「共通善」との関係を重視し、グリーンやボザンケよりも「客観主義的な」路線をとったと言える［★62］――ただし、ここで重要なことに、社会によっていまだ承認されていない権利が「科学的に立証された」ことを誰が判断するのかという政治的な問題は残る。

ここまでのグリーン、ボザンケ、ホブハウスの三者における「義務」論の推移を要約するならば、グリーンにおいては個人の意識から生ずるものであった「義務」が、ボザンケにおいては「権利」と一体化することにより「義務」自体もまた社会的承認を必要とするようになったが、ホブハウスにおいてこの「義務」は「権利」ごと社会的承認から引き離されるに至ったというわけである。後述するように、ラスキがグリーンの「抵抗権」と「抵抗の義務」の両概念を混同したことも、このような文脈から理解されるべきだろう。つまり、ラスキは「反乱の義務」がボザンケにおけるように社会的承認に基づくかぎり、社会に反対する個人の「権利」＝「義務」はほとんど生ずる余地がないため、「反乱の権利」＝「反乱の義務」を社会的承認から切り離すというホブハウスと同じ路線をとったのである［★63］。

さて、このようにホブハウスにおいて「権利」は「共通善」とのつながりのみを必要としたわけだが、コリーニによれば、彼の権利論の基礎をなす「共通善」の観念は、彼の「進歩の形而上学（the metaphysics of Progress）」なしには成り立ちえないものであった［★64］。そして、本書のテーマにとってさらに重要なのは、彼の「進歩の形而上学」が彼独自のシティズンシップ論とも密接な関係を有していたことである。そこで最後に、「進歩」の観念に基づく彼の「調和」の発展史観を見ていくこととしよう。

（2）社会的結合の発展史

ホブハウスは『自由主義』と同年に発表された著作『社会進化と政治理論』（一九一一年）の第六章「国家の成長」において、「人間観の統合、秩序、協働、調和（harmony）の原理の発展」としての「社会進歩（social progress）」の歴史を描いた〔★65〕。彼によれば、社会的結合が依拠する原理は大まかに分けると三つある。すなわち、一つ目が「親近性（kinship）」の原理、二つ目が「権威（authority）」の原理、そして三つ目が「シティズンシップ」の原理である。そして、人類史における社会的結合は、概ね上記の順に原理が推移することにより発展を遂げてきた〔★66〕。

一つ目の「親近性」の原理に基づく結合は、家族をはじめとする血族の延長である。これは原始的社会に多く見られる結合形態である（ただし文明化された後もその要素が完全に消え去るわけではない）。その条件としては必ずしも直接的血縁関係を必要としないため、同じ祖先を持つという信仰の下で徐々にその規模を広げていき、一種の「氏族共同体」を形成するに至る。この段階における結合はまだ社会の階層的区分がほとんど存在しない平等な社会であると言える〔★67〕。

しかし、このような社会が戦闘などを通じて他の社会集団を属国や奴隷とすることにより社会的区分が生じ始める。こうした階層分化は集団全体の規律化のために集団内部にも生じ、ここで社会的結合の原理は次第に「親近性」から「権威」へと移行していくこととなる。つまり、「力（force）」による支配がこの段階で生ずるのである。ただし、このような主従関係が生ずるきっかけとなる「征服は、元来、力に基礎づけられるが、純然たる力は決して社会生活の永遠の基礎にはならない」。そのため、エジプトやバビロニアの例に見られるように、統治機構は主に宗教的言説を動員して、王の「力」を正当化する必要に迫られた。したがって、「いかなる形態の下であろうと、社会秩序のこの種の傾向は、力を権威に変えることとなる」[★68]。ここでは被治者によって正当性を認められた支配者の「力」が「権威（authority）」という言葉で表現されている。グリーンやボザンケと同様に、ホブハウスもまた、単なるむき出しの「力」は、支配関係の安定的な基礎とはなりえないと考えたのであった。

しかし、ここでより重要なのは、ホブハウスが、グリーンの主権論の自覚的な[★69]——そしてボザンケの実在意志論の無自覚的な[★70]——基礎となっていたジョン・オースティンの「法」観念を暗に批判し、その「法」観念をこの社会的結合の第二段階に限定的なものとしている点である。ホブハウスによれば、「親近性」の原理に基づく原初的な共同体においては、「慣習（custom）」は慣習であるがゆえに神聖なものとして君臨していた。それは歴史の中で堆積した人びとの経験の表現であった。ところが少し進んだ社会になると、このような慣習の支配は弱まっていくことになる。「法はもはや人びとの生活の直接的で素朴な表現ではなくなる。法学者の中にもそれが絶対的な性質であると誤解している者がいるように、優越者が劣等者に対して課し、刑罰という媒体を通じて強制する命令として法がみなされるのは、実にこの段階においてなのである」[★71]。

ここで述べられているように、「優越者の命令としての法」という観念は、「法」というものの普遍的な性質を叙述したものではない。このようにホブハウスは、オースティンの「法」観念を自身の歴史哲学の一段階に位置づけることにより、「優越者の命令としての法」という観念を相対化した——そしてこのことは同時に、「人民の意志の表現としての法」というグリーンやボザンケが依拠した「法」観念の相対化を意味するものでもあった[★72]。法への服従は、ある段階においては他律として現われ、ある段階においては自律とみなされうるのだ。ホブハウスにおいては、「法」というものの性質は、社会的結合のあり方によって異なるのである。

したがって、優越者の権威による支配もまた、広大な領土を組織し、膨大な数の人民の間に秩序と調和を維持するための唯一の方法ではない。ホブハウスは、未開人や野蛮人にはほとんど知られておらず、文明化された世界には知られている社会的結合のあり方においては、「支配」と「被支配」の関係が逆転していると言う。そのような社会的結合においては、「人民、あるいはいずれにしても、市民が国家である。政府は彼らの主人というより召使であり、政府の人員は最も卑しい臣民と同じくらい法律によって束縛されている」。このように「権威」による統治に代わってここに現れた社会的結合こそ、三つ目の「シティズンシップ」の原理に基づく社会的結合であった[★73]。

社会的結合の「権威」から「シティズンシップ」への原理的移行は、ある面では、原始社会における平等への回帰として描かれる。

> いくつかの点において、国家（the state）――シティズンシップに基づく社会的結合にその名を与えるとすれば――は、初期の原始社会（commune）に似ている。その政府やその法律および慣習は、人民の現実生活や性格に再び近い関係を持つようになる。法**はもはや優越者によって下される命令ではなく、それに従う者の意志の表現で**ある。シティズンシップの原理が貫徹されるかぎり、権威主義的社会（authoritarian society）の階層的秩序に代わって、未開時代の平等性を呼び覚ますような、国家の成員間の、ある平等への回帰がなされるのである。[★74]

このように、シティズンシップに基づく社会的結合においては、「法」が再び「人民の意志の表現」となる。ここでホブハウスは「国家」という語に関してある種の言語操作を行っていることが分かる[★75]。すなわち、いかに宗教などによる徹底的な正当化が行われていようとも、法が優越者の命令として現れ、そこに人民の意志が反映されていないような社会は、彼の用語法の上では「国家」ではなく、単なる「権威主義的社会」にすぎないのである。

ただし、ここで彼は、上述の「回帰」とは単なるアナロジーにすぎないものであるという留保を付している。「権力の卓越性に優先される互恵的義務の承認に依拠した平等と、単にそれを乱しうるまでに抜きん出た権力が存在しないという理由から存続しているだけの平等とは、まったくの別物である」。この点で「国家」は、「権威主義的社会」の段階を経ることで「原始社会」よりもさらに進歩した状態にあると言える。「国家」とは、それ以前の段階の社会には見られなかった、「義務」に基づく新たな結合である。「それは本質的には、国家の個々の成員間におけるような、あるいはまた、国家とその成員との間におけるような、ある義務の相互関係にある」。「国家」の法に人民の意志を反映するためには、統治機構と人民との間に相互的な義務がなければならない。つまり、ホブハウスの用語法においては、「一方で十分に責任感のある個人と、他方で大多数の意志を表現する立法府が、国家というものの特質」なのである[★76]。

さらに重要なことに、彼は以上で見てきたような社会的結合の発展史の最終段階に現代を位置づけることにより、現代の国家に次のような肯定的評価を下すことでこの章を締めくくっている。「現代に特徴的な国家は、その不完全性にもかかわらず、社会的協働と、構成要素たる個人や地方や国民集団の自由と自発性との、大々的にはいまだ果たされていない最も完全な調停を示している」[★77]。つまり、多かれ少なかれ、現代国家はホブハウスの言う「国家」としての構成要件を満たしているというのである。この本を執筆した後にボザンケを批判して、国家が理想の具現化ではないことを訴えたホブハウスであったが、それでも彼は自らが理想とする「調和（harmony）」へと向かう国家の進歩を認めるに吝かではなかった[★78]。「永遠意識」、「実在意志」、そして「調和」と、その内容を指す言葉の違いはあれども、歴史を共通善の漸次的開示と見るところに、二人のイギリス観念論者たちとホブハウスの興味深い一致が見られるのである[★79]。

(3) 調和への進歩

ホブハウスの「調和」へと向かう社会的結合の発展史観の背景には、先に取り上げた彼の初期著作「集産主義の倫理的基礎」の中での、当時流行していたスペンサー流の進化論に対する批判があった[★80]。彼は多くの進化論者たちが「憎しみ」や「敵対」や「競争」を進化の原動力と捉えてきたことを批判し、社会進歩はむしろ「愛」によって動かされてきたと主張している。そして、社会進歩の歴史は常に「憎しみ」がこの「愛」にとって代わられていく過程であったという。「有機的生命の最も低次の段階から文明化された人間に至るまでには、孤立した諸原子の闘争（struggle）が、相互依存的な諸部分の調和的共働（harmonious concurrence）によって、絶えずとって代わられていく統合の進展が存する」[★81]。

また、進化論者が進化の要因と見る「敵対」は、個人間よりもむしろ集団間で原動力として働いて文明を前進させてきたという。例えば、最も小さな社会としての家族、そして近しい仲間内、結社、そして国民国家といった具合に、歴史の中で「敵対」は常に「協働（co-operation）」にとって代わられ、「敵対」そのものはより大きな単位の間でのものとなってきた。そして、このような過程の後に「全世界が一つの家族となるとき、千年王国が到来する」とホブハウスは結論づけている〔★82〕。

協働の範囲が「人類」という枠組みに向かって広がっていくことは、彼にとっては決して自動的な過程ではなかったが、にもかかわらず、彼は概してこうした歴史的趨勢に楽観的であったように思われる〔★83〕。例えば、コリーニはホブハウスの「進歩の目的論的概念」について、次のように説明している。「人間の本来的な社会的本性はそのような調和を要求し、そしてそれゆえに、その本性の進歩的実現としての歴史は調和に向かって動いている」。ホブハウスは、人間の利害衝突が最終的には、人間本性に根差す合理性による進歩によって解決されるであろうと信じていたのである〔★84〕。歴史は絶えず共通善に向かって動いている。共通善の全貌は、次第に人類の眼前にその姿を現わすだろう。ホブハウスの政治理論の背後には常にこのような歴史哲学が控えていた。

そして、この歴史哲学は、彼の権利論における「判断の主体」という政治的問題を解消するものであった〔★85〕。すなわち、ある権利の必要性が科学的に証明されたか否かを判断する基準は、「個人の意識」でも「社会的承認」でもない。それは歴史の進展の中でいずれ明らかになる。なぜなら、「調和に向かって進むことは、〔人間という〕合理的存在が有する不屈の衝動」だからである〔★86〕。この意味で、調和へと向かう進歩としての歴史哲学もまた、ホブハウスにおける論理的な空隙を埋めるための「形而上学」的前提として機能したと言えるだろう。

では、ホブハウスにおける「抵抗」ないし「反乱」の問題はどうなるのか。ボザンケの実在意志論を批判し、現行制度が理想を完全に体現するものであることを否定したホブハウスは、その論理的帰結として、市民の側に「不服従（disobedience）」の必要が生じる可能性を認めた［★87］。だが、ここで先に検討した「理論」が「実践」に対して有する含意についての彼自身の洞察を当てはめてみるとどうだろう。歴史が調和に向かって進歩しているのであれば、あえて「不服従」の危険を冒してまで自分の手により歴史の進歩を加速させようという者が一体どれほどいるというのか。ボザンケの実在意志論と同様に、ホブハウスの「進歩の形而上学」もまた、能動的シティズンシップの足枷となるかもしれない。そして、このような歴史観とシティズンシップをめぐる問題に取り組んだのが、次章以降で取り上げるハロルド・ラスキという思想家だったのである。

小括

ホブハウスにおいて「権利」と「義務」の理論的基盤は、究極的には「個人」でも「社会」でもなく「歴史」であった。まだ国家によって承認され保護されていない権利も、「調和」の原理が漸次的に開示していく歴史の中で次第に認められていくだろうと彼は考えたのである。かといって、このことは彼が歴史における人間個人の主体性をまったく認めなかったということを意味しない。彼はマルクス主義的唯物史観に対してははっきりと反対の立場を表明したのである。

にもかかわらず、ボザンケ同様、ホブハウスにおいても「反乱の義務」の観念がそれほど重要な地位を与えられていないことは、彼の楽観的な歴史観と無関係ではないだろう。改革者を自任する当時の人びとは、「進歩」を信じることをやめた者は、保守主義に陥らざるをえないと考えていた［★88］。われわれの時代は前の世代よりも良くなっている。そう信じていなければ、いかに熱烈な急進主義者も無力感に襲われることだろうと。だからこそ、ホブハウスは楽観論をとる必要があったのだ。「ホブハウスは形而上学的な安全網なしには、改良的な政治の綱渡りをしていくことに耐えられなかった」［★89］。彼は二十世紀初頭の自由党政権による一連の社会改革を褒め称えた。彼は既存の社会・経済秩序の枠組みの内部における漸進的な改革によって、やがては社会悪が除去されうるのだと信じたのである［★90］。

政治的態度においてはあれほど対立しているように見えたボザンケとホブハウスは、実に似通った歴史観を抱いていたと言える。前者は社会的諸制度や諸慣習の中に歴史的に表現されてきた「実在意志」の合理性を見出し、それを護持するために「社会改革」という歴史的趨勢と闘うことを決意した。後者は十九世紀末から二十世紀初頭に至るまでの「社会改革」の潮流に人類の「調和」への発展を見出し、この潮流をさらに推し進めることが自らの使命であることを自覚した。時代の流れに逆らうことも従うことも、歴史は合理性を体現しているという同じ信念によって可能となった。しかし、こうした信念は、次章以降で検討するラスキには見られないものであった。

ホブハウスがイギリス国内における社会的結合はすでにシティズンシップの原理を基礎とする段階にあると考えたことは、彼の政治思想において国外問題が占める比重の大きさを物語っていると見ることもできる。彼は社会的紐帯原理の三つの発展段階を論じた『社会進化と政治理論』第六章の中で、民主主義の要件を満たしている国内に対して、イギリス国外においては、いまだに二段階目の「権威主義」

による社会の結合が行われていることに注意を喚起している。「現状シティズンシップの原理は、われわれの時代の帝国において、属国の権威主義的統治の原理と掛け合わされている。(……) この事実はわれわれの国内の国制に重要な反作用をもたらす」[★91]。彼の懸念は国内においてより広範な能動的シティズンシップを実現することの困難さ以上に、国外の帝国植民地における権威主義的な統治原理にイギリス国内の民主主義的精神が侵蝕されることに向けられていたのである。

ただし、このように楽観的な「進歩の形而上学」に基礎づけられた権利論をホブハウスが展開しているように見えたとしても、彼自身の意識としては、『形而上学的国家論』に見られるように、「形而上学」的なるものを嫌悪し、自らは「科学」の立場によって立ち、それを自覚的に自身の理論から排除しようと努めた。後にラスキと共同でボザンケの国家論を検討するシンポジウムを行うこととなるA・D・リンジーは、主著『現代民主主義国家』の中で、おそらくはホブハウスの『形而上学的国家論』に見られるような観念論批判を念頭において次のように嘆いている。「若干の領域では、哲学者の政治理論を〝形而上学的〟であるとして斥けることが流行している。そのような領域では、〝形而上学的なるもの〟と〝不条理なもの〟とは同じ意味のものであるということを自明のこととしている。しかし、例えばT・H・グリーンが彼の世代に国家の本質を理解させるのに力を貸し、したがって政治においてより賢明に行動するよう助力したこと、彼をそうさせるのに彼の哲学が大きな役割を果たしたことを否認するのは困難である」[★92]。その場にいたラスキがリンジーのこうした嘆きにどのような反応を見せたのかは定かでないが、彼もまたグリーンやボザンケの形而上学を全面的に否定するのではなく、ホブハウスとは異なる歴史観の上に、自身の「政治に関する形而上学体系」を基礎づけたのであった。

★1　L・T・ホブハウスの伝記的資料としては、J. A. Hobson, 'L. T. Hobhouse: A Memoir', in J. A. Hobson & Morris Ginsberg, *L. T. Hobhouse: His Life and Work*, George Allen & Unwin, 1931, pp. 15―95を参照。

★2　L. T. Hobhouse, *The Labour Movement*, T. Fisher Unwin, 1893.

★3　ホブハウスとフェイビアン協会の関係については、Stefan Collini, *Liberalism and Sociology: L.T. Hobhouse and Political Argument in England, 1880–1914*, Cambridge University Press, 1979, pp. 59-78に詳しい。

★4　Collini, *Liberalism and Sociology*.

★5　Collini, 'Hobhouse, Bosanquet and the State'. ホブハウスのボザンケ批判を扱った研究としては他に、David Boucher, 'British Idealism, the State, and International Relations', in *Journal of the History of Ideas*, vol. 55, no. 4, 1994, pp. 671–94; 石井健司「ホブハウスによる〝ヘーゲル＝ボザンケ的国家〟批判」、『近畿大学法学』第四九号、二〇〇二年、三一五―六九頁、寺尾範野「ニューリベラリズムによるボザンケ批判の再考――倫理、国家、福祉をめぐって」、『イギリス哲学研究』第三五号、二〇一二年、五三―六七頁、芝田秀幹「ボザンケと新自由主義――ボザンケとホブハウス」、『ボザンケと現代政治理論――多元的国家論、新自由主義、コミュニタリアニズム』芦書房、二〇一三年、八一―一三六頁などがある。

★6　Meadowcroft, *Conceptualizing the State*, ch. 3.

★7　馬路智仁「越境的空間へ拡がる〝福祉〟――レオナード・ホブハウスにおける連関的な社会秩序の構想」、『社会思想史研究』第三四号、二〇一〇年、一〇四―二一頁、特に一一五―七頁。ただし、この論文は、そのような形而上学に基礎づけられたホブハウスの「国際秩序構想」の方に重きを置いている点で、やはり本書とは関心が異なる。

★8　L. T. Hobhouse, 'Liberalism' (1911), in James Meadowcroft (ed.), *Liberalism and Other Writings*, Cambridge University Press, 1994, pp. 24–5（吉崎祥司監訳『自由主義』大川書店、二〇一〇年、三九―四〇頁）.

★9　Hobhouse, 'Liberalism', p. 28（邦訳、四四頁）.

★10　Hobhouse, 'Liberalism', pp. 31–2（邦訳、五〇頁）.

★11　Hobhouse, 'Liberalism', p. 32（邦訳、五〇―一頁）.

★12　Hobhouse, 'Liberalism', p. 33（邦訳、五三頁）.

★13　Hobhouse, 'Liberalism', p. 33（邦訳、五三頁）.

★14　Hobhouse, 'Liberalism', p. 35（邦訳、五五―六頁）.

★15　Hobhouse, 'Liberalism', p. 36（邦訳、五七頁）.

★16　Hobhouse, 'Liberalism', pp. 11, 19（邦訳、一九頁、三〇頁）.

★17　Hobhouse, 'Liberalism', p. 44（邦訳、六九―七〇頁）.

★18　ホブハウスの「自由主義的社会主義」の内容を、社会政策の分野における彼の論敵たるウェッブ夫妻のナショナル・ミニマムの構想との比較から明らかにした論文としては、山本卓「レオナード・ホブハウスの〝自由主義的社会主義〟――ナショナルミニマムの政治理論」、『政治思想研究』第九号、二〇〇九年、三六五―九六頁がある。

★19 Hobhouse, 'Liberalism', p. 55（邦訳、八五―六頁）.

★20 Hobhouse, 'Liberalism', p. 58（邦訳、九二頁）.

★21 Hobhouse, 'Liberalism', pp. 74–6（邦訳、一一八―一二〇頁）.

★22 この『自由主義』の中ではボザンケは名指しでは批判されていないものの、『形而上学的国家論』においてはボザンケの自助論は「慈善組織協会の社会道徳」と呼ばれて批判されている。Hobhouse, *The Metaphysical Theory of the State*, p. 78.

★23 L. T. Hobhouse, 'The Prospects of Anglo-Saxon Democracy', in *Atlantic Monthly*, vol. 109, 1912, p. 345.

★24 Hobhouse, 'Liberalism', pp. 86–7（邦訳、一三五―六頁）.

★25 L. T. Hobhouse, 'Government by the People' (1910), in James Meadowcroft (ed.), *Liberalism and Other Writings*, Cambridge University Press, 1994, pp. 133–4. なお、ここでの議論にも表れているように、彼は「自由主義的社会主義」なる立場をとりながらも、それと異なる二つの種類の「社会主義」に対しては批判的であった。本章第二節（三）参照。

★26 この語を実際にホブハウス自身が使用している例としては、Hobhouse, *The Metaphysical Theory of the State*, p. 61を参照。

★27 Hobhouse, 'Government by the People', p. 134.

★28 Hobhouse, 'Government by the People', p. 131. ホブハウスは別のところでも、民主主義を「形態」と「実質」に分け、同様の議論を展開している。「形態の問題としては、民主主義は投票箱の機構に対する統治の依存に存する。実質の問題としては、それは人民の意志による立法と行政の効果的な統御に存する」。民主主義の実質のために必要なのは、「広く普及した公事への関心、市民としての責任の広範な感覚、そしてある程度明確な共通善の概念」である。「それらはいかなる一度きりの特定の政治改革によっても決して達成されえない。それらは最も有能で公共精神をもった人びとの持続的な努力によってのみ維持されうる」。Hobhouse, 'The Prospects of Anglo-Saxon Democracy', pp. 345–6.

★29 山本「レオナード・ホブハウスの〝自由主義的社会主義〟」三八四頁。民主主義の進展に対するホブハウスの楽観は、Hobhouse, 'The Prospects of Anglo-Saxon Democracy', pp. 347, 352においても表明されている。

★30 Hobhouse, *The Metaphysical Theory of the State*, p. 12.

★31 一方で、ボザンケ自身も「科学」と「哲学」の区別を自覚的に行っていたことについては、寺尾「ニューリベラリズムによるボザンケ批判の再考」五五頁を参照。ただし、以下で見るように、ホブハウスがボザンケの方法論上の意図を問題にしていたのではなく、彼の政治理論が有する実践的含意を問題としていたことは同様に重要である。

★32　コリーニによれば、イギリス観念論には「科学」というものに対する軽蔑ないし敵意が見られる。それに対しホブハウスは、観念論から影響を受けつつも、「科学」（中でも「進化論」）に対する篤い忠誠心を生涯示し続けた。彼にとって、「哲学」を単なる思索的な関心で終わらせないためには、「科学」によって解釈された経験の綜合が必要であった。Collini, *Liberalism and Sociology*, p. 150.

★33　L. T. Hobhouse, 'The Ethical Basis of Collectivism' in *International Journal of Ethics*, vol. 8, no. 2, 1898, p. 139.

★34　Hobhouse, *The Metaphysical Theory of the State*, pp. 18–9.

★35　前章ですでに見たように、ボザンケは決してありのままの現状のすべてをそのままのかたちで肯定したわけではなかった。彼は一時的な現象の生起にすぎない「現実」と、「実在」として安定的なかたちで制度や慣習の中に姿を現している「理想」とを截然と区別した。だが、ここでホブハウスが問題としているのは、「実在意志は社会的諸制度や諸慣習の中に具現化されている」というボザンケの言説の実践的含意である。ホブハウスはこのような言説が、現実における諸個人の行動を麻痺させてしまうと考えたのだ。

★36　本書、第四章第一節（二）参照。

★37　Hobhouse, *The Metaphysical Theory of the State*, p. 39.

★38　Hobhouse, *The Metaphysical Theory of the State*, pp. 52–4.

★39　Hobhouse, *The Metaphysical Theory of the State*, pp. 57–8.

★40　Hobhouse, *The Metaphysical Theory of the State*, p. 21.

★41　Hobhouse, 'Liberalism', p. 64（邦訳、一〇一―二頁）. 強調引用者。

★42　ホブハウスに「多元主義的な国家観」を見出す研究としては、寺尾範野「レオナード・ホブハウスの権利論――〝リベラルな福祉国家論〟の構想」、『政治思想研究』第一一号、二〇一一年、四二七―八頁注がある。一方でランシマンのように、ラスキをギールケ以来の法人人格説の系譜で捉えることには、このようなホブハウスとラスキのつながりを見えにくくしてしまう危険がある。Runciman, *Pluralism and the Personality of the State*.

★43　Hobhouse, 'Liberalism', p. 64（邦訳、一〇二頁）.

★44　Hobhouse, 'Liberalism', p. 112（邦訳、一七二頁）.

★45　Hobhouse, 'Liberalism', p. 112（邦訳、一七一―二頁）.

馬路によれば、第一次大戦までの時期のホブハウスは「有機的・（準）連邦制的な帝国秩序をモデルとした国際秩序を展望する傾向にあったが」、一八年の『形而上学的国家論』を境に、「社会的な中間団体の意義をより強調する議論」へと移行していった。馬路「越境的空間へ拡がる〝福祉〟」一一二頁。このようにホブハウスは軸足を国際秩序から中間団体へと移していったものの、それらに依拠しつつ国家の絶対的な地位を相対化するという意図においては一貫していた。こうした点にも「多元的国家論」の萌芽が見出せると言えるだろう。

★46 Hobhouse, 'Liberalism', p. 81（邦訳、一一七頁）.

★47 「機械的社会主義」と「官僚的社会主義」の各々がいかなる具体的な政治的立場を暗示するものであったかについては、Collini, *Liberalism and Sociology*, p. 129を参照。

★48 Hobhouse, 'Liberalism', p. 81（邦訳、一一七頁）.

★49 Hobhouse, 'The Ethical Basis of Collectivism', pp. 142–3.

★50 Hobhouse, 'Liberalism', pp. 81–2（邦訳、一一八頁）. 強調引用者。

★51 Hobhouse, 'Liberalism', pp. 82–3（邦訳、一一九―一二〇頁）.

★52 Hobhouse, 'Liberalism', pp. 83–4（邦訳、一二一頁）.

★53 ホブハウスは次のようにも述べている。「私は差し当たって、何らかの経済システムを攻撃したり、擁護したりしているのではない」。Hobhouse, 'Liberalism', pp. 63（邦訳、一〇〇頁）. このように彼は、資本主義社会そのものに手を加えることに関してはかなり消極的であった。この点においても、次章以降で取り上げるラスキとの懸隔が指摘できる。本書、第五章第三節（四）参照。

★54 ホブハウスの政治思想の基礎に「進歩の形而上学」が存在することを指摘した重要な研究として、Collini, *Liberalism and Sociology*, esp. ch. 5, 'The Metaphysics of Progress', pp. 147–70がある。ホブハウスの「進歩の形而上学」に関する以下での記述に関しては、この研究に多くを負っている。ただし、コリーニはこの「進歩の形而上学」とホブハウスの「権利」論との関係や、彼のシティズンシップ論との関係については触れておらず、またボザンケやラスキの歴史観との比較も行っていない点で、本書とは問題関心を異にしている。コリーニはどちらかと言えば、ダーウィンやスペンサーの「進化論」の系譜の中にホブハウスの「進歩の形而上学」を位置づけることによって、彼の政治思想を解明しようと試みたのである。

★55 L. T. Hobhouse, *The Elements of Social Justice*, Henry Holt, 1922, p. 26. 強調引用者。

★56 Hobhouse, *The Elements of Social Justice*, p. 31.

★57 Hobhouse, *The Metaphysical Theory of the State*, p. 119. 強調引用者。

★58　Hobhouse, *The Elements of Social Justice*, p. 37.

★59　Hobhouse, *The Elements of Social Justice*, p. 37n. 強調引用者。

★60　現在のグリーン研究における解釈によれば、その両方が必要であるということになるだろう。本書、第一章第二節（一）参照。だが、どちらがより重視されるべきであるのかという実践的な問題を考慮に入れるならば、ホブハウスによる問題点の指摘もあながちまったく不当なものとは言えないだろう。

★61　Hobhouse, *The Metaphysical Theory of the State*, p. 120. 強調引用者。

★62　ホブハウスの権利論の「客観主義」的性質を指摘した研究としては、Collini, *Liberalism and Sociology*, p. 126n を参照。なお、一九〇四年の時点では、まだホブハウスがグリーンの権利承認テーゼの妥当性を認めていたことについては、寺尾「レオナード・ホブハウスの権利論」四一五頁を参照。

★63　ただしその場合、ラスキは「反乱の権利」=「反乱の義務」を、科学的立証ではなく、――グリーンにおける「抵抗の義務」がそうであったように――個人の意識に基礎づけた。ホブハウスとラスキの権利論および義務論の違いについては、本書、第四章第二節（二）で詳しく論ずる。

★64　Collini, *Liberalism and Sociology*, p. 129.

★65　L. T. Hobhouse, *Social Evolution and Political Theory*, Columbia University Press, 1911, p. 127.

★66　Hobhouse, *Social Evolution and Political Theory*, p. 128.

★67　Hobhouse, *Social Evolution and Political Theory*, pp. 129–34.

★68　Hobhouse, *Social Evolution and Political Theory*, pp. 134–7. 強調引用者。

★69　本書、第一章第二節（二）。

★70　ボザンケの一般意志論をオースティン主権論の延長上に位置づけるラスキの解釈については、本書、第四章第二節（二）を参照。

★71　Hobhouse, *Social Evolution and Political Theory*, pp. 137–8. 強調引用者。傍点を付した部分は、オースティンのような法学者によって提唱された主権論に対する批判を暗に示しているものと思われる。

★72　ただし、ボザンケにとって人民の意志が表現されているのは、「主権者の命令としての実定法」の中においてというよりは、むしろ「慣習」の中においてであった。本書、第二章第一節（三）参照。

★73　Hobhouse, *Social Evolution and Political Theory*, pp. 139–40.

★74　Hobhouse, *Social Evolution and Political Theory*, p. 140. 強調引用者。

★75　ただし、ホブハウスは「国家」という語をより一般的な意味で用いることもあるので、メドウクロフトは語法上の混乱を避けるためには、シティズンシップに基づく社会的結合を「シティズンシップ国家（citizenship state）」や「真の国家（true state）」と名づけるべきであったとしている。Meadowcroft, *Conceptualizing the State*, pp. 154–5.

★76 Hobhouse, *Social Evolution and Political Theory*, pp. 140–1.

★77 Hobhouse, *Social Evolution and Political Theory*, p. 148.

★78 コリーニによれば、ホブハウスはイギリス観念論の影響を受けつつも、その科学に対する軽蔑的な態度を受け容れることができず、生涯にわたり「科学」的方法に基づく進化論と観念論とを調停しようと努めた。Collini, *Liberalism and Sociology*, pp. 162–3. さらに馬路によれば、このような調停の試みは、「種の進化を何らかの内在的活力の顕現過程と想定する定向進化という生物学説」をとることにより達成された。馬路「越境的空間へ拡がる〝福祉〟」一一六頁。つまり、競争を通じた機械論的な「適者生存」ではなく、「調和」という一定の方向に向かう「進化」を想定することにより、ホブハウスは「共通善」の漸次的開示としての観念論的歴史哲学を「科学」的に基礎づけたのである。

★79 ホブハウスにおける「共通善」が「社会的調和」と同義であることについては、寺尾「レオナード・ホブハウスの権利論」四一二頁を参照。

★80 ホブハウスが生涯（スペンサーの影響が弱まった後も）、スペンサー流の進化論の反駁という問題意識を持ち続けたことに関しては、Collini, *Liberalism and Sociology*, p. 149を参照。

★81 Hobhouse, 'The Ethical Basis of Collectivism', p. 144.

★82 Hobhouse, 'The Ethical Basis of Collectivism', pp. 152–5.

★83 ホブハウスの言う「調和」が決して自然発展的な「予定調和」を意味しないことについては、芝田『ボザンケと新自由主義』特に八九―九五頁を参照。だがホブハウスは、少なくとも国内においては、社会的紐帯が「シティズンシップ」の段階にすでに達しており、そしてその意味においては法が人民の意志を表現していることを認めていた。本書、第三章第三節（二）参照。コリーニによれば、一八八〇年代に青年時代を過ごした、ホブハウスと同世代の若者にとって、「進歩は事実」であった。利己主義から利他主義へと向かう人類の進歩を信じさせるような雰囲気がこの時代にはあった。Collini, *Liberalism and Sociology*, p. 160.

★84 Collini, *Liberalism and Sociology*, pp. 128, 145.

★85 本書、第三章第三節（一）参照。

★86 Hobhouse, 'Liberalism', p. 62（邦訳、九九頁）.

★87 Hobhouse, *The Metaphysical Theory of the State*, p. 90.

★88　Collini, *Liberalism and Sociology*, pp. 165–8.

★89　Collini, *Liberalism and Sociology*, p. 170.

★90　このように、ホブハウスが社会・経済秩序そのものの変革を意図していないながらも、自らの理論的立場を「自由主義的社会主義」と称していたことは、この時代がまだ「自由主義」と「社会主義」が政治的立場として両立しうる時代であったことを示している。これとは対照的に、次章以降で取り扱うハロルド・ラスキは、「自由主義」と「社会主義」とを対立的なものとして捉え、後者の立場から前者に対する批判を加えた。特に本書、第五章第三節参照。

★91　Hobhouse, *Social Evolution and Political Theory*, pp. 144–5.

★92　A. D. Lindsay, *The Modern Democratic State*, Oxford University Press, 1943, pp. 30–1（紀藤信義訳『現代民主主義国家』未来社、一九六九年、四九―五〇頁）.

第四章　思慮なき服従と反乱の義務
――ハロルド・ラスキの多元的国家論

一九一四年八月四日、イギリスは未曽有の人的災害に身を投じることとなった。第一次世界大戦である。だが、それは現代を生きるわれわれから見た評価であり、開戦当初はこの戦争がそれほど長続きするとは考えられていなかった。大戦は多くのイギリス人の愛国心をかき立て、戦前に盛り上がりを見せていた労働運動や婦人参政権運動も一時棚上げされた。また、イギリス参戦前は戦争不介入を主張していた労働党や労働組合会議の指導者たちも、戦争が始まるや否や戦争支持に転じた。平和主義運動に加担しケンブリッジ大学の教授職を追われたバートランド・ラッセルや、反戦の立場を明確にした独立労働党をはじめとするより急進的な社会主義政党など、重要な例外も見られたものの、こうした戦争批判者たちは、敵国であるドイツと並んで「愛国者」たちの恰好の攻撃対象となった。イギリス社会に広がる熱狂的な愛国心と、それに基づく募兵兵力に支えられたイギリス軍は、大陸で繰り広げられている戦争を早期終結へと導くはずだった。

見通しに翳りが見えてきたのは翌一九一五年春のことである。開戦により思わぬかたちで窮地を脱したアスキス政権であったが、長引く戦争をめぐる政府批判には耐え切れず、自由党単独内閣を解消せざるをえなくなった。同年五月二十五日、首相の席は引き続きアスキスによって占められたものの、自由党、保守党、そして労働党からなる連立政権がここに成立する。これは労働党が初めて政権の一端を担うと同時に、それまで自由党と保守党のいずれかが単独で政権を担ってきたイギリス二大政党制の崩壊を意味した。

アスキス連立政権は総力戦体制の本格的な構築に乗り出した。新設された軍需省の長にはロイド・ジョージが就任し、南ウェールズの炭鉱地域やグラスゴーの工業地帯で再燃し始めていた労働運動の解決にあたった。さらにこの省の下では、人的・物的資源を確保するため、経済活動への国家による統制が飛躍的に強化された。ただし、食糧生産への国家介入に関しては、依然として手つかずのままであった。また、ロイド・ジョージは軍需産業における労働争議を厳しく規制しながらも、一方で労働組合の戦争協力を確保するため、労働組合の組織化には寛容な姿勢を示し、ここでも彼の卓越した政治手腕が発揮された。

翌一九一六年には総力戦体制のさらなる徹底化を唱えるロイド・ジョージがアスキスから首相の座を奪い、国家による経済統制がいっそう推し進められることとなった。ロイド・ジョージ政権下では食糧省が設置され、食糧配給を含む経済領域への広範な国家介入が行われた。さらに一七年には再建省が新設され、戦争終結後のイギリス社会の再建を見据え、広範な社会問題の解決に国家が積極的に当たっていく姿勢を示した。一次大戦を通じてイギリス国内に構築された総力戦体制は以上のような特色を持つことから「戦時社会主義」とも呼ばれ、第二次世界大戦時には、本書でも後に触れるように、計画社会論争において引き合いに出される一つの重要な歴史的事例となった。

一九一八年一月に大陸での戦争を終えたイギリスは、翌二月、史上四度目となる選挙法改正に着手する。同改正法では、戦争を銃後で支えた女性の参政権がようやく認められるに至った。同時に財産による選挙資格条件は撤廃され、男子普通選挙が実現したものの、男女間の条件の不平等は残った。同年に実施された総選挙においては保守党が大勝し、ロイド・ジョージを首相に据えた自由党との連立政権は戦時から存続することになった。しかしながら、ロイド・ジョージ内閣は一七年の十月革命により発足したロシアのソヴィエト政権に対する干渉戦争など新たな問題に直面し、これに対しては一次大戦から引き続き動員されることとなった兵士たちが各地で反乱を起こした。ソヴィエト・ロシアに対する干渉戦争を断念した後も、ロイド・ジョージは、兵士の社会復帰、労働運動の再燃、アイルランドの独立運動、住宅建設の大幅な立ち遅れといった様々な問題に直面した。これらの問題に対処しながらも、彼は一九二二年に保守党との連立を解かれるまで首相の座を守った。こうしてロイド・ジョージは、自由党が輩出した最後の首相となったのである。

さかのぼること約三十年、一八九三年六月三十日、ハロルド・ジョゼフ・ラスキ（Harold Joseph Laski, 1893–1950）［★1］は、木綿貿易で富を築いたマンチェスターのユダヤ人コミュニティの有力者であるネイサンを父として生まれた。ハロルドはマンチェスター・グラマー・スクール時代から早くも読み書きの分野で才能を発揮し、一九一〇年には彼の書いた論文「優生学の射程」が『ウェストミンスター・レヴュー』に掲載された。翌一一年にはオックスフォード大学のニュー・カレッジに入学し、自然科学を専攻したものの、二年目には優生学に対する興味を失って専攻を変え、H・A・L・フィッシャーやアーネスト・バーカー、F・W・メイトランドなどの下で歴史学を学ぶこととなった。同大学を卒業後、第一次大戦が開戦した年に、彼は軍隊に志願した。しかし、もともと病弱だった彼は健康上の問題を理由に入隊を拒否されたのであった。

この頃すでにフェイビアン協会や婦人参政権運動に参加していたラスキは、労働党の機関紙であった『デイリー・ヘラルド』にも記事を寄せ、ホブハウスと同様にアカデミックな世界だけでなくジャーナリズムや政治運動にも活動の場を広げた。一四年の秋にはカナダのマギル大学に歴史学の講師として招聘され、非ユダヤ教徒である妻のフリーダを連れてアメリカ大陸に渡った。一六年にハーヴァード大学に職を得たラスキは、合衆国に移り住み、そこで出会ったオリヴァー・ウェンデル・ホームズ判事を通じて、プラグマティズムから多大なる思想的影響を受けた。このハーヴァード時代に書き上げたいわゆる「初期三部作」[★2]は、ラスキの〈多元主義時代〉を代表する著作として高く評価されることとなった。

H・ディーンの研究に典型的なこれまでのラスキ解釈は、この渡米からイギリスへの帰還を経て、一九二〇年代半ばまでの時代をラスキの〈多元主義時代〉と位置づける一方で、『政治学大綱』（一九二五年）や『近代国家における自由』（一九三〇年）などが書かれた一九二〇年代後半の時代を〈フェイビアン主義時代〉として、両者の間の理論的断絶を指摘し、時にはそれを厳しく批判してきた[★3]。このような解釈は、〈多元主義時代〉のラスキが国家と他の集団（教会や労働組合など）をあらゆる面で同等なものと捉えていたのに対し、〈フェイビアン主義時代〉のラスキが国家をあらゆる面で他の集団に優越するものとして捉えていたことに理論的断絶の根拠を求めている[★4]。そして、このような解釈の論理的帰結は、ラスキが〈多元主義時代〉においてはとりわけ労働組合などの集団の積極的役割を強調することにより国家権力を抑制しようとしていたのに対し、〈フェイビアン主義時代〉には国家権力の増大を通じた国家による財の再分配に期待したというものであった。

だが、こうした解釈はラスキの政治思想における「法学的」観点と「道徳的」観点という厳格に区別された二つの異なる観点の存在を看過したものである。両者の観点に基づき改めてラスキの著作を眺めてみれば、〈多元主義時代〉と〈フェイビアン主義時代〉の政治思想が、論理的に完全に一貫したものであることが分かる。そこで本章第一節では、〈多元主義時代〉〔★5〕の中でも一九一七年から二一年に書き上げられた「初期主権三部作」を中心に、ラスキが展開した「一元的国家論」批判を検討する。ここで「一元的国家論」という語が指すのは、要するにグリーンやボザンケに代表されるイギリス観念論の国家主権論のことであるが、ここでは同時に、その批判の背後にあるラスキ特有の「自由」概念や、彼が一元的国家論に対するアンチテーゼとして提唱した「多元的国家論」の内容、さらにはそこから帰結する「権力の広範な配分」という政治的主張にも言及する。

第二節では『政治学大綱』が世に出た一九二五年から『近代国家における自由』が公刊された三〇年までの〈フェイビアン主義時代〉を扱う。〈多元主義時代〉に仄めかされていたラスキの自由論や国家論が、この時代にはより深く掘り下げられることになる。その哲学的基礎となったウィリアム・ジェイムズに由来する「多元的宇宙」の観念と、そうした世界観に基づく自由論、さらにそれと対をなすペシミスティックなラスキの権力観をここで検討する。さらに、ラスキ自身がT・H・グリーンから継承したとしている「反乱の義務」の観念が、いかにグリーンの「抵抗の義務」論を歪曲したものであったかを、ボザンケやホブハウスの権利・義務論との比較において示す。第三節においては「調整権威」という、ボザンケの国家論さえ想起させるような〈フェイビアン主義時代〉のラスキの国家論が、〈多元主義時代〉の国家論と完全に整合しうるものであったことを明らかにする。

第一節　国家主権論批判

（1）一元的国家論批判

初期主権三部作におけるラスキの国家主権論批判は、歴史的観点から主権概念を相対化する試みであったと言える。彼は一九二一年に公刊されたその三作目にあたる『主権の基礎』の中の論文「人民主権論」の冒頭で、トクヴィルに依拠しつつ、自らの政治思想における根本的な問題意識を以下のように提示している。

アレクシ・ド・トクヴィルが、人間は必要な制度と慣れ親しんできた制度とを混同する傾向をどうしても持ちがちであると力説したのは賢明であった。（……）言うまでもないことだが、いつの時代においても政治思想や法思想の研究者は、重要だと言われている理論について、たとえ新しい状況の下で当初の実態が質を同じくしていながら何らかの異なった形態へと変化しているときでも、検討を加えざるをえないであろう。［★6］

ラスキにとって、政治学者が従事すべきことの一つは、現在の政治・社会状況の歴史的偶然性を暴き出し、その上でそうした状況に適合する理論・制度とそうでないものとを選別する作業であった。彼はこうした問題意識から、「法学者」と「哲学者」が単なる習慣と真に必要なものとを混同してきた歴史を描く。

まず、ラスキは同論文集に収録された論攷「多元的国家論」の中で、ボダンやオースティンらによる政治の法学的解釈に対して次のような批判を加えている。「法律家は、おそらく必然的に、正義（right）ではなく権利（rights）に関心を示してきた。そのことから根源という問題、すなわち究極的に参照されるべき拠り所に対し先入観を抱き、そのため法的に古いもの（the legally ancient）と政治的に正当化しうるもの（the politically justifiable）とを不当に混同しがちであった」［★7］。ラスキはここで、すでに実定法上で認められている「権利」と、いまだ権利として認められていないかもしれない「正義」とを語の上で区別したのである。

ラスキによれば、主権概念は「法学者」の手により純法学的な概念として創造された。したがって主権概念は、この時点では単に法の論理の上での国家の優越性を表現したものにすぎなかったのである。しかしながら、後の「哲学者」は、この純法学的な国家の優越性の主張を道徳的な次元にまで昇華し、国家はあらゆる面において他の集団に優越するという一元的国家論を完成させた。「法律家のしたことは、哲学者による道徳的上部構造のためにその基礎を提供することであった。一元的国家が論理の次元から倫理の次元へと高められたのは哲学者によってであった。そこでは、国家の権利（rights）が正義（right）の問題となった。国家主権は道徳的な卓越性にまで浄化されたのである」［★8］。

ここで「哲学者」という呼称が指しているのは、主にヘーゲルと、その思想をイギリスで受容し「哲学的国家論」を構築したイギリス観念論者ボザンケであった――そして、ラスキにとってより深刻な論敵として想定されていたのは、イギリス人にして同時代人であったボザンケであると言ってよいだろう。「法学者」によって提唱された主権理論は、いまや道徳的次元にまで高められた。つまり、国家意志は法的に正しいだけでなく、道徳的にも正しいと認められるに至ったのである。

だがラスキによれば、こうした「哲学者」たちの思惑に反して、この一元的国家論が「われわれに印象づけることは、法的正義（legal right）と道徳的正義（moral right）の間に存する大きな不一致である」［★9］。そしてラスキは、国家の優越性を法的側面のみならず道徳的側面にまで拡張して解釈する一元的国家論者の主権理論を批判し、国家主権を論ずる際の「法的正義」と「道徳的正義」の区別を要請した。

こうした批判の根拠となっているのは、政治の哲学的解釈が孕む次のような限界である。「国家の理想や形態がこの立場における討議の主要な内容であった。（……）少なくとも政治に関しては、哲学は空間と時間という範疇にはほとんど考慮を払わないように思われる」［★10］。第二章ですでに触れた、ボザンケがアリストテレスから継承した「本質」概念を思い起こせば、ラスキによるこの批判も理解できるだろう［★11］。つまり、ボザンケは物事の本質をその未完成状態にではなく完成状態に見出したのであり、その意味で彼の「哲学的国家論」の考察対象は、特定の国家ではなく「真の国家」であった。

だがラスキによれば、ボザンケの観念論的国家論は国家と共同体全体とを同一視し、国家意志は共通善の表現であり、それゆえ道徳的に正しいとする一元的国家論を支持する点で、彼の多元的国家論と敵対する政治思想であった［★12］。それによると、国家は歴史とは無関係に社会の一般意志を体現するための必然的な機関であるという。したがってラスキは、国家を、それが国家の名の下に歴史的に果たしてきた「機能」からではなく、共通善を満たすという「目的」を持つ点からのみ評価し正当化する観念論的国家論を、「空間と時間の範疇」を考慮に入れない「哲学的国家論」として指弾したのである。

そして、イギリス観念論の信奉するこのような一元的国家論に対して、ラスキは自らの立場を「多元的国家論」として定立する［★13］。彼は、ここではグリーンの名を挙げてイギリス観念論の系譜を批判し、自らの理論的立場を以下のように表明している。

> 政治的多元論（political pluralism）は、〔道徳的に〕正しい行為を除くすべてのものの主権を究極的には否定するという単純な理由から、法が単なる主権者の命令として説明されうるということを否定する。とりわけT・H・グリーンの時代以来、哲学者たちは国家が意志に基づいているということをわれわれにしつこく述べてきた。もっとも彼らは、いかなる意志が最も服従を受けやすいかという問題をほとんど検討してこなかったのだが。われわれの歴史を振り返ると、そのような意志は必ずしも善き意志だとは限らないと結論せざるをえない。そしてそれゆえに、個人は単独でか、あるいは他者と協力してか、意志の内容を吟味することによってその正当性に判断を下さなければならない。そのことが古典的な概念における国家主権に終止符を打つことは明白である。［★14］

このようにラスキは、国家の無条件の超越性を説く一元的な国家主権論を断固として拒絶した。代わりに彼は、国家を他の集団と同等の地位に置き、国家行動の内容を吟味し評価することを個々人に求める多元的国家論を支持したのである。

T・H・グリーン以来の「哲学者」を批判したラスキであったが、彼はある重要な点において、グリーンの政治思想を継承してもいる。ここでは彼が一方でグリーンの「主権」論を踏襲している点と、他方でグリーンの「国家」論を拒絶している点とを明確に区別した上で確認しておくべきだろう。第一章で見たように、グリーンは主権の基礎、そしてそれゆえ国家の基礎――彼は明らかに国家にのみ主権を認めていた［★15］――は、「力」ではなく「意志」であると考えた。「主権」――それはラスキにとっては必ずしも国家に属するものとは限らないが――に正当性を与えるのは（個人が道徳的に正しいと認める）「意志」であると考えた点に限れば、ラスキはグリーンの主権論を継承したと見ることもできるだろう。

しかしながら彼は、主権者が現に習慣的な服従を与えられているという事実が、国家が一般意志を体現しているということに対する被治者の側の同意の存在を意味すると考えるグリーンの主権論の想定をはっきりと拒絶した。なぜなら、グリーンのこのような主権概念は、国家行動の内容を吟味することなくそのまま受け入れてしまうような被治者の惰性的な態度をもたらしうるものだったからである［★16］。そしてラスキは、実際に被治者の同意がない場合でも、国家は「力」によって服従を獲得しうると考えた――「力」に頼らざるをえない時点で、それは「主権」国家であるとは言えない。なぜなら「主権」とは、あくまでも「意志」によって支えられるものだからである。だからこそ、彼は国家の優越性を所与のものとせず、一旦国家を他の集団と同等の地位に置いて、その正当性を吟味し直すことを要請したのである。

ただし、ここで国家を他の集団と並列する際、ラスキが「道徳的」側面に限定して議論を展開していることは特に重要である。というのは、他方で彼は「法学的」観点からも国家の分析を行っているからである。法学的観点から見た国家は、他の集団とは異なる国家特有の側面を有する。法学的観点と道徳的観点の区別に着目すれば、ラスキが国家の「法的」優越性を初期の時点ですでに認めていることが次の一節からも明らかである。「法的には（legally）、あらゆる国家には権力を無制限に行使しうる機関が存在することを誰も否定できない。しかし、その合法性（legality）は論理上の仮説にほかならない」［★17］。このようにラスキは、国家の優越性が法の上でのものであることに注意しながらも、国家が他の集団と異なる側面を有することを否定してはいないのである。つまり、彼は「道徳的」観点から政治的現実を観察することを求める一方で、「法学的」観点からは国家の「法的」優越性を認めたのであった。

そして、このような国家の優越性は、国家が備える強制装置によって裏づけられている。「いかなる政府であれ、自ら進んで従おうとしない国民からも、しばしば服従を獲得できるということを否定する者はいないだろう」。国家は現実に「力」を有しているがゆえに、人民の意志に基づかずとも彼らの服従を強制することができるのである――グリーンと同様に、ラスキもそれが安定的な支配をもたらすとは考えなかった。しかし彼は、例外的な局面においては、国家の有する「力」が依然として重要な役割を果たすものと考えたのである［★18］。

このように例外状態においては、国家による統治を支えるものは「力」である。では常態においては、国家の統治は一体何によって支えられているのであろうか。ラスキによれば、それは被治者の側の「惰性的服従」である。彼は市民の不活発な態度によって国家の安定的な支配が維持されていることを次のように指摘する。「多数の人びとは服従することに慣れているので、一般的に言って、彼らの服従を獲得するためには、処罰による制裁はほとんど必要ない。少なくとも、民主主義国家の政府にとって、不服従が場合によっては生ずるかも知れないという仮定に立って行動することは、ほとんど不必要である」〔★19〕。このように、治者が被治者の不服従や抵抗の可能性を想定する必要がないというまさにその事実こそ、ラスキが問題視した大衆民主主義の時代の特色だったのである。

第二章で見たボザンケにとっては、諸個人が法を日常生活の中で無意識的に遵守していることは、たとえそれが自動機械的行為であったとしても、諸個人が法に対して同意を与えていることを意味した〔★20〕。したがって、法は特に意識されることのないまま人民の意志を反映しているということになる。それに対してラスキは、そもそもこの無意識的服従こそが、（法や政府の体現する）国家意志と人民の意志との乖離と、その結果としての圧制を可能にする要因であったのだ。被治者のこうした受動的な態度は、ラスキの自由論において批判されることとなる。次に彼の多元的国家論と「自由」概念との関係を見ていこう。

（2）多元的国家論と自由概念

大衆の無意識的服従に対するラスキの批判は、彼の多元的国家論と自由論との間の連関を明らかにする上で欠かせない要素である。というのも、被治者の消極的で受動的な態度は、国家の優越性を無批判に受け容れる国家一元論を可能ならしめている要因であり、その根底にある「法と道徳の同一視」という態度からは、「自由」な市民は生じえないからである。「法」と「道徳」を区別することは、ラスキの自由論にとって決定的に重要であった。

ラスキは前掲の論文集と同名の論文「主権の基礎」の中で、「法」と「道徳」の区別と「自由」概念の関係について次のように論じている。

自由の概念とは、政治において正義（right）の実現を勝ち得る闘争である。この概念は、法の境界と道徳の境界が同一でないことをわれわれに警告しており、それはなぜかと言えば、われわれはそのように警告される必要が大いにあるからである。自由の概念は人間の究極の個性を表すものであり、法律によって恒久的な安定を得ようとする制度ではそのための余地を何ら発見しえないものである。〔★21〕

彼にとって、「法」と「道徳」の混同、あるいは「慣れ親しんできた制度」と「必要な制度」の混同は、ある程度は人間の本能的衝動に根差したものであった〔★22〕。だが、一元的国家論という理論的な後ろ盾を得たこのような混同は、個人の「自由」の否定である。引用中の「個性（individuality）」といった表現が示唆しているように、ここには自分自身の判断に基づく「自発的選択」に「自由」の契機を見出すJ・S・ミルを想起させるような議論が見られる〔★23〕。それゆえに、「法」と「道徳」を厳格に区別し、道徳的な観点から国家と他の集団とを同等のものとして捉える多元的国家論を受け容れ、国家の正当性を、その行動の結果に対する個々人の道徳的判断によって常に批判的に吟味し続けていく態度をとることが、個人の「自由」を守るために不可欠の条件となる。

そして、それは「自由」の問題であると同時に、市民としての個人の「義務」ですらある。「われわれは、国家の政策が究極的に決定される際の手段の部分を形成している。それゆえ国家の行為の基礎を検討することは、われわれの側における道徳的な義務となる。政治において最も罪悪なことは、重要な決定に対して思慮なく黙従することである」［★24］。反対に国家主権の行使の基礎を検討せず、それが主権者の命令であるため法的に正当であるという理由だけから道徳的にも正当化する一元的国家論を採用するとすれば、それは「自由」の放棄にほかならないという。「自由」とは、一元的国家論者の言うような「真の自我」を体現している国家［★25］に服従することではなく、「不断に創意の機会が存すること（the chance of continuous initiative）」なのである。逆に現代社会において「一元的国家論を唱えることが究極的に意味するのは、大衆からこのような自由を彼らの支配者に譲り渡してしまうことである」［★26］。

ラスキにとっては、国家主権を法的権利の観点に限定して観察し、国家権力を無制約なものとして考える法学的主権論の立場、ましてやその理論を前提として、さらに法的権利を道徳的正義と混同する一元的国家論の立場をとることは、市民から自由の本質たる「自発性」や「創意」を奪ってしまうことと同義であった。それは支配者の命令としての法を無批判的に受容することを意味した。そうした立場から展開される政治論に対抗して、ラスキは政治学独自のアプローチの確立を目指す。彼は一九一九年刊行の『近代国家における権威』の中で次のように述べる。国家行動は、「それらを実行に移すための権限が与えられた権威から発しているという意味においては、確かに法的に正当（legally valid）であろう。しかし、政治学を研究する者はそこで止まることができない。法的正義（legal right）を単に声に出しさえすれば、それが政治的判断になるわけではないのである」［★27］。

そして、ラスキの政治学独自のアプローチたる「多元的国家論」とは、国家の果たすべき「目的」ではなく、国家が現に果たしている「機能」に着目する「機能主義（functionalism）」をとり入れることにより可能となるものであった。「目的に関する知識がどれほど重要であったとしても、それよりもはるかに重要なのは機能に関する知識である。例えば国家は、その成員に対しては、本質的には巨大な公共事業団体である。（……）われわれが問わなければならないのは、国家が何をしようとするかではなく、歴史的事実として、国家がその名において何をしてきたかである」［★28］。このような意味において、ラスキは政治学を「歴史」に基礎づけようとし、歴史的観点から国家が他の集団と同等の地位にある一公共事業団体としての「機能」を果たしてきたものと判断する。多元的国家論は、一般意志を表現するという「目的」の面から国家を判断しない。というのも、そうした視点からは国家の行動を積極的に吟味しようとする態度は生じえず、それゆえその立場の採用が意味するのは自由の放棄にほかならないからである。重要なのは、「これから何をするつもりか」ではなく、あくまでも「これまで何をしてきたか」なのだ。

　ただし、彼はホブハウスのようにイギリス観念論の形而上学的要素を全面否定したわけではなかった。彼は自らの目指す形而上学の確立について以下のように述べる。

> 政治に関する形而上学体系（political metaphysic）は確立されなければならない。しかし、それが有益であるためには、歴史的経験に立脚したものでなければならない。この方法によってのみ、われわれはトクヴィルが指摘した危険を避けることができ、古い制度と、社会組織における永遠の必要とを混同しないことが可能となる。法的正義から道徳的正義へと移行することほど容易なことはないが、同時にこれほど致命的なことはない。たしかに人民主権の歴史はその研究者に、人民主権が望

ましいと述べることと、その実質が達成されることとはまったく一致しないものであることを教えるだろう。［★29］

政治学から「理想」を排除することは有益ではない。ラスキにとって政治学とは「現実」を科学的に分析することにとどまらない。そこには常に規範の要素が入り込む。だが、イギリス観念論者がしたようなやり方で「理想」と「現実」を混同してはならない。だからこそ、ラスキは政治学を「歴史」に基づいたものとすることが必要だと主張したのである。個々の観察者が各々の「理想」を持ち、それを判断基準として「歴史的現実」を吟味し続けることで、個人は初めて「自由」を手にしうるのだ。

だが、実際にこのような「自由」を維持していくためには、多元的国家論をただ唱えるだけでは十分でない。多元的国家論の採用は「自由」にとって、必要条件ではあるが十分条件ではないのである。なぜなら、現代の民主主義国家における大衆には「思慮なき服従」の傾向が存在するからである［★30］。そこでラスキは、政治制度と人びとの精神との間の密接な関係に着目する。以下では自由論との関連において、〈多元主義時代〉におけるラスキの「権力の広範な配分」論を見ていこう。

(3)〈多元主義時代〉における「権力の広範な配分」論

ラスキの現代社会に関する分析に含意された問題意識は、彼の法学的主権論批判と同様、〈多元主義時代〉と〈フェイビアン主義時代〉に共通して見られるものである。彼は自身の自由論を次のような問題提起から始めている。「われわれは、なぜ人びとが政府に服従するのかを知りたい。われわれは、大多数の人びとが少数の一部分に自発的に隷属するという衝撃的事実を説明する要因を知りたいのである」〔★31〕。ラスキの政治思想においては、このような治者と被治者の不一致が前提となっていることが決定的に重要である。

そして、治者に対する被治者の服従の要因を、彼は「国家が人びとの惰性（inertia）の上に建てられている」という事実に見出す〔★32〕。彼によれば、こうした被治者の惰性的服従の傾向こそ、現代国家を支える大きな要因であった。だが、このような状況においては、秩序は守られるかもしれないが、被治者の欲求が平等に満たされうる機会はほとんど望みえないという。では、こうした状況は一体いかなる方策によって打開しうるのであろうか。

そこで彼が着目したのは、政治制度とその下で生活する人びとの精神との相互関係であった。彼はまず、中央集権的な制度を有する国家について考察する。すなわち、権力の大部分が中央に集中している国家は、権力行使の結果に対して無頓着な人間を生み出すであろう。「それはある程度、われわれの諸問題の根本に存在する事実である。そしてそれは、ある国家〔における個人〕の自由は、権力の状況に大いに依存しているという単純な理由から重要なことである」、と〔★33〕。ここでは、後の〈フェイビアン主義時代〉において独自の「経験」論によって基礎づけられることになるラスキの自由論の原型が見出される。つまり、過度な中央集権は、被治者を権力行使の結果から遠く隔てるため、彼らは政治に対する関心を失い、やがては彼らから創意や自発性を奪う結果にならざるをえないという、「権力」と「自由」の関係に関する彼の理論がすでに垣間見えるのである。

前節で述べたように、ラスキの自由概念は「自発性」と密接に関連するものであった。被治者が自発性を持ち続けるためには、具体的に何が必要であるのか。彼はその問いに対し、「国家の構成が階層的でなく調和的であり、いわば主権が機能を基礎にして分割されている（partitioned）」ことが必要であると述べる。彼によれば、権力を集中させることではなく、広く配分することによってこそ個人の自発性は高められる。なぜなら、「権力を区分する（division of power）方が、それを集中させる（its accumulation）よりも、責任に対し人びとを敏感にするからである」[★34]。

ただし、ここで言われている「権力の分割」とは、単に十九世紀以来イギリスにおいて漸進的に実現しつつあった普通選挙制に象徴されるような民主主義的諸制度を完成させることだけにとどまらない。むしろ「民主主義」という言葉は、あたかも政府の下すあらゆる決断が人民の意志に基づいているかのように思わせる「危険な催眠剤」として作用しうるものである[★35]。ラスキによれば、現代国家の規模においては民主主義は代表制の形態をとらざるをえないが、この代表制は決して完全なものとはなりえないという。なぜなら、次節で見るように、彼はウィリアム・ジェイムズから「真理の多元性」を説くプラグマティズムの「多元的宇宙」論を継承し、ある個人の経験は他者の経験によって代替されえないということを、自らの政治哲学の前提としているからであった。

さて、ここまで見てきたように、ラスキは〈多元主義時代〉の著作において、国家主権を論じる際に「法学的」観点と「道徳的」観点を厳密に区別することを求めた。そして、法的正義の観点から見た国家主権とは、単に国内法を縛る上位の法は存在しないということの論理的仮説にすぎないものであるとし、これを道徳的正義と取り違える一元的国家論の立場を批判したのであった。このような立場に対して、ラスキは道徳的観点から国家を諸集団のうちの一つとして捉える多元的国家論を採用した。「法」と「道徳」のこうした区別が必要不可欠であるのは、それがなければ被治者は治者の命令をすべて道徳的にも正しいことと無条件的に受け容れることとなり、政府の行動の善し悪しを自発的に判断することがなくなり、その結果、個人の自由が失われてしまうからである。

このような区別は「目的」ではなく「機能」に着目する態度によって可能になるという。その意味で、ラスキは政治学を「歴史」に基礎づけようとし、国家をそれが歴史的に果たしてきた機能によって評価することを要請したのである。ここに彼は「歴史」と「合理性」との間の必然的関係を断ち切った。歴史的に長く存続してきた制度が「合理性」を体現しているとは限らない。その判断は被治者一人ひとりに任されている。しかしながら、それを理論の上で要請したところで、被治者の態度はそう簡単には変わらないだろう。国家行動の結果を監視する自発的な態度を涵養するためには「権力の広範な配分（the widespread distribution of power）」が必要なのである[★36]。この「権力の広範な配分」と「自由」の関係をより明確にするために、次節では〈フェイビアン主義時代〉のラスキの自由論を検討する。

第二節　自由論の哲学的前提とペシミスティックな権力観

初期主権三部作がすべて出揃った翌年の一九二二年、イギリスでは自由党との連立を解消した保守党のボナー・ロー内閣が成立した。しかしながら、健康上の理由で辞任したボナー・ローを引き継ぎ首相に就任したボールドウィンは二三年、失業問題を解決すべく保護主義政策を打ち出して総選挙を断行したが、保守党は議会での過半数を確保することができなかった。そこで第二党に躍進した労働党は、第三党の自由党の閣外協力を得て、初めて政権を担うことになる。ところが、党首マクドナルドを首相とする労働党内閣はわずか九ヶ月の短命に終わり、二四年の選挙では再び保守党のボールドウィンが政権に返り咲いた。

第一次世界大戦を切り抜けた後のイギリスは、一九二〇年以降、景気の悪化による失業者の著しい増大に苦しんでいた。かつての「世界の工場」の凋落ぶりを憂うる第二次ボールドウィン内閣の下、蔵相に就任したチャーチルが中心となり、戦前レートでの金本位制復帰が断行された。過去の栄光に縋ったこのような施策は、イギリス経済にさらなる混乱をもたらすこととなる。特に打撃を受けたのは石炭業などの伝統産業であった。これに対し炭鉱資本家は、この困難な状況を、炭鉱労働者の賃金の引き下げによって乗り切ろうとした。こうした方針は当然炭鉱労働者の反発を招き、さらに彼らに対する労働運動全体からの同情を集めた。このことが一九二六年五月四日に始まるゼネストの火種となったのである。

ところが、資本家側は政府と結託し、無秩序状態に対する国民の不安を煽りつつ、労働組合指導部を懐柔する策により、巧みに危機を躱すことに成功した。指導部の命令によってゼネストは中止され、労働者側は賃金の引き下げを受け容れた。そして、一九二七年七月には同情ストの非合法化を定めた「労働争議および労働組合法」が成立した。ゼネストは労働者側の完全敗北に終わったのである。このようにして危機を脱した保守党政権は、世界恐慌を目前に控えた二九年まで存続することとなった。

（1）多元的宇宙論と自由

イギリスに帰国したラスキは一九二六年、グレアム・ウォーラスの後任としてＬＳＥの政治学講座担当教授を任されることになる。この就任に先立ってＬＳＥの創立者であるシドニーとビアトリスのウェッブ夫妻に捧げられたのが、広くラスキの主著とみなされている『政治学大綱』であった。本節ではこの著作と〈フェイビアン主義時代〉を締めくくる一九三〇年に出版された『近代国家における自由』というラスキの二つの著作を中心に彼の自由論を検討する。

ラスキはまず「自由」概念を次のように定義する。「自由の意味するところは、人間が最善の自己となる機会を持つような気風（atmosphere）を熱心に維持することである」［★37］。この一節には、ラスキ特有の「気風」としての自由概念が表現されると同時に、自由を「人格の実現」として捉えるグリーンに代表されるようなイギリス観念論とも親和性を持つ側面を見出すことができる。しかしながら、〈多元主義時代〉同様、イギリス観念論に対する批判が〈フェイビアン主義時代〉にもラスキの思想的背景をなしているということが見逃されてはならない。

彼は個人の人格を「真の自我」とそうでない部分とに分け、前者を国家意志が体現する合理的目的の中に見出すイギリス観念論に対して、「真の自由論は、観念論の各々の諸前提に対する否定の上に打ち立てられる」と力強く宣言する。彼は自身の自由論を展開した著作『近代国家における自由』において次のように述べている。

> 私の真の自我とは、社会の全成員によって探求されるのと同一の、精選された合理的諸目的の体系などといったものではない。われわれはこのようなやり方で人格の全体性を分裂させることはできない。私の真の自我とは、私の存在と行為のすべてである。（……）それらの行為のすべてが私の人

格を実現しようとする努力の表現である。（……）要するに、私の全存在の一部を特に真実の自分として抽象するやり方は、私の経験の真実性を否定するのみならず、私自身を他人の目的のために手段化するものである。この状態が何であるにせよ、それが自由であるとは認められない。［★38］

自我を分裂させ、合理的目的の体系の表現たる国家意志への服従の中に自由を見出すイギリス観念論は、ラスキの個人主義的な自由観とは真っ向から対立するものであった。これに対して、ラスキは「欲望」と「欲求」、すなわち「意識」と「無意識」という第一章で触れたグリーンの区別すら、「人格の全体性を分裂させる」原理として斥ける。彼は個人人格の全体性という前提に基づき、諸個人の経験から形成された意志はどこまでも互いに異なっているという認識を自身の政治学の出発点に据えたのであった。

このように、ラスキがグリーンの「永遠意識」観念やボザンケの「実在意志」観念を拒んだ背景には、ラスキ特有の人間観があった。彼は人間を「衝動の束」として捉え、国家を含むいかなる集団も、個人人格の全体を完全に表現することはできないと考えたのである［★39］。彼はグリーンの「永遠意識」のごとき合理性の統一的体系を仮定する一元論的形而上学に対抗すべく、ウィリアム・ジェイムズらによって唱道されたプラグマティズムの「多元的宇宙」論を受容した［★40］。

ラスキは言う。「われわれの世界は、統一された経験の諸原理が徐々に明らかになっていくような一元的宇宙（universe）ではない。それは決して同一ではなく、究極的には相異なり、そして常に異なるものとして解釈される諸経験を包含する多元的宇宙（multiverse）である」［★41］。ここでは「永遠意識」ないし「実在意志」の漸次的開示としての観念論的歴史観が批判されている。一方、ラスキの観点からすれば、事実は異なった経験を持つ諸個人によって解釈されるがゆえに、そこから導き出される真理は一元的なものではなく多元的なものである。それゆえ他者の命令に無条件的に服従することは、自己の経験に基づいて事実を解釈する自由の放棄にほかならない。「自己の経験は自己だけのものであり、この経験を基礎として確立された意志もまた独自のものだということが、他者との分離の帰結である。自己の経験を捨てて他者の経験に従属するならば、それは人格の放棄である」［★42］。つまり、ラスキにとって人格の実現たる「自由」とは、他者の経験によって代替されえない自己の経験に基づいて事実に判断を下し行動することを意味したのである［★43］。

このようにラスキは他者の経験に従属することを「自由」とは認めなかった。市民の自由は彼にとって、時には秩序を犠牲にしてでも守られるべきものである。「自らの道徳的確信に従って行動しえないならば、人びとは自由だとは感じないだろう。服従しない権利の存在を想定することは、無秩序状態を招く結果となると彼らに言っても無駄である。主義を捨てて秩序を守るよりは、主義に生きて無秩序をとることを、自らの深奥な体験に照らして決定した人びとの例は、いつの時代にも事欠かない」［★44］。人びとが自由であるためには、諸個人が国家行動の引き起こす結果の道徳的な正当性を自らの良心に即して不断に吟味し、一人ひとりが服従の可否を判断し、場合によっては反対の声を上げる必要がある。これがラスキの個人主義的服従論であった。秩序の維持は統治の唯一の目的ではないのである。

ただし、ラスキが決して無秩序状態を奨励しているわけではないことには留意しておく必要がある。彼は内乱状態にある国家の下における言論の自由を例に挙げ、次のように述べる。「内乱に際して、言論の自由を要求することが空理空論であることを私は直ちに認める。理由は単純だ。この要求をいささかでも顧慮しようとするものは一人もいないからであり、元来、暴力と自由とはア・プリオリに矛盾した言葉なのである」［★45］。政治秩序が安定していなければ、個人の自由の条件たる法律上の権利を保障することも不可能である。それゆえラスキにとっても秩序は自由のための前提条件であった。つまり、個人は自らの自由を守るためには何らかのかたちで法に服さなければならないのである。だが、法に「実在意志」の具現化を見出さなかったラスキにとって、個人の自由と法への服従は一体いかにして両立しうるのであろうか。

自由と法の両立は、プラグマティズムに特徴的な「動態的思考」に影響を受けた個人主義的法理論によって可能となる［★46］。ラスキによれば、法律とは、個人がそれを受け容れた時点で初めて完成するのである。どれほど民主的な手続きも、形式的合法性も、歴史的持続性も、その正当性の完全な根拠とはなりえない。ただ個人の良心のみが、法の正当性の源泉である［★47］。法の正当性を諸個人の良心に基づく同意に基礎づけようとするこうした企ての根底にも、法学的主権論および哲学的国家論に対する彼の批判は一貫している。すでに見たように、「法学者」は道徳的正義の問題を度外視した上で、法を主権者の命令とみなし、法の上での正当性の問題に自らの議論を限定した。これはたしかに節操ある態度ではあるものの、ラスキは政治学者に対しては法学的領域にとどまらず、倫理学の領域に踏み込んで法というものを吟味することを要求している。

だが、「法学者」以上に厄介な主権論を展開したのがグリーンやボザンケなどの「哲学者」であった。彼らは法が実効性をもって維持され服従を受けているという事実をもって、その法が人民の意志に基づいたものであるとみなした。ラスキはこれに対し、法の正当性の基準をあくまでも個人の中に設けることによって、法が個人のその時々の独自の経験に基づく判断によって、道徳的に正しいものにも不正なものにもなりうるという動態的な法理論を示したのである。

こうした個人主義的服従論に対する典型的な批判が、次のディーンの一節に表れている。「何でもすることができ、しかも万事秤にかけられなければならないとするならば、何事も事実上は成し遂げることはできないだろう」[★48]。つまり、すべての政治的決断を個々人の同意の上に基礎づけようとするならば、全会一致以外は認められず、結果として大部分の政治的決断がそもそも不可能になってしまうだろうというのがこの批判の趣旨である。だが、このような説明は、ラスキの言う「同意」が政治的決断との関係で果たす役割を正しく捉えていない。

というのも、ラスキにとっての政治的決断とは、市民にとっては政府（治者）によって下される所与の条件であり、重要なのは市民（被治者）の側がその決断を無批判的に受け容れることなく、個々の経験に照らして吟味していくことだからである。つまり、ラスキの言う個々人の道徳的判断とは、第一義的にはこれからなされる国家行動の源泉となるようなものではなく、すでになされた国家行動に対して下されるものなのである。そして、このように市民が政府の行動に対して不断の監視を行うことが習慣化すれば、政府も自ずと責任感を持って行動するようになるだろうと彼は考えた。したがって、右のようなディーンの危惧は、ラスキの政治思想からは本来生じえないのである。

さて、ラスキは個人の自由を保護するためには秩序が安定していなければならないとした。だが、それだけで十分ではない。自由がその基盤を確保するためには、「権利」が法律の上で明確に保障されていなければならないのである。ラスキは「権利」概念を次のように規定する。「権利とは、実際にはいかなる人も一般にそれがなくては最善の自己となりえないような社会生活の諸条件である」〔★49〕。「権利」をあらゆる人びとにとっての「善」と関連づける点において、ラスキはグリーン、ボザンケ、ホブハウスと軌を一にしていた。そして、彼らと同様にラスキもまた、それが現存の法律によって「権利」として保障されているものと完全に同一ではないと考えた。「権利が権利たるゆえんは、それが国家の奉仕しようとしている〔個人の自己実現という〕目的に役立つからである。それは実に現存する法的権利に反することもありうる。というのも、ある秩序が現存の事実に基づいては弁護されえないような特権を維持しようとすることも十分ありうるからである」〔★50〕。それゆえ国家が正当なものとみなされるためには、それが法律によって、自由のために、市民に平等に認められるべき権利を保障していなければならないのである。

しかしながら、ラスキの自由論は法律上の権利の問題にとどまらないものであった。というのは、彼の出発点が他者の経験によって代替されえない個々人の経験の独自性である以上、代議制民主主義は完全なものとはなりえないため、代表者としての治者が被治者の経験に基づく良心からは到底正当化されえない政治的決断を下すことも十分ありうるからである。法律上の権利が保障されているからと言って、それが実際の運用に際して道徳的正義に適うかたちで行使されることまでもが保障されているわけではない。

そこでラスキは、以上の「制度」的側面に対して、権利の「精神」的側面を強調する。権利は単に文書の問題ではない。「古色蒼然たる羊皮紙は疑いもなく大いに権利に神聖さを添えるものではあるが、決してその実現を保証するものではない」。個人は法律の上で権利を与えられさえすれば、自ずと自由になれるのではない。前述の通り、ラスキにとって自由とは「気風」の問題だったのである。「市民の最も真実の擁護者たるものは法の文句ではなく、市民の誇り高い精神である」[★51]。

このように自由を「制度」ではなく市民の「精神」の問題として捉えた点において、ラスキの強調点はホブハウスと共通するものであったと言える。だが、両者を分かつものもまた明白である。それは多元的宇宙論を基礎とした、ラスキの代議制民主主義に対する徹底的にペシミスティックな見立てである。一方でホブハウスは、第三章で述べたように、再配分が国家のアジェンダとなることが市民の間で政治的関心を喚起すると考え、それゆえ徐々に実現へと向かいつつある福祉国家における能動的シティズンシップの醸成にきわめて楽観的な態度を示した。したがって、彼にとって必要なのは「民主主義」的な諸制度と「社会立法」であった[★52]。それに対してラスキは、後述するように、一方で市民の思慮なき服従の傾向を、他方で市民の政治的関心を圧殺しようとする国家の傾向を見出し、「民主主義」という言葉すら、国家意志が人民の大多数の意志に基づいていないことを彼らの眼から覆い隠すための「催眠剤」として働くものと捉えたのである。

だが、ここでラスキの言っている「市民の誇り高い精神」とは一体何を意味するものなのであろうか。それはまさに初期からラスキが主張し続けてきた、「思慮なき服従」の対義語としての「自発性」ないし「創意」である。市民は自由であるためには、国家行動を自らの良心と照らし合わせて吟味することを通じて、それを正しい方向へと導いていかなければならない。これこそが、彼が市民の道徳的義務として要請した「シティズンシップ」であった。

私の義務は、公益が当然認められるように行動することである。私のシティズンシップが意味するところは、そうした承認が拒まれた際に、承認させるように自分の方で行動することである。（……）したがって、国家に対する私の義務とは、とりわけ現実の国家が奉仕しようと努めなければならない理想に対する義務である。かくて事情によっては、権利への要求が正当だとされるべきならば、国家に抵抗することが義務となる場合もある。〔★53〕

個人は自らの自由のために、国家が誤った方向に進もうとした場合には、それを積極的に批判する勇気を持たなければならない。

ここでラスキの議論に登場するのが「抵抗の義務」ないし「反乱の義務」の観念である。前章までで見てきたように、グリーンの提唱した「抵抗の義務」の観念は、ボザンケにおいては「反乱の義務」と名称を変えて引き継がれた。そしてラスキもまた、その観念の源泉たるグリーンの思想に直接言及しながらも、別のところでは「反乱の義務」という語を用いている。このことは決してラスキが多少なりともボザンケというフィルターを通してグリーンの「抵抗の義務」論を受容したことの決定的な証拠とはならないものの、このことが示唆しているように、「反乱の義務」に関するラスキの議論は、本書がこれまで跡づけてきた思想史的系譜上に位置づけることでより正確な理解が可能となるだろう。次は「反乱の義務」の観念を中心に、〈フェイビアン主義時代〉のラスキによるイギリス観念論の継承と批判を見ていこう。

（2）反乱の義務

グリーンが「抵抗の義務」について語ってからおよそ半世紀を経て、「抵抗の義務」の観念は「反乱の義務」という些か誇張されたかたちでラスキの政治思想の中に流れ着いた。彼はグリーン本人の名を挙げて次のように論じている。

> 人びとは自身の自己実現を保障しなくなった国家に対する不服従の資格を与えられている。したがって反乱（rebellion）は、T・H・グリーンが主張したように、市民の側に生じうる義務なのである。多くの人びとには、これがアナーキーの教義であるように思われてきただろうし、それゆえ彼らは、〔ボザンケのように〕私は国家を通じてでなければ自己を実現することができないと論ずることによってか、あるいはグリーン自身と同様に、少なくとも相当数の人びとが私と見解をともにしており、私とともに行動することを厭わないのでなければ、私は抵抗すべきではないと論ずることによって、アナーキーの含意を回避しようと努めてきた。［★54］

この一節からも分かるように、ラスキもまた「抵抗権」と「抵抗の義務」という、グリーンによっては明確に区別されていた二つの概念を混同していた。すなわち、引用の前半で言及されているのは「抵抗の義務」であり、後半で論じられているのは、社会の承認を必要とする「抵抗権」である。そして、このような「権利」と「義務」の混同から、ラスキはその直後でボザンケ流の国家論とグリーンの抵抗論を以下のように斥けている。

これらの見解はどちらも根拠薄弱であるように思われる。私が忠誠を捧げなければならない唯一の国家とは、私が道徳的妥当性を見出す国家である。そして、もし所与の国家がその条件を満たすことができないのであれば、私は自分自身の道徳的本性と矛盾しないために実験を試みなければならない。私は理想的国家においてのみ自己を実現できるというのはもちろん正しい。だが、われわれにはいかなる所与の国家も理想を実現しようと努めていると仮定する資格はない。その資格があるのは、国家が権力行使によってその仮定を証明する場合のみである。〔★55〕

ここでまずラスキはボザンケ流の国家論を批判している。所与の現実と理想の同一視を批判した点においてはホブハウスのボザンケ批判と同様であるが、ここでもラスキは〈多元主義時代〉から続く「法」と「道徳」の区別に基づいてこのような国家論を批判したのである。そして、国家による権力行使が個人の道徳的良心と相容れない場合には、「実験」、すなわち反乱を行う義務があることをホブハウス以上に強調した。こうしたホブハウスとの懸隔は、続くグリーンの抵抗権論に対する批判の中に見られる、ラスキの義務論とホブハウスの客観主義的権利論との違いとして説明することができる。

グリーンの見解は〔ボザンケ流の国家論に比して〕より賢明なものであった。だが、彼が力説したのは、厳格な論理というよりはむしろ高度な方便であった。この種の行動〔反乱〕の大半は、不可避的に少数派の行動である。少数派の行動の大半は、それが少なくとも民衆の惰性〔the inertia of the multitude）という協力を得るのでなければ失敗してしまうだろう。われわれの第一の義務とは自己の良心に忠実であることであり、われわれがその義務を全うした分だけ、われわれは国家に権利の世話をさせる見込みがあるのだ。〔★56〕

このようにラスキは、グリーンの「抵抗の義務」論を捨象したかたちで、彼の「抵抗権」論の側面のみをグリーンの抵抗論と捉えたため、抵抗が社会による承認というかたちで大多数からの協力を得られなければ成功しえないことを冷静に看破したグリーンを評価しながらも、それが抵抗の許される状況をあまりにも狭めてしまうため、そうした抵抗論には同意しえないとした。

そして、ラスキは「抵抗の義務」を「抵抗権」と混同したまま、それが拠って立つ基盤を「社会による承認」から「個人の良心」の次元へと引き下げることにより、義務を個人の意識から生ずるものと捉えるグリーンの「抵抗の義務」論を図らずも踏襲しているのである。ラスキにおいては、もはや反乱の権利と義務は、ボザンケにおけるように社会の承認を必要とするものでも、ホブハウスにおけるように共通善に対する貢献の科学的論証に基づく客観主義的なものでもなかった。それは個人の良心から生ずるものなのである。

そして、それはまた、グリーンと同様に、ラスキ自身のシティズンシップ論とも密接に関わるものであった。『政治学大綱』における「反乱の義務」に関する言及は、以下のような言葉で閉じられている。

われわれは〔反乱の〕報いを受けねばならないかもしれない。われわれは自分が当初引き起こそうとしていたよりも、はるかに壮大な試みの中に身を投じていることに気づくかもしれない。だが、われわれが為すか否かにかかっていることを為さずにいれば、それが焦眉の急となるまさにその瞬間に、われわれのシティズンシップはなくなるのだ。われわれの行動〔反乱〕は常に危険を伴う。だが、服従のもたらす危険は最終的に、反乱の報いよりも大きなものとなるかもしれないのである。
［★57］

反乱はグリーンが懸念したように、たしかに危険である。それはすでに社会に存在する秩序を破壊してしまうかもしれない。だが、惰性的な服従がもたらしうる危険もまた計り知れないものである。それは例えば、専制君主に盤石な基礎を与える。もしそうなれば、もはやわれわれが市民として行動する余地はなくなってしまう。というのも、専制の下では概して、国家による権力行使を合法的に批判する手段は残されていないからである。だからこそラスキは、市民のあるべき姿として「忠実な臣民」ではなく、より能動的な「知的愛国者」を求めたグリーンと同じように、「反乱の義務」の観念を自身のシティズンシップ論の中核に据えたのであった［★58］。

では、このような「反乱」が正当であるか否かは一体いかなる基準によって判断されるべきであるのか。この問いに答えるにあたっては、一九二八年にA・D・リンジーの共同報告者としてラスキが参加した「ボザンケの一般意志論」と題するシンポジウムでの彼の議論を見ておくことが有益だろう。というのも、彼はそこで「反乱の義務」の基準として、「個人の良心」からさらに一歩踏み込んだ解答を示したからである。

ラスキはここでもまた〈多元主義時代〉と同様の、法学的主権論からイギリス観念論までの主権論の発展史を描いている。彼によれば、ボザンケの一般意志論は「結局のところ、法的には、主権者とはその意志が習慣的に服従を受けている超越者のことであるというオースティンの理論に行き着く。ボザンケが実際にしたことといえば、この主権者はその意志が実際に一般的であるからこそ従われているはずだと論じたことである」[★59]。このようにラスキは、ボザンケの一般意志論をオースティン主権論の延長上に位置づけ、ボザンケの主権論に対する貢献を、彼が主権を一般意志に基礎づけたことに見出す[★60]。

だが、このような連続性にもかかわらず、ボザンケはオースティンの主権論と自身の一般意志論の類似性に無自覚であるという。「彼は自身の主権論がオースティンのそれと異なるものであると誤解する一方で、彼が行っていることは法的な主張の実体を倫理的なものとすることにより、はるかに強化された仕方で法学理論を陳述しているのである」[★61]。ラスキにとっては、ボザンケの主権論もオースティンのそれと同様に、国家にア・プリオリな正当性を見出す静態的な理論であった。それは国家が歴史上実際に行ってきたことからその正当性を判断することなく、社会的諸関係の調整（co-ordination）という国家が自ら表明する「意図（intention）」から判断する。だがボザンケの主権論は、さらにその正当性を法的な次元に限定せず、道徳的な次元にまで拡張する点において、オースティンの主権論以上に悪質なものであった[★62]。

ボザンケのこのような一般意志論において、特殊意志同士の衝突がどのように解決され、国家による調整がいかにして達成されるかは、「共通善」の漸次的開示として説明されるという。ラスキはこうした説明を拒絶して次のように論ずる。「究極的に衝突し合う欲望が社会に存在する場合、単なる言葉以上の意味における共通善はその社会には存在しない。われわれは衝突する欲望を取り除くことによって共通善をつくり出すのである。共通善は初めからそこに存在し、徐々に明らかになるものではない。それはあらかじめ存在する何らかの調和（harmony）の解放ではない。共通善は必ずしも国家によってつくられるものではない」［★63］。

ここでホブハウス思想の鍵概念であった「調和」という語が用いられていることは注目に値する。というのも、ラスキはグリーンやボザンケといったイギリス観念論者に対する明示的な批判的態度とは対照的に、ホブハウスを直接名指しして批判することは生涯ほとんどなかったが、ここではホブハウスが描いた「調和」の原理の発展としての歴史観を斥けているようにも読めるからである［★64］。ラスキにとっては歴史が将来「調和」に向かって進んでいく、あるいは現在まで「調和」に向かって進んできたという保証すらどこにもないのである。

ラスキは、グリーンやボザンケが想定したように、歴史の中で淘汰されずに残存してきたものが、必然的に合理性を内に秘めているとは考えなかったし、それゆえホブハウスが期待したように、歴史が進むにつれて人間の合理性が徐々に明らかになり社会が調和を実現していくとも考えなかった。ラスキの「歴史」の捉え方はこれら三人とは根本的に異なっていた。すなわち、彼は歴史を合理性の開示ではなく、むしろ偶然性の集積として捉えたのである。

したがって、現存の国家の正当性もまた自明なものではなく、その正当性の判断は個々の市民に任されなければならない［★65］。「われわれはその法に同意することにより、その法を正当なものとする。われわれはそれが自身の欲望（desires）を満たすとき、それに同意する。したがって善き法とは、その帰結として、欲望の可能な限り最大限の満足をもたらす法である」〔★66〕。ここには再び彼の個人主義的法理論が表れているが、彼にとっては国家に対する服従も反乱も、その正当性が個々の市民の判断にかかっているという点においては同根のものであったのだ。

すでに触れたように、ラスキによれば社会的諸制度の中には「必要な制度」と「慣れ親しんできた制度」が混在していた。単に「慣れ親しんできた」という事実を「われわれにとって必要である」ことと同一視しないところにラスキの思想の特徴があった。彼にとって「慣れ親しんできた制度」は、「慣れ親しんできた」という事実それ自体によって惰性的に維持されてきたものであった。その意味で「歴史的に古いもの」は、彼においては合理性を体現するものというよりはむしろ、偶然性によって維持されてきた、現代においては必ずしも必要とは限らないものを表現していた〔★67〕。市民はこれらの「必要な制度」と「慣れ親しんできた制度」とを峻別し、両者が一致していない場合には、反乱に踏み出す勇気を持たなければならない。

そして、個々の市民がそうした勇気を持つことにより、社会に自由の「気風」が生まれるのである。「私は思うのだが、自由にとって不可欠な国制上のある形態が存在する一方で、それは単なる形態として存在するだけでは、人びとを自由にするのには十分ではないだろう。さらに進んで私は、社会組織がいかなる形態をとるにせよ、自由の本質は、人びとの間にある無形の気風の表れであると結論したい」〔★68〕。ラスキもまた、個々の市民の態度が社会全体の気風に影響を与えると考えたのである。このような気風を維持するために必要なものとしてラスキの政治思想から導き出される処方箋が「権力の広範な配分」であった。次に多元的国家論と自由をつなぐ彼の権力論を概観しよう。

（3）権力観

自由論の対となる議論としてラスキ政治理論の根幹をなしているのが彼の権力論である。自由が究極的価値として措定されている一方で、その自由を守るための政治秩序が必要となるため、政治社会に不可欠な要素としての権力を考察しなければならない。彼は自由と権力の関係について次のように述べている。「われわれの為すべきことは、人格を絶えず表現する余地を一般の人びとにもはっきり感じさせるように、必要な自由と欠くべからざる権力との間に均衡を確保することである」〔★69〕。このように彼の政治思想には、権力もまた必要不可欠なものとして現れ、自由と権力の均衡関係が模索されることになる。

では、この権力は現実の国家においてどのようなかたちで行使されているのであろうか。彼によれば、政治権力を行使する国家とは社会全体を指すものでは決してありえず、法的に正当な権力を与えられた少数者の集まりにすぎない。すなわち、「国家意志とは、決定をなす法的権力を委ねられた少数の人びとが到達する決定である」〔★70〕。このように、国家に対する警戒が薄れたとされる〈フェイビアン主義時代〉のラスキにとっても、国家とは命令を下す少数者たる治者と、それに従う多数者たる被治者に分かたれた領域的社会として経験されるものであった。

そして、ここでも歴史に基礎づけられた彼の政治学の出発点は次のような事実であった。「歴史的に言って、国家について予言できる唯一のことは、国家がいつも比較的少数の者に対する膨大な大衆の服従という異常な現象を示してきたということである」［★71］。多元的宇宙論に依拠して自身の政治学を構築したラスキは、被治者から見た治者の「他者性」を何にもまして強調した。これは、自己と他者の境界線を相対化することにより、「自己統治のパラドックス」を説明可能なものにすることを企図したボザンケの政治思想とはきわめて対照的であると言える。

そして、ラスキが指摘する上述の歴史的傾向は、治者と被治者の双方が本来的に有する性質によって支えられてきたという。政治権力、すなわち治者の側の性質に関しては、ラスキはアクトン卿の「絶対的な権力は絶対的に腐敗する」という有名なテーゼを彷彿させる権力観を採用している。ラスキは権力の拡張的傾向について次のように述べる。「権力には隙さえあれば、絶えずそれが及ぶ範囲を拡大しようとする傾向があるから、自由の侵略には抵抗をもって応えることが肝要である」［★72］。

さらに、このような拡張的傾向に加え、治者は自らの統治を円滑に行うために、市民から抵抗の勇気を奪い去り、市民の間にある自由の気風を雲散霧消させようと常に努力するものである。それは例えば、表現の自由に対する厳しい制限というかたちで遂行される。彼は表現の自由が抑圧された際の人びとの反応について次のように説明している。「自らの経験に即して考えることを禁じられた人びとは、やがておよそ考えるということを完全にやめてしまう。考えることをやめた人びとは、同時におよそ真の意味における市民であることをやめてしまうのである。彼らは些かも吟味することなく、ただ命じられるままに服従する無気力な命令の受領者と化す。そして、彼らの無気力は権力者の行動に誤った自信の光彩を添え、沈黙は同意と取り違えられるのである」［★73］。

この一節には、彼の政治思想の根底にある問題意識が端的に表れている。彼は自身の政治学において、政治的統一を構成する原理や、統治が則るべき格率を示そうとしているのではない。そうではなく、自らの経験に即して主体的に考える「市民」の創出はいかにして可能か、そして国家行動が市民の積極的同意によって支えられているような社会構造は一体いかなるものであるのかというのが、彼の政治学が探究すべき問題だったのである。そのためにも、「少数者の意志に対する多数者の思慮なき服従（the unthinking obedience of the many to the will of the few）」をいかにして打開するかという点が、彼の最大の関心事であったと言えるだろう〔★74〕。

だが、このような現代社会の特徴は、権力が「思慮なき服従」をつくり出すメカニズムに加えて、人間が元来有する本性的特質に起因している点で根深いものである。ラスキは、人間は本来的に政治的動物であるというアリストテレスの想定を批判して、次のように述べる。

大多数の人びとにとって最も重要な生活関係は私的関係である。彼らは隣人たちを意識してはいるが、隣人たちこそ実は全世界なのだという基本的事実を把握することは稀である。彼らは滅多に検討したこともない諸制度の意志に従って自分たちの意志を決める。彼らはそれらの意志を調べてみて、自分たちの意志をそれらに合理的に結びつけることをしない。彼らは惰性から政府の命令に服従する。そして、彼らの抵抗すら、代わりのものを確保するための合理化された欲望ではなく、盲目的憤怒である場合が多すぎるのである。〔★75〕

ここには私的関係を大切にし、自分に与えられた持ち場を全うすることこそ「シティズンシップ」なのであるとする、ボザンケに見られるようなヴィクトリアニズム的価値観の残滓は見られない。たしかに諸制度は人びとの意志に基づいていなければならない。だが、単にそれに服従することが、それに同意を与えることと同義なのではない。ラスキは、ボザンケとは異なり、無意識の自動機械的な服従を「同意」の中に含めなかったのである。

現代社会における個人は公的意識を欠いており、彼らは狭い個人的利害の領域に頑強に閉じこもっている[★76]。ラスキにとって「政治的無関心」とは、人間にもともと備わっている性質であった。だが彼は、政治制度の変革によって人間の精神的傾向をある程度望ましい方向へと導いていくことができると考えており、こうした信条こそ、次章以降で明らかになるように、ラスキの政治思想を一貫して根底において支えてきた核心部分であると言ってよい。

彼は政治制度と市民の精神の関係について、次のように述べている。「われわれは社会を支配する諸制度を再組織するというだけでは、社会の利己主義や怠慢を廃絶することはできないが、少なくとも人びとの精神がわれわれに必要な性質へと向かうように諸制度を再組織することはできる」[★77]。本章第一節で触れたように、ラスキは「権力の集中」が権力に無頓着な市民の態度をもたらし、「権力の配分」が市民の責任感を生み出すと考えていた。そして、こうした観点から、〈多元主義時代〉から続く彼の「権力の広範な配分」論が〈フェイビアン主義時代〉においても展開されることとなるのである。

(4) 〈フェイビアン主義時代〉における「権力の広範な配分」論

ラスキが〈フェイビアン主義時代〉の著作においても「権力の広範な配分」を主張していることは、

彼の〈多元主義時代〉と〈フェイビアン主義時代〉の思想的一貫性を示す一つの鍵である。彼は〈多元主義時代〉と似通ったかたちで、政治的無関心の傾向に対する打開策を次のように提示している。「概して権力が国内に広範に配分されればされるほど、つまり分権化が進むほど、自由に対する熱烈な関心が生まれてくる可能性がある」［★78］。これに対して中央集権制は、治者が被治者から創意や自発性を奪うことを容易にするための制度であるとみなされる。

ただし、ここで「権力の配分（distribution of power）」と「権力分立（separation of powers）」が明確に区別されていることについても触れておかなければならない。というのも、ラスキは、市民の自発的精神を涵養するためには、「権力分立」は必ずしも必要ではないと考えたからである。彼は「権力分立」について次のように述べる。市民の自発的精神のための「必要な保護は、ロックやモンテスキューが自由の鍵であると考えた権力分立の中にも見出されない。（……）権力分立は、各権力がその分を超えて不当に拡大するのを阻止しはするが、割り当てられた権力の内容や範囲を決めるものではない」［★79］。このように、ラスキの自由論における「市民の自発的精神」の重視を考慮に入れるならば、権力分立とは、「国家」すなわち治者の内部における権力機構相互間の抑制と均衡の原理であって、被治者たる「市民」の自発性の涵養とは何ら関わりを持たないものである。ラスキはあくまでも、「権力の広範な配分」を通じて市民に権力を身近なものと感じさせ、その結果として彼らが国家行動の結果に対しても関心を抱くことに期待を寄せたのであった。

以上で示してきたことを総合すると、ラスキの自由論に対するディーンの次のような批判は論理の飛躍に基づいており、ラスキの権力配分論を権力論の側面からしか見ておらず、自由論の精神的側面を看過していることが分かる。彼はラスキの権力配分論を次のように解釈した。「彼は権力が集中排除の様々な工夫によって人びとの間に分けられ、分割され、対抗させられ、広範に投げ散らかされているのを見たがっている。そうすれば、個人や集団の市民的、経済的・社会的権利が、権力行使者の侵害から守られるに違いないと思い込みたいのである」［★80］。

しかし、先に見たように、権力同士が「対抗させられ」ることにより抑制されるのは権力の拡張的傾向のみであり、それは権力行使の内容、すなわちそれが市民の経験を考慮したものであるか否か、あるいは市民の権利を侵害しないものであるか否かを決定するものではない。ラスキはたとえ権力の配分が推し進められたとしても、そのことによって国家権力を批判的に吟味する自由の気風が人びとの間に生まれなければ、権利が自ずと守られるとは考えなかっただろう。それゆえディーンによる批判は、権力の広範な配分によって市民の積極的な精神を涵養するというラスキの目的を見落とした誤解にすぎない。彼はラスキの自由概念の「気風」としての側面には一切触れず、なぜ権力の配分が権利の保護につながるとラスキが考えたのかという問いにも答えられていないのである。

では、この「権力の広範な配分」とは、具体的にはどのようなことを意味するのであろうか。それは一言で言えば、個々の政治的問題に対して、それに対応する各々の領域の経験を動員しようとする試みである。それは例えば「地方分権」というかたちをとる。ラスキは中央集権的な政治制度を批判して次のように述べる。「われわれの問題は必ずしも中央に関連する問題ばかりではない。社会の一部だけに影響を及ぼすような問題を中央政府の決定に委ねることは、社会のその部分における責任感と創意の習慣とを破壊する結果となる」［★81］。地方の問題に対して中央政府が政治的決断を下すことによって、その決断の結果が地方の経験からすると到底受け入れられないようなものとなることがありうる。政治的決定に自らの経験がまったく反映されないことを知った市民は、やがて考えること自体をやめてしまうだろう」〔★82〕。したがって、地方に住まう人びとの自発性を涵養するためには、地方自治体の決定しうる部分はできるかぎり広い方が望ましいのである。

ただし、この中央と地方との間の境界線は、不変的に確定しうるものではない。「個人的なものと社会的なもの、社会集団に属するものと国家に属するもの、中央政府の活動領域と地方自治の領域等の間にうまく境界線を引くような確固とした原則が存在すると私は言うわけではない。この問題に対する唯一の接近方法はプラグマティックなもの以外にありえない」〔★83〕。つまり、この境界線も決してア・プリオリなものではなく、その歴史的状況によって絶えず変化するものであり、それが歴史の中で果たす機能に照らして、個人により道徳的正当性を与えられうるものなのである。

また、教会や労働組合などの機能団体が有する権利の拡張も権力配分の一形態である。彼は国家において機能団体の果たしうる役割を次のように強調している。「結社（associations）にはそれぞれに固有の危険が伴うとしても、しかし、それは人間人格の決定的な表現であり、その表現が人間の本性に根差す点で、国家自体と少しも変わりがない。個人に何ら拘束なく、自由に同志を糾合して利害関心を同じくする領域で協働の行動に出ることは、まさに自由の真髄をなすものであると言えよう」〔★84〕。このように彼は、「結社」すなわち機能団体の形成を現代の巨大社会における人格の実現の基本的な形態として捉え、国家権力一辺倒と思われがちな〈フェイビアン主義時代〉においてもまた結社の自由を積極的に擁護しているのである。

ただし、彼は機能団体と国家を、個人人格の実現という究極目標に従属するという点においては並置しているものの、同時に国家の独自性にも注意を払っている。彼は両者の違いを次のように指摘する。

彼が属するものには、家族、友人、教会、結社、労働組合、経営者団体などがあり、その上にさらに国家がある。この中で、国家以外のものについては、その所属はほぼ自由である。（……）しかし、彼は国家の一員たることを拒むことはできない。（……）国家だけは、命令を回避しようとする個人に対して強制を加えることができる。すなわち、国家は法律を制定し、国民は法的強制によって法律に服従させられるのである。［★85］

この一節から、〈多元主義時代〉の道徳的正義と法的権利の区別が、〈フェイビアン主義時代〉においても維持されていることが分かる。すでに見たように、従来のラスキ研究における断絶テーゼにおいては、〈フェイビアン主義時代〉における国家の他の集団に対する優越性がその根拠となっていた。ところが〈フェイビアン主義時代〉においても、国家は道徳的には他の集団同様、その成員の欲求に応えていくことによって忠誠を勝ち得なければならない。いや、それどころか、「所属が自由である」というまさに法的観点から、他の集団の国家に対する道徳的優位すら推論しうるのである［★86］。集団の生活は個人によって「熟慮ののち選ばれた道であるから、しばしば大いに彼にとっては特別の正当性があり、彼が切実に感じ明白に心安らかに感じられる伝統を形成する。したがって、それらが彼の存在の根源に発する忠誠を呼び起こすことも稀ではない」［★87］。集団への帰属は自発的であるからこそ、国家に比して個人の忠誠を勝ち得やすく、また集団も人格の完成を目指す個人の声に応じやすいのである。ただし、ラスキは国家以外の集団を決して手放しで称賛しているわけではない――このことは、しばしばラスキ研究においては見過ごされてきた。彼は集団の潜在的排他性を以下のように批判的に論じている。

集団は、国民国家と同じように、自己防衛の手段として排他性に陥りやすく、他の団体の伝統を自己の伝統のために犠牲にすることを好むようになる。（……）それは自己の部分的善を善そのものと主張し、自己の一片の真理を全真理と主張し、特に他の集団との衝突の瞬間には、その集団が提示する解決策に代わる解決策を成員が考えるのを許さず、その指導者たちは国家の支配者たちと同様、成員全般の目的や利害とは別の、しばしば反対の目的や利害を助長する傾向があるだろう。［★88］

ラスキにとって、政治学の出発点はあくまでも「個人」であって「集団」ではない。国家と同様、集団もまた個人の忠誠心を吸収し尽くすものではなく、個人人格を部分的に表現するものにすぎないのである［★89］。

このように「個人」を「集団」に還元しえないと考える点で、彼の思想は「ギルド社会主義」の理論家として知られるG・D・H・コールのそれとは異なる。コールは国家における個人の自由がいかにして保障されるかを次のように説明している。「個人的自由の最善の保障は、それぞれの形態の団体において、選ばれた者や役員がその代表的機能を逸脱しようとするあらゆる企図を鋭く批判する、油断なき民主主義が存在することにある」［★90］。そして、この「油断なき民主主義」を実現するのは、「多数の団体によって構成される社会」であり、そこにはラスキが問題にしたような「市民の自発性」といった個人主義的な関心は見られない。コールにおいては、集団の自由が個人の自由と分かち難く結びついているのである。同じ「多元論者」として並び称されることの多い二人であるが［★91］、コールの立場は、結社の負の側面に対してきわめて批判的なラスキの立場とは相容れないものであったことが分かる。

このように、コールとラスキの立場を「多元論」としてまとめて論じることには、ラスキの多元的国家論の個人主義的な意図を見失う危険が潜んでいる。ラスキの政治思想の独自性を理解しようとするならば、彼の主張の制度的帰結のみならず、その背景にある問題意識や多元的宇宙論に目を向けなければならない。そして、コールとの相違点がさらに浮き彫りになるのが、次節で取り上げるラスキの多元的国家論における「国家」の役割である。次節では〈多元主義時代〉における国家の法学的観察が、〈フェイビアン主義時代〉における「調整権威」としての国家観とどのように接続しているかを論じ、他方で道徳的観点からの国家と他の集団との同一視が〈フェイビアン主義時代〉においても存続していることを確認した上で、それが「思慮なき服従」批判といかなる関係を有するのかという問題について考察する。

第三節　調整権威としての国家

「調整権威（co-ordinating authority）」という語は、たしかに〈フェイビアン主義時代〉に入ってから初めてラスキの議論に登場するものである。彼は国家が他の集団の活動に介入し、各々の主張の対立を調整する機能を指してこのように呼んでおり、この国家観念は第二章で論じたボザンケの国家論を想起させる［★92］。従来のラスキ研究は、国家に与えられたこの優越的地位をもって、ラスキの政治思想に〈多元主義時代〉から〈フェイビアン主義時代〉への変遷を見てとった。だが、これまでの論述を踏まえると、こうした国家観念もまた、〈多元主義時代〉における国家の「法学的」側面の延長上に位置するものであると言える。

彼は『近代国家における自由』の中で、国家干渉について次のように述べている。「個人の自由の観念からすれば、国家の干渉が少なければ少ないほど、国家に関係する各人にとって好都合なことは確かである。だが同様に、国家がある程度の統制権を持つこともまた明白である」［★93］。ここで彼は、他の集団に対する国家の統制権を認めている。この点で国家と他の集団は截然と区別されているわけだが、こうした区別は『政治学大綱』の中で、「市民」を三つの側面に分ける別の視点からも説明されている。

彼によれば、市民は三つの政治的立場を有するという。「まず第一に、人間自身、すなわち最後まで〔他の何者にも〕同化されない人間が存在する」。これは彼が自由論の中で繰り返し強調していた、他者の経験によっては代替されえないような独自の経験を持つ個人であり、彼の政治学の究極的単位である。しかし、市民の持つ性質はこの個人的側面に限られない。「第二に結社形成的動物としての人間が存在する」［★94］。人間は個人の活動では満たしえない必要の表現として、集団を形成するのである［★95］。それは教会や労働組合、企業や学校など様々な形態をとる。さらに「第三の側面においては、国家は全体としての社会の生活が方向づけられる一般原則を設定しようと努める。国家は行為の最終的な統一ではなく、必要な統一をつくりつつあって、行為の中に最小限の調整を見出そうとしている。国家は現代世界では何よりも、前述した第二の側面と第三の側面との調和を求めているのである」[★96]。ここでは国家の成員としての市民が問題となっているのであり、ここで登場するのが彼の「調整権威」としての国家という発想であった。領域的社会として諸集団を包摂する国家は、例えば集団が個人の自由を侵害しようとする際には、集団の活動に干渉することで個人の自由を守る役割を担うのである。

ただし、ラスキにとってこの「調整権威」としての国家観念は、彼の政治思想から導き出された、実現されるべき目標であるというよりは、歴史的観点からの現状認識として理解される方が妥当だろう。国家は現にそのような役割を担っている。だが、だからといってそれが理想的なるものを体現しているとは限らない。その正当性は常に括弧つきのものである。この〈フェイビアン主義時代〉に至っても、彼は「調整権威」としての国家が個人の自由の究極的な保証になるとは考えなかった。「調整権威」もまた、能動的シティズンシップによって不断の吟味を受けなければならないのである。

彼は他の集団の権利に対する国家の権利（主権）の優越性は自明ではないことを説いた上で、次のように述べている。「このことは、国家が現在において共同体内の調整要因（co-ordinating factor）として占めている立場から、国家を引き降ろすことではない。だが少なくとも、それは調整権力（power of co-ordination）を行使する道を指示するものである」[★97]。ここで表現されているのは、国家は必然的に諸集団の調整権威としての役割を担うべきであるという理念ではなく、それが歴史的に調整権威としての機能を果たしてきたという事実である。それは〈多元主義時代〉において、法的側面から他の集団と区別されたものとして観念された国家と何ら異なるものではない。そしてそれゆえに、ここでも調整権威によってどのように他の集団の活動を制限するかという問題よりも、国家がその権限を逸脱することをいかにして防ぎうるかという問題に議論の重点が置かれているのである。

では、彼は調整権威としての国家に対する制限はいかにして可能であると考えたのだろうか。ここでは〈多元主義時代〉のラスキの議論には見られなかった、より具体的な実践的提言がなされている。まずはラスキのコール批判を通じて、彼の徹頭徹尾個人主義的な態度を確認しておこう。彼はコールのギルド社会主義の理論的帰結を次のように批判的に要約している。コールは「社会を機能の集団と見て、そうした機能〔集団〕が〔各々の〕代表を出す間接機関が最終調整権威であると考えようとする」。ラスキによれば、コールは各機能集団からそれぞれの代表を選出し、それらの代表者たちが議会を構成し、国家を運営することを通じて、個人の自由が守られると考えたのである。

だが、ラスキはこのような見解に対して次のような反論を加えている。「私が市民として完全に代表されえないことは事実であるが、技師や医者や大工として完全に代表されえないことも事実である」〔★98〕。ラスキにとっては機能団体すら、国家と同様に、あくまでも個人の人格を部分的に表現するものにすぎなかった。個人の人格は集団によっては汲み尽くされない。それゆえ調整権威としての国家を導いていく要因も、機能集団ではなく、個々の市民の自発性に求められるのである。

市民の自発的参加を通じて個人の経験を国家行動に反映することを助ける機構として構想されるのが、〈フェイビアン主義時代〉における制度論のもう一つの側面としての「諮問機関（the organs of reference）」である。政府に意見するための機関として組織されるこの諮問機関は、彼の議論の前提にある代表制の欠陥を補うものとして提案される。彼は再度「権力分立」論を批判して次のように述べる。「政府を責任あるものとするためには、権力を分割する必要はない。不可欠なのは、その権力が一歩譲らなければならない諮問機関を理路整然たるものとすることである」[★99]。諮問機関は、調整権威としての国家の行動指針として、個人の経験を動員するための媒体となりうるものなのである。

ただし、このような機関があくまでも諮問機関にとどまるということは、〈フェイビアン主義時代〉における国家と他の集団との区別の点からも踏まえておく必要があるだろう。ラスキはここでもコールのギルド社会主義を批判して次のように述べる。「国家の政府に、決定することは任せておいて、協議することだけは強制するという考えは、ギルド社会主義におけるように、機能団体に権力を付与する制度よりも好ましい」[★100]。ここでも、決定を下すのはあくまでも国家であるという前提はラスキの中で維持されており、それを方向づける一つの手段としてのみ諮問機関は構想されている[★101]。

こうしたコール批判の根底には、ラスキのペシミスティックな権力観が潜んでいる。「ギルドの役員は、大臣がそうなりがちであるように、官僚的で保守的になりがちであろう。彼らは現在とまったく同じように、選挙人との接点を失うだろう。そこには多数決原理に付随する同じ危険があるだろう」[★102]。ホブハウスやJ・A・ホブソンなどのニューリベラルが抱いていたような民主主義の将来に対する信頼がまったく欠如していたラスキにとって、民主主義的諸制度と社会立法の実現は暴政に歯止めをかけるものとはなりえなかった[★103]。そして、統治者に対するこのような批判的視座から、制度論に還元し尽くせない彼独自の「気風」としての自由論が導き出されたのである。

だが同時に、彼には〈多元主義時代〉だけでなく〈フェイビアン主義時代〉においても、国家を他の集団と同一視する側面が存する。彼は『政治学大綱』の中でも「法」と「道徳」の明確な区別に基づいて次のように述べている。「われわれを拘束する真の力は、政府に服従する法的義務ではなく、われわれが正義とみなすものに従う道徳的義務である」[★104]。このことを確認した上で、彼は次のように国家と他の集団を並置した。国家は「他の集団、すなわち教会、労働組合、その他と同じように一つの集団である。それが他のものと異なるのは、その領土の範囲内に住むすべての人に成員たることを強制する点と、最後の手段として服従者に義務を強制しうる点である。しかし、その道徳的性格は他のいかなる結社のそれとも寸分違わない」[★105]。このように、道徳的観点からは、〈フェイビアン主義時代〉においても国家と他の集団は対等なものとして扱われているのである。それゆえに、この「法学的」観点と「道徳的」観点というラスキの複眼的な視点を無視して、国家の役割の変容によって彼の思想的変遷を跡づけることは困難であると言えるだろう。

以上で論じてきたように、一方で〈フェイビアン主義時代〉において登場した「調整権威」としての国家観念は、〈多元主義時代〉から続く国家の法的側面の表現であり、他方で道徳的観点から見た国家は、依然として労働組合や教会などと同様、個人の属する集団の一つにすぎないものであった。したがって、ディーンの解釈に代表される断絶テーゼは、ラスキの政治思想における「法」と「道徳」の区別を無視したものであると言える。

そして、国家の法的側面とは、ラスキにとっては所与の条件として観察されることも再度強調しておきたい。「われわれは国家を与えられているのだから、それが現に存在しているという事実から出発して、国家の諸機関はどういうものか、それらは国家の目指す目的のためにいかなるかたちで作用するかに論を進めることができる」[★106]。国家が歴史的に果たしてきた「調整権威」としての役割を無視して政治理論は構築されえない。そうした権力をいかにして個人の自由に資するものにするかという問題に取り組んだのが彼の自由論であり、またそれに基礎づけられた多元的国家論なのである。

小括

本章で見てきたように、従来のラスキ研究の大部分が依拠してきた〈多元主義時代〉と〈フェイビアン主義時代〉の理論的変遷テーゼは、ラスキの「法学的」観点と「道徳的」観点の混同に基づくものであることが明らかになった。彼は〈多元主義時代〉においても〈フェイビアン主義時代〉においても、一方で「法学的」観点においては、法の論理の上で国家に主権が与えられていることから、他の集団に対する国家の優越性を認めた。法的主権を有する国家はまた、現実においてはその後ろ盾としての強制力を掌握している。しかしながら、国家がこのような強制力を一手に握っているのは歴史的偶然にすぎず、その意味で主権国家は必ずしも人民の意志を体現するものではない。他方で「道徳的」観点においては、どちらも諸個人の幸福を実現することを通じて、彼らの忠誠を積極的に勝ち得ていかなければならないという理由から、国家は他の集団と同等の立場に立つものであると言える。

従来のラスキ研究は、この後者の道徳的観点のみを多元的国家論として扱ってきたが、ラスキの多元的国家論の精髄は、むしろその前提となる法学的観点と道徳的観点の明確な分離にあった。そのことはラスキが乗り越えようとした、彼の前の世代の議論を見ることによって初めて理解しうる。というのも、彼は二つの観点を混同するものとして、イギリス観念論に代表される一元的国家論を批判し、道徳的観点から、国家の有する法的主権の基盤となっている「慣れ親しんできた制度」と「必要な制度」の混合物としての「歴史的偶然」の吟味を要請する「多元的国家論」を唱道したからである［★107］。

だからこそ、彼は意志に基づくグリーンの「主権」概念を継承しながらもそれに手を加え、強制力の保持者たる「国家」を「主権」から分離し、「国家」が必ずしも人民の意志に基づく道徳的「主権」を有するものではないことを強調したのである。逆に言えば、人民の意志に基づいている団体は、国家であれ教会であれ労働組合であれ「主権的」であると言える。「主権」という言葉には所詮その程度の意味しかないのだ。このように、グリーンの主権論を論理的に敷衍して換骨奪胎したことで導き出されたラスキの多元的国家論は、グリーンに向けられたラスキ流の皮肉とも読めるのである。

グリーンの批判的継承はラスキの「反乱の義務」論にも見られた。彼はボザンケやホブハウスと同様に、グリーンの権利論と義務論を混同するかたちで受容したため、グリーンにおいてははっきりと区別されていた「抵抗権」と「抵抗の義務」とが、ラスキにおいては表裏一体のものとして現れることとなった。ただし、ラスキの政治理論における権利・義務の基盤は、ボザンケの「社会」ともホブハウスの「歴史」とも異なり、他者の経験によっては代替されえない「個人」の経験であった。その意味で、ラスキの権利・義務概念は、どちらかと言えば、社会的承認を必要とするグリーンの「権利」概念よりも、個人の意識から生ずるグリーンの「義務」概念に近いものであった［★108］。

しかし、ラスキはグリーンの「永遠意識」やボザンケの「実在意志」といった自我の一体性を分裂させるような形而上学的前提を受け容れることができなかった。彼はとりわけ後者の想定において、自我の高次の部分がすでに社会的諸制度や諸慣習の中に具現化していると思い込まされることにより、諸個人が「思慮なき服従」の状態に陥ってしまうことを懸念した。ホブハウスも同様の懸念を抱いた。そこでホブハウスは「調和」へと向かう歴史の進歩の中で、「社会立法」が徐々に実現していくことにより市民は公的な関心を高め、能動的シティズンシップのこうした麻痺状態が乗り越えられていくことに希望を託した。だが、ラスキはそのような明るい未来を信じることができなかった。

グリーンやボザンケの形而上学的前提を斥けたラスキは、代わりに「人格の全体性」を自らの理論的前提とした。だが同時に、このことが彼の議論の「綻び」となっている。というのも、「人格の全体性」という前提に立った場合、「思慮なき服従」の状態にある人びとを一体どのように説得するというのだろうか。この前提には、あらゆる人間行動を「それはそれでその人にとっては正当な行為である」というかたちで肯定してしまう契機が存する。このジレンマはとりわけ一九三〇年代以降、労働者階級を抑圧する社会システムたる資本主義的社会・経済秩序を労働者階級自身が積極的に支持するという現象に直面したときに顕在化することになる。次章では三〇年代におけるラスキの思想的発展を見ていくこととしよう。

★1　ハロルド・ラスキの伝記的資料としては、Kingsley Martin, *Harold Laski: A Biography*, Fletcher & Son, 1953; Isaac Kramnick & Barry Sheerman, *Harold Laski: A Life on the Left*, Hamish Hamilton, 1993; Newman, *Harold Laski*を参照。

★2　「初期三部作」とは、Harold J. Laski, *Studies in the Problem of Sovereignty*, Routledge, 2015 [1917]; Harold J. Laski, *Authority in the Modern State*, Routledge, 2015 [1919]; Harold J. Laski, *The Foundations of Sovereignty and Other Essays*, Routledge, 2015 [1921] の三つの論文集を指す。

★3　〈多元主義時代〉と〈フェイビアン主義時代〉の断絶テーゼを踏襲している代表的なラスキ研究としては、

ディーンの研究の他にBernard Zylstra, *From Pluralism to Collectivism: The Development of Harold Laski's Political Thought*, Van Gorcum, 1968; Newman, *Harold Laski*; Lamb, *Harold Laski*などがある。

★4　ディーンの研究に代表されるこのようなラスキの思想的断絶テーゼは、現在に至るまでラスキ研究に長い影を落としている。例えば、大井赤亥は、ラスキ以前の多元的国家論者たちが国家の「特定の指標」を認めていたとした上で、「それに対し、団体の実在性によって国家の全能的権力を否定しながら、あくまで個人を政治社会の基礎単位と位置づけることで、そこから団体と国家との完全なる同資格性にまで議論を進展させ、多元的国家論に一つの終着点をもたらしたのがラスキである」と述べている。大井赤亥「初期ハロルド・ラスキの〝多元的国家論〟をめぐる再検討——教会論と労働組合論の位相」、『政治思想研究』第一二号、二〇一二年、二五九頁。強調引用者。

★5　以下では、ラスキ研究において広く用いられてきた〈多元主義時代〉（一九一七—二四年）と〈フェイビアン主義時代〉（一九二五—三〇年）という時代区分の名称を便宜的に用いることとする。ただし、ラスキの思想を（先行研究で言われている意味での）「多元主義」や「フェイビアン主義」として捉えることには、必ずしも同意しているわけではないということを付記しておく。

★6　Harold J. Laski, 'The Theory of Popular Sovereignty', in *The Foundations of Sovereignty and Other Essays*, p. 209（渡辺保男訳「国民主権論」、辻清明編『世界の名著72　バジョット・ラスキ・マッキーヴァー』中央公論新社、一九八〇年、三七七頁）．強調引用者。

★7　Harold J. Laski, 'The Pluralistic State', in *The Foundations of Sovereignty and Other Essays*, p. 233（渡辺保男訳「多元的国家論」、辻清明編『世界の名著72』三九六頁）．強調引用者。なお、当該論文中におけるrightの単数形と複数形の厳格な区別にもかかわらず、この語法上の区別はラスキの他の著作においては必ずしも一貫しているわけではない。

★8　Laski, 'The Pluralistic State', pp. 234–5（邦訳、三九八頁）．強調引用者。

★9　Laski, *Authority in the Modern State*, p. 42.

★10　Laski, 'The Pluralistic State', pp. 232–3（邦訳、三九六頁）．強調引用者。

★11　ただし、ボザンケ自身の意識としては、彼が論じたのは国家の「理想（ideal）」ではなく「実在（reality）」であった。本書、第二章第一節（一）参照。

★12　ラスキのこのようなボザンケ解釈の中に、「国家」と「社会」の関係に関する誤解が含まれていることについては、本書、第二章第二節（一）を参照。ボザンケは決して「国家意志」の中に「理想」の具現化を見出したわけではなかった。ボザンケの用語法に忠実に、かつラスキのボザンケ批判の意図を汲みとるならば、ここでのラスキの「国家意志」に関する批判は、むしろボザンケにおける「社会的諸制度や諸慣習に表現された実在意志」に対して当てはまる批判であると言える。

★13 彼は「一元的国家論（monistic theory of the state）」に対抗する自らの立場を、「多元的国家論（pluralistic theory of the state）」あるいは「政治的多元論（political pluralism）」と表現している。後に見るように、この立場は何らかの政治・社会制度の実現を目指すものというよりは、むしろ一つの「物の見方」であるため、本書ではpolitical pluralismという語に「政治的多元主義」という、何らかの政治目標を直接想起させるような定訳を充てることは避けた。

★14 Laski, 'The Pluralistic State', pp. 244–5（邦訳、四〇六頁）.

★15 本書、第一章第二節（三）参照。

★16 ラスキは政治的言説を吟味する際、「一元論」や「多元論」といった物の見方が、われわれの政治的（場合によっては非政治的）態度にいかなる影響を及ぼすのかといった点を特に重視した。Harold J. Laski, 'Sovereignty of the State', in *Studies in the Problem of Sovereignty*, p. 3.

★17 Laski, 'The Pluralistic State', p. 236（邦訳、三九九頁）.

★18 この国家の「力」の側面に関するラスキの分析は、三〇年代に入ってさらに推し進められることとなった。本書、第五章第三節（四）参照。

★19 Laski, 'The Theory of Popular Sovereignty', p. 215（邦訳、三八二頁）.

★20 Bosanquet, *The Philosophical Theory of the State*, p. 201.

★21 Harold J. Laski, 'The Foundations of Sovereignty', in *The Foundations of Sovereignty and Other Essays*, pp. 7–8（渡辺保男訳「主権の基礎」、辻清明編『世界の名著72』三五七頁）.

★22 彼はまた、一元的国家論が胚胎している「集団の人格化」という言説も、同様に人間の自然な心理的傾向であると論じている。われわれは普段からイングランドやギリシア、ローマなどについて、それをあたかも一つの人格であるかのように語るのである。Laski, 'Sovereignty of the State', p. 3.

★23 ミルの自由論のこうした側面については、関口『自由と陶冶』三八二頁を参照。ラスキ自身の自由論の詳細については、本章第二節を参照。なお、ラスキは一九二四年に出版されたオックスフォード版のミルの『自伝』に序文を寄せている。Harold J. Laski, 'Introduction', in Mill, *Autobiography*, pp. ix-xx.

★24 Laski, 'The Pluralistic State', p. 245（邦訳、四〇六頁）.

★25 この「国家」もボザンケの用語法で言うならば、正確には「社会的諸制度や諸慣習」ということになる。

★26 Laski, 'The Pluralistic State', p. 239（邦訳、四〇二頁）.

★27 Laski, *Authority in the Modern State*, p. 35.

★28 Laski, *Authority in the Modern State*, p. 31.

★29 Laski, 'The Theory of Popular Sovereignty', pp. 230–1（邦訳、三九五頁）. この引用の一文目のmetaphysicは「形而上学」を一義的に表す複数形ではなく単数形であるため、「原理」や「体系」といったより抽象的な訳語を充てることも可能である。しかしながら、当該論文の本論における観念論的国家論に対する批判からの流れを踏まえれば、同論文の結語として置かれたこの文は、観念論に対する譲歩として読むのが自然であろう。以上の理由から、ここではpolitical metaphysicに「政治に関する形而上学体系」という訳語を充てた。

★30 このテーマに関する探究は、とりわけ〈フェイビアン主義時代〉に深められることとなる。本章第二節（三）参照。

★31 Laski, *Authority in the Modern State*, p. 32. こうした問題提起は、哲学者デイヴィッド・ヒュームが有名な論攷「統治の第一原理について」の冒頭部分で提示した同様の問題を意識したものであると思われる。Cf. David Hume, *Essays, Moral and Political and Literary*, rev. ed., Eugene Miller (ed.), Liberty Fund, 1987 [1777], p. 32（田中敏弘訳『道徳・政治・文学論集』名古屋大学出版会、二〇一一年、二五頁）.

★32 Laski, *Authority in the Modern State*, p. 33.

★33 Laski, *Authority in the Modern State*, p. 73.

★34 Laski, 'The Pluralistic State', p. 241（邦訳、四〇三頁）.

★35 Laski, *Authority in the Modern State*, p. 70.

★36 Laski, 'The Foundations of Sovereignty', p. 29（邦訳、三七六頁）. なお、管見の限りでは、ラスキがこの「権力の広範な配分」という構想を「多元的国家論」あるいは「政治的多元論」と表現している箇所は見当たらない。「権力の広範な配分」は彼の自由論から導き出される政治的目標であるのに対し、「多元的国家論」ないし「政治的多元論」は国家を数ある諸集団の中の一つとして位置づける「ものの見方」である。両者は密接に関係しているが、同じではない。しかしながら、両者はラスキ研究においてしばしば混同されている。

★37 Harold J. Laski, *A Grammar of Politics*, Routledge, 2015 [1925], p. 142（日高明三、横越英一訳『政治学大綱』上巻、法政大学出版局、一九五二年、二一一頁）. なお、この『政治学大綱』というタイトルに関しては、同時代の書評の中でいくつかの違和感が寄せられている。例えば、イギリス観念論者のJ・S・マッケンジーは「おそらくタイトルが些か誤解を招くものであることは明らかであろう」とし、「大綱」というタイトルとは裏腹に、この書物は「〔政治の〕根本原理に関する議論」ではなく、「明確な政治的綱領の開陳に占められている」と述べている。J. S. Mackenzie, 'Review: *A Grammar of Politics* by Harold J. Laski,' in *Mind*, vol. 34, no. 136, 1925, p. 495. また、A・D・リンジーもこの本のテーマは「政治一般」ではなく「現代政治」であると述べ、より適切なタイトルとして『現代立法の根本原理（The Underlying Principles of Modern Legislation）』というものを提案している。A. D. Lindsay, 'Review: *A Grammar of Politics* by Harold J. Laski,' in *Journal of Philosophical Studies*, vol. 1, no. 2, 1926, pp. 246–7. このように、同時代人の眼から見ても、この本は現実政治に対する具体的な提言を含むものであったことが窺える。

★38　Harold J. Laski, *Liberty in the Modern State*, Routledge, 2015 [1930], p. 58（飯坂良明訳『近代国家における自由』岩波書店、一九七四年、六四頁）.

★39　Laski, A Grammar of Politics, p. 49（邦訳、上巻、二二頁）.

★40　ラスキによるプラグマティズム受容を考察した研究としては、Jo-Anne Claire Pemberton, 'James and the Early Laski: The Ambiguous Legacy of Pragmatism,' in *History of Political Thought*, vol. 19, no. 2, 1998, pp. 264–292; 椙沢栄一「H・J・ラスキの政治思想——初期作品の『主権三部作』を中心に」、『埼玉女子短期大学研究紀要』第三号、一九九二年、三九—六一頁などがある。

★41　Laski, *Liberty in the Modern State*, p. 90（邦訳、一〇四頁）.

★42　Laski, *Liberty in the Modern State*, p. 61（邦訳、六八頁）.

★43　ディーンはこのようなラスキのプラグマティズムに基づく「経験」論を見逃している。その結果、彼はラスキが「真実の自我をあらゆる人間の努力の共通目的とする観念論者の概念を捨ててはいるが、それに代わるべきものをまったく提出」しておらず、それゆえラスキの議論は「根本的に不十分である」と批判するのである。Deane, The *Political Ideas of Harold J. Laski*, p. 107（邦訳、一〇七頁）. だが、ラスキが強調する個人の経験の独自性を正しく理解するならば、「実現しなければならない自我の本質」の無規定性こそが彼の理論的帰結であり、それがディーンの批判するような欠点ではないことは明白である。なぜなら、ラスキ本人の信じる「自我」の理想像を『政治学大綱』の読者に押しつけることは、読者に他者の経験への隷従を強いることと同義であるからだ。彼の観念論批判の根底にはこのような個人主義的「経験」論が存することが看過されてはならない。

★44　Laski, *Liberty in the Modern State*, p. 89（邦訳、一〇二頁）.

★45　Laski, *Liberty in the Modern State*, p. 114（邦訳、一三四頁）.

★46　ラスキの法理論に見出されるプラグマティズムの影響については、椙沢「H・J・ラスキの政治思想」四四頁を参照。

★47 Laski, *Liberty in the Modern State*, p. 90（邦訳、一〇三頁）.

★48 Deane, *The Political Ideas of Harold J. Laski*, p. 40（邦訳、四一頁）.

★49 Laski, *A Grammar of Politics*, p. 91（邦訳、上巻、一四〇頁）.

★50 Laski, *A Grammar of Politics*, p. 92（邦訳、上巻、一四一頁）.

★51 Laski, *A Grammar of Politics*, pp. 103–4（邦訳、上巻、一五六―七頁）.

★52 本書、第三章第一節（二）参照。

★53 Laski, *A Grammar of Politics*, p. 96（邦訳、上巻、一四七―八頁）. 強調引用者。

★54 Laski, *A Grammar of Politics*, p. 289（邦訳、上巻、四〇二―三頁）. 強調引用者。

★55 Laski, *A Grammar of Politics*, p. 289（邦訳、上巻、四〇三頁）.

★56 Laski, *A Grammar of Politics*, p. 289（邦訳、上巻、四〇三頁）. 強調引用者。

★57 Laski, *A Grammar of Politics*, pp. 289–90（邦訳、上巻、四〇三―四頁）.

★58「反乱」という過激な表現にもかかわらず、この語によってラスキが必ずしも暴力的な手段に訴えることを意味していないことは、彼の「暴力」そのものに対する批判からも窺える。例えば、本章第二節（一）および第六章第一節（一）参照。というのも、五回にわたるイギリス選挙法改正とはまさに「抵抗」ないし「反乱」が合法化され、合法的な政策決定プロセスの内部にとり込まれていった過程とみなしうるのであり、ラスキはこの法改正によって実現された民主主義的な諸制度を前提に議論を展開したからである。古代ギリシア都市国家で行われていた民主政に関するJ・G・A・ポーコックの次のような洞察を参照。「市民共同体においては、言論が流血にとって代わり、復讐という行為が決定という行為にとって代わった」。J. G. A. Pocock, 'The Ideal of Citizenship since Classical Times' (1992), in Richard Bellamy & Madeleine Kennedy-Macfoy (eds.), *Citizenship: Critical Concepts in Political Science*, vol. 1, Routledge, 2014, p. 68. 一八二四年における団結禁止法の撤廃なども同様の過程として理解することができるだろう。本書、第一章第一節（一）参照。

★59 Harold J. Laski, 'Symposium: Bosanquet's Theory of the General Will', in *Proceedings of the Aristotelian Society, Supplementary Volumes*, vol. 8, 1928, p. 47.

★60 ラスキはここでグリーンの名に言及していないが、これはまさにグリーンが自覚的に行ったことであった。本書、第一章第二節（二）参照。

★61 Laski, 'Bosanquet's Theory of the General Will', p. 49.

★62 Laski, 'Bosanquet's Theory of the General Will', pp. 46, 49, 56.

★63 Laski, 'Bosanquet's Theory of the General Will', p. 50. 強調引用者。

★64 ホブハウスが「調和」という語を「共通善」の同義語として用いていたことについては、本書、第三章の注（79）を参照。

★65 もちろんグリーンも、前述の通り、国家の正当性を自明視したわけではなく、だからこそ市民による抵抗も問題となりえた。しかしながら、彼はその主権論において、少なくとも国家が**部分的**には共通善を体現しているものであることを認めた。それゆえ彼は、抵抗権を認めることに関しては慎重にならざるをえなかった。すなわち、共通善の具現化とみなされ歴史的に存続してきた国家に抵抗する権利は、余程の大多数がそれを正当とみなさないかぎり存在しえないのである。本書、第一章第二節（四）参照。ラスキは国家が存続してきた事実それ自体は、それが共通善を実現してきたか否かとは無関係であるとしている。彼が国家の「力」としての側面を重く見たのも、このような歴史観と関係している。

★66 Laski, 'Bosanquet's Theory of the General Will', p. 60.

★67 本章第一節（一）における、「法的に古いもの」と「政治的に正当化しうるもの」との対比関係をあわせて参照されたい。

★68 Laski, *Liberty in the Modern State*, p. 64（邦訳、七二頁）.

★69 Laski, *Liberty in the Modern State*, p. 49（邦訳、五三頁）.

★70 Laski, *A Grammar of Politics*, p. 85（邦訳、上巻、六五頁）.

★71 Laski, *A Grammar of Politics*, p. 21（邦訳、上巻、四七頁）.

★72 Laski, *Liberty in the Modern State*, p. 81（邦訳、九二―三頁）.

★73 Laski, *Liberty in the Modern State*, p. 108（邦訳、一二七―八頁）.

★74 Laski, *A Grammar of Politics*, p. 19（邦訳、上巻、四四頁）. 強調引用者。これに対して、毛利智はラスキの思想を次のように要約している。「ラスキは、人類全体の福祉を内包する〝社会的な善〟を構想することによって、国家が保障する社会秩序を正当化する。しかし同時に、その社会秩序の根底に、国家の絶え間ない変革を求め、もしも国家による統治が正しくなければ、**いつでも**蜂起するような流動的なアナーキーの潜勢力を想定するのである」。毛利「ハロルド・ラスキの社会変革論」四四七頁。強調引用者。このように毛利は、ラスキの政治思想を「アナーキー」と「コンフォーミズム」とのせめぎ合いとして捉える。だが、本書のラスキ解釈を踏まえると、前者に関しては、ラスキの思想に「コンフォーミズム」を読み取ろうとすることによって、彼の「思慮なき服従」に対する根本的な問題意識を見落としてしまう危険がある。また後者に関しては、ラスキは「アナーキー」を想定しえないほどの「思慮なき服従」の現実があるからこそ、権力の広範な配分を要請しているのだと言えるだろう。本章第一節（二）参照。

★75 Laski, *A Grammar of Politics*, p. 19（邦訳、上巻、四四頁）.

★76 Laski, *A Grammar of Politics*, p. 42（邦訳、上巻、七四頁）.

★77 Laski, *A Grammar of Politics*, p. 215（邦訳、上巻、三〇五頁）.

★78 Laski, *Liberty in the Modern State*, p. 81（邦訳、九三頁）.

★79 Laski, *A Grammar of Politics*, p. 104（邦訳、上巻、一五七頁）.

★80 Deane, The Political Ideas, p. 16（邦訳、一六頁）.

★81 Laski, *Liberty in the Modern State*, p. 85（邦訳、九七―八頁）.

★82 ミルの次のような考察もあわせて参照されたい。「結果が外面に表れることもないのに思考の労をとろうとする人や、役割を果たすことが許可される見込みがないのにその役割に関して有能であろうとする人は、知的活動それ自体に対して異常な興味を持っていると言わなければならない。少数の人は別としても、たいていの人の場合、精神活動を十分に刺激できるのは、結果に対して実際に何か役に立つだろうという見通しがあるときだけである」。Mill, 'Considerations on Representative Government', p. 400（邦訳、四四頁）. ラスキがこのような着想をミルから得たということは十分ありうるだろう。

　ただし、他のところでも見られるようにミルから多大な影響を受けたであろうラスキが彼と決定的に異なる点も指摘しておくべきだろう。それはイギリスの現状認識に対する違いである。ミルはイギリス人の国民性について次のように述べる。「あらかじめ決められている限界を権力が踏み越えると権力への抵抗をこれほど好む国民は他になく、自分たち自身が最も好きなやり方でしか自分たちは統治されないだろうということを、支配者にいつも思い起こさせようと断固決意しているのである」。Mill, 'Considerations on Representative Government', p. 421（邦訳、七八頁）. これに対してラスキは、むしろこうした傾向が見られないからこそ、「思慮なき服従」の傾向と「抵抗」の必要性をこれほどまでに強調したのである。

　なお、ミルのようにイギリス人の国民性に「国家に対する絶えざる警戒心」を見出す議論はE・バーカーにも見られる。本章の注（107）参照。

★83 Laski, *Liberty in the Modern State*, p. 82（邦訳、九三―四頁）. なお、ミルも同様に政府の領域と私的領域、中央の領域と地方の領域の間の境界線は、その国の時代や必要、国民の能力などによって絶えず変動するとしている。J. S. Mill, 'Centralisation'（1862), in *Collected Works of John Stuart Mill*, vol. XIX, p. 581.

★84 Laski, *Liberty in the Modern State*, p. 123（邦訳、一四六頁）.

★85 Laski, *Liberty in the Modern State*, p. 62（邦訳、六九―七〇頁）.

★86 ラスキのこのような主張を「結社形成的（associative）な自由主義」という一つの政治理論へと敷衍した示唆的な解釈として、杉田敦「全体性・多元性・開放性」、『境界線の政治学』岩波書店、二〇〇五年、特に三六―四四頁がある。ただし、杉田はラスキの「道徳的」観点と「法学的」観点の区別には触れていないため、特に「道徳的」観点におけるラスキの国家論からこうした推論を導き出したものと思われる。にもかかわらず、この論攷は「忠誠心」と「自発性」の関係に関するラスキの議論の真髄を鋭く捉えたものであると言える。

★87 Laski, *A Grammar of Politics*, p. 257（邦訳、上巻、三六〇―一頁）.

★88 Laski, *A Grammar of Politics*, pp. 257–8（邦訳、上巻、三六一頁）.

★89 Laski, *A Grammar of Politics*, p. 256（邦訳、上巻、三六〇頁）.

★90 G. D. H. Cole, *Social Theory*, Methuen, 1923, p. 191（野田福雄訳「社会理論」、『世界思想教養全集17――イギリスの社会主義思想』河出書房新社、一九六三年、二八二頁）.

★91 例えば杉田は、コールとラスキを「集団理論」の論客として分類し、それを「多元性」を個人のレベルで実現しようとするウォーラスの理論と対置し、「多元性」を集団のレベルで実現しようとする理論として説明している。杉田敦「人間性と政治――グレアム・ウォーラスの政治理論（下）」、『思想』第七四一号、一九八六年、一一三六頁。

★92 本書、第二章第二節（一）参照。

★93 Laski, *Liberty in the Modern State*, p. 123（邦訳、一四六頁）.

★94 Laski, *A Grammar of Politics*, p. 247（邦訳、上巻、三四八―九頁）.

★95 Laski, *A Grammar of Politics*, p. 255（邦訳、上巻、三五九頁）.

★96 Laski, *A Grammar of Politics*, p. 248（邦訳、上巻、三四九頁）.

★97 Laski, *A Grammar of Politics*, p. 98（邦訳、上巻、一四九頁）.

★98 Laski, *A Grammar of Politics*, pp. 265–6（邦訳、上巻、三七二頁）.

★99 Laski, *A Grammar of Politics*, p. 81（邦訳、上巻、一二四頁）.

★100　Laski, *A Grammar of Politics*, p. 82（邦訳、上巻、一二五頁）.

★101　「諮問機関」という構想自体は、ラスキの独創と見るべきではないだろう。例えば、ミルの「民衆合議体（popular assembly）」に関する議論を参照。ミルは「統治業務の統制と実際の業務遂行との間には根本的な違いがある」とした上で、「民衆合議体」の役割は統治の業務を統制する「助言者」としての役割に限定すべきであると論じた。Mill, 'Considerations on Representative Government', pp. 423-5（邦訳、八二―四頁）.

★102　Laski, *A Grammar of Politics*, p. 82（邦訳、上巻、一二六頁）.

★103　なお、R・バーカーはコールとホブソンの思想をともに「ギルド社会主義（guild socialism）」として説明している。Barker, *Political Ideas in Modern Britain*, pp. 104-10.

★104　Laski, *A Grammar of Politics*, p. 63（邦訳、上巻、一〇一―二頁）.

★105　Laski, *A Grammar of Politics*, p. 37（邦訳、上巻、六七―八頁）.

★106　Laski, *A Grammar of Politics*, p. 55（邦訳、上巻、九二頁）.

★107　この点で、彼と同じく一般的に多元的国家論者として位置づけられるアーネスト・バーカーは、その「多元的国家論」を開陳したとされる論文「信用されざる国家」の中で、マグナカルタなどの例にも見られるようにイギリスにおいては国家が歴史的に信用を受けてこなかったということを強調している点でラスキの議論と興味深い対照をなしている。すなわち、バーカーによれば、国家は被治者によって信用されてこなかったという。Ernest Barker, 'The Discredited State' in *Church, State and Education*, Methuen, 1930, pp. 151-70. なお、当該論文は一九一四年に行われた講演をもとにしたものである。

これに対して、ラスキはむしろ「多元的国家論」を通じて、法学者の主権論やイギリス観念論者の国家論が持つ影響力を念頭に置きつつ、国家が被治者によって容易に信用されてはならないということを強調している。このように両者を並べてみると、バーカーにはヴィクトリア時代におけるウィッグの「イギリス国制」に対する信頼、あるいは歴史的に育まれてきたものに対する信頼にも通ずるような態度が見られる。バーカーのウィッグ主義的側面を指摘した研究としては、Julia Stapleton, *Englishness and the Study of Politics: The Social and Political Thought of Ernest Barker*, Cambridge University Press, 1994がある。

★108　権利論の観点からすれば、ラスキはグリーンが批判したホッブズの「自然権」概念に逆戻りする戦略をとったと見ることもできる。Cf. Hobbes, *Leviathan*, ch. 14. ラスキはグリーンが「社会の承認」に基礎づけた権利概念を、いま一度「個人の判断」の次元へと引き戻した。ただし、ラスキにおける権利の目的が、ホッブズのように「自己保存」ではなく、「自己実現」であった点においては、彼はまたグリーンの議論を一部踏襲していると言うことができる。本章第二節（一）および（二）参照。

第五章　階級なき社会を目指して
――ハロルド・ラスキの唯物史観批判

一九二八年、ゼネストの危機を脱した第二次ボールドウィン内閣の下で第五次選挙法改正が実施された。二十一歳以上のすべての男女に選挙権を認めた同改正法は、一世紀にわたって進められたイギリス民主主義の制度上の実現をついに完成させるものであった。翌二九年にはここで定められた普通選挙制が早くも実行に移され、この選挙で保守党に辛勝した労働党がマクドナルドを首相に擁立し政権を奪取した。しかし、このマクドナルドによる労働党単独政権は、成立後、大きな試練を迎えることとなる。

それは同年末に起こった、アメリカに端を発する世界恐慌であった。ニューヨーク株式市場での株価の大幅な下落が引き金となり、たちどころに大不況が世界中に広がった。アメリカ本国においては共和党のフーヴァー大統領政権が公共事業や失業対策を進めたものの、連邦政府が経済的領域に干渉することを厭う当時の風潮を反映した同政権の基本姿勢には限界があった。閉塞状況の中、三三年に大統領就任を果たした民主党のフランクリン・ローズヴェルトは「ニューディール」政策を実施し、政府による経済的領域への干渉を積極的に行った。最高裁によって下された違憲判決やウォルター・リップマンをはじめとする知識人の批判に曝されながらも、三六年の大統領選では共和党候補に圧倒的大差をつけて再選され、三八年までに二度にわたるニューディール政策を実行してアメリカ社会保障制度の礎を築いた。

世界恐慌の影響が比較的少なかったソ連においても、一九二〇年代末頃から続く二度にわたる「五ヵ年計画」により農業の集団化が進んだ。この改革は「上からの革命」と言われる強行的なものであったが、これによりソ連の工業化も進んで失業者は一掃され、欧米諸国の左派知識人からの注目を集めた。他方でアメリカ経済に対する依存度の高かったドイツにおいては経済が著しく後退した。閉塞状況に陥ったドイツの民衆に後押しを受け、三三年にはナチ党の指導者であるヒトラーが一党独裁体制を確立した。ヒトラー政権の下でライヒスバンク総裁と経済相を兼任したヒャルマル・シャハトは経済統制を通じて完全雇用を実現した。大不況を脱したかに見えたナチス・ドイツであったが、慢性的な外貨不足に悩まされ、徐々に侵略戦争による領土拡張路線へと傾いていくこととなる。

世界恐慌の波はイギリスの政治・経済にも混乱をもたらした。成立後間もないマクドナルド政権は、失業手当の引き下げを含む財政の緊縮によってこの危機を乗り切ろうとしたが、失業問題が深刻化する状況にあってこのことが党内の激しい反発を呼び、一九三一年八月二十四日、労働党内閣は倒れることとなった。この政治危機は、労働党除名処分を受けたマクドナルドが保守党主導の「挙国政府（National Government）」の首相に立てられるかたちで収拾された。だが、この挙国政府も経済危機を解決することはできず、結局は三五年の総選挙で首相に就任したボールドウィンが保守党内閣を組織することとなった。同内閣は台頭するナチス・ドイツの再軍備やイタリアのエチオピア侵攻、スペイン内戦に関しても不干渉の姿勢を固持し、このいわゆる「宥和政策」は三七年に首相の座に就いたネヴィル・チェンバレンの下でも継続された。

初の労働党内閣を組織したマクドナルドの社会主義に消極的な姿勢に対する失望や、保守党の宥和政策に対する非難の声が高まる中、一九三〇年代のイギリス左派知識人の間では空前のマルクス主義ブームが起こっていた[★1]。ラスキもこうした雰囲気の中でマルクス主義を受容した一人であったが、それ以前にも資本主義システムの枠内における社会問題の解決に対する彼の懐疑を強めるような出来事はあった。例えば、一九一九年、ラスキはボストン警察のストライキに加わりこの運動を支持したが、このことによって「ボリシェヴィキ」の烙印を押された彼は反ユダヤ主義的な批判にも遭い[★2]、ハーヴァード大学での立場を危うくした。また、二七年には産業裁判所でゼネストの仲裁人として立ち会い、チャーチルを含む保守党の多くの人物の非妥協的な姿勢に驚かされたという。こうした経験の下、ラスキは二九年に成立したマクドナルド政権が徹底的な社会変革を行うことに期待をかけていたのである。

しかしながら、そのような期待は一九三一年、先述の挙国政府成立という最悪のかたちで裏切られることとなった。この出来事を機にラスキのマルクス主義化が決定的なものになったとする論者はディーンをはじめ多数いる。しかも、彼らの多くがここにラスキの理論的断絶を見てとり、二〇年代におけるラスキ政治思想と三〇年代におけるそれとの間の矛盾点を列挙し、マルクス主義に堕したラスキを批判している[★3]。後に述べるように、前章で検討した「フェイビアン主義」への変遷とは異なり、「マルクス主義」の受容に関してはラスキ自身がはっきりと自覚しているため、マルクス主義受容がラスキの政治思想に何の影響も及ぼさなかったと解釈するのは無理がある。にもかかわらず、これもまた後述の通りであるが、このマルクス主義受容は直ちにそれまでの理論的立場の全面放棄を意味するものでもなかった。

また、ディーンとは対照的に、ラスキの政治思想の連続性に着目した研究者としてB・ザイルストラがいるが、彼によればラスキの政治思想の根幹をなす要素は一九二五年の『政治学大綱』の中ですでに示されており、三〇年代以降の彼のマルクス主義への傾倒は、三一年の挙国政府成立という出来事が「ラスキの政治的見解の比較的見えづらかった多くの側面を結晶化」したものにすぎないとしている点で、マルクス主義受容がラスキの政治思想に及ぼした影響を過小評価している［★4］。同様の観点から、ラスキのマルクス主義受容を単なる「強調点や言い回しの変化」とみなすW・H・グリーンリーフの研究も不十分なものにとどまる［★5］。

また、比較的新しい研究としては、ピーター・ラムによる諸論文がある。彼はラスキの思想的一貫性にほとんど目を向けないディーンと、ラスキの連続性を過度に強調するザイルストラやグリーンリーフの立場の双方を批判した点では本書と近い立場にあると言える［★6］。しかしながら、ラムの研究はラスキの生きた時代や彼の意図から彼の政治理論を切り離してその現代的意義を問うたものであったため、彼がそもそもなぜマルクス主義を受容することが必要であると考えたのかということを究明していない。また、主権論に視野を絞ってラスキの一貫性を示そうとしているがために、ラスキが「主権論」から「自由主義」というより大きなテーマ——前者は後者を構成する一部の要素にすぎない——に分析対象を移したことを見落としている［★7］。

以上をまとめて言えば、従来のラスキ研究はマルクス主義受容によってラスキの政治思想がいかなる変貌を遂げ、またいかなる面においては以前の要素を保持し続けたのかという問題を十分に論じてこなかった。そこで本章は、まず第一節において、三〇年代に入ってから『政治学大綱』に付け加えられた序文における多元的国家論の自己批判を検討する。そこではラスキが多元的国家論を廃棄したのではなく、それをマルクス主義理論の中に包摂したのであり、その結果、「階級なき社会の実現」という新たな目標がラスキの政治思想に加わったことを明らかにする。第二節では、三〇年代に入ってからも実際に多元的国家論が彼の思想の中に依然として息づいていたことを示す。

第三節では、マルクス主義の受容によって、それ以前から展開されていた「思慮なき服従」批判がいかなるかたちで深化されたのかを見る。そこでは彼の「主権論」に対する批判もまた、「自由主義」というより大きな敵に対する批判の中に包摂されることとなった。第四節では、ラスキのマルクス主義批判を扱う。彼は三〇年代以前の自身の政治思想とマルクス主義的要素とを調停するために、マルクス主義の教義のすべてを無批判的に受け容れたのではなく、特にその唯物史観とユートピア的側面を批判的に吟味することを余儀なくされたのであった。

第一節　多元的国家論の自己批判

(1) 自由主義的国家論批判と多元論の目的の包摂

前章で見たように、ラスキは国家の統治形態とその下で生活する市民の態度には相関関係があるとした上で、市民の生活と政府の決定とがかけ離れた中央集権的な統治形態の下では、市民は「思慮なき服従」に陥る傾向があると考えた。それゆえ彼の唱道した多元的国家論に付随する最終的な政治目標は、権力の広範な配分を通じて市民の主体的な態度を涵養し、諸個人の自由を実現することであった。そして、こうした理論的立場は一九三〇年まで一貫して採用され、一九二五年に初版が上梓された彼の主著『政治学大綱』もまた、このような立場に依拠して書かれた体系的な政治思想を内包していた。

だが、一九三八年に書かれた『政治学大綱』第四版の序文「国家論の危機」の中でラスキは、いかなる国家論もそれがつくり上げられた時代から切り離して理解することはできないという彼の信念に則って、自身の採用していた「多元的国家論」に対する自己批判を行った[★8]。彼によれば、この三〇年代という時代に問題となっていたのは、もはや国家の形態などといった些細な問題ではなく、国家の本質そのものであった。そして、彼が当時直面していた危機というのは、それが資本主義的社会構造の本質にかかわる危機であることを認識しないかぎり理解しえないものであったという[★9]。挑戦を受けているのは、資本主義的社会構造を正当化する「自由主義的国家論（the liberal theory of the state）」なのである。

彼はそうした国家論の基礎にある仮説を次のように説明している。「それは、いかなる政治社会にも、それが無秩序を避けようとするならば、あらゆる者に命令を下し、いかなる者からも命令を受けないような最高権力が存在しなければならないということである。この権力が主権である。そしてそれは、主権の運用を委託された政府によって、国家の名の下に行使されてきた」[★10]。前章で論じたように、二〇年代のラスキは多元的国家論の立場から「主権」概念の批判的検討に情熱を注いだ。そして、三〇年代に彼の批判的検討の対象となった「自由主義的国家論」も主権論と結びついたものであった。つまり、批判の直接的な対象が自由主義的国家論に移ったとはいえ、三〇年代に入ってからも依然として彼は、その国家論の基軸をなす主権論に対して批判的な態度を持ち続けていたのである〔★11〕。

だが、その批判のために用いる分析手法としては、かつて彼が採用していた多元的国家論だけでは十分ではない。彼によれば、資本主義国家の本質にかかわる当時の諸問題を解明できる国家理論は、マルクス主義的国家論を措いてほかにないのである〔★12〕。彼はいまや多元的国家論の欠点を次のように指摘するに至った。「多元論は階級関係の表現としての国家の本質を十分に認識していなかった。国家が社会の法的根本原理を定めてそれを統制するためには、不可分かつ他の何者にも責任を負わない主権を自らが持っていることを主張しなければならないという事実を、多元論は強調しなかったのである」〔★13〕。

なるほどラスキは二〇年代までの諸著作において、道徳的な意味では国家を他の集団と同等のものとして見ると同時に、法学的仮説の上では国家は他の集団に優越しており、しかも実際に他の集団に対して自らの意志を貫徹させる手段としての強制装置を保持していることを認めていた。二〇年代のラスキは、前者の道徳的観点を強調することによって、彼の問題視する「思慮なき服従」をイデオロギー面で支えるものとしての一元的国家論の相対化を試みたのである。そして、その立場から達成すべき目標は、権力の広範な配分を通じて、国家行動に黙従する大衆を主体的な市民へと変えていくことにより、個人の自由を実現することであった。しかしながら、いまや強調点は後者の法学的側面――その中でもとりわけ法の論理的仮説の側面ではなく現実的な「力」の側面――に移ったと言えよう。つまり、彼は三〇年代以降、国家が現実において強制力を行使してその意志に市民を従わせているという構造それ自体を問題にすることとなったのである。

しかし、従来の主要なラスキ解釈に反して、彼は多元論を放棄してしまったわけではなかった。彼は三〇年代以降の自身の政治思想における多元的国家論の位置づけを次のように説明している。

多元論の目的は〔放棄されるというよりはむしろ〕より大きな目的の中に吸収される。（……）もし国家が不可避的に生産手段を所有する階級の道具にならざるをえないということが事実であるとすれば、多元論者の目標は階級なき社会をつくり出すことでなければならない。その目標が達成されれば、国家の最高強制権力の存在する余地はなくなる。なぜなら、そのようなものは必要ではなくなるからである。〔★14〕

権力を広範に配分することにより諸個人の自由を実現するという多元的国家論の政治目標を彼が捨て去ってしまったわけではないことはこの主張からも読み取れる。二〇年代から変わったのは、その目標を成就するためには、その前提条件としての「階級なき社会」をまずは実現する必要があるという認識に彼が至ったことであった。

ラスキによれば、階級関係が除去されたあかつきには、「社会の真に分権的な性質が制度的表現を与えられたような社会的組織体が想定しうるようになる。このような社会的組織体においては、権力は形式においても表現においても多元的なものとなりうるだろう」〔★15〕。換言するならば、ラスキは「権力の広範な配分」を妨げているのは「階級関係」であるという認識に至ったのだ。彼はマルクス主義的階級国家観に従って、国家というものを、階級関係を維持するための資本家の道具とみなすようになった。

それゆえ彼によれば、後述するように、とりわけ危機の時代においては、国家は労働者の民主主義的諸権利を制限するための強制装置として現れるのである。

(2) マルクス主義受容の背景となった政治的経験

多くの研究者が指摘しているように[★16]、そしてここまで繰り返し述べてきたように、ラスキがマルクス主義的階級国家観を用いるようになったのは三〇年代に入ってからのことであったと言える。いかなる段階を踏んで、どのような意味においてマルクス主義を受容したのかに関しては、ラスキ自身の証言が大いに参考になるだろう。彼は自身の理論のこのような展開過程を、三〇年代も終盤に差し掛かった一九三九年に次のように振り返っている。まず一九一四年から二〇年までのカナダ、アメリカ滞在中に、

> 抽象的な政治的自由は、それが経済的な金権政治の支配に従属しているかぎり、いかに意義を見出しえないものであるかを私は学んだ。(……)アメリカから帰ってきたときには、私は、平等な状況を除いては、自由は無意味であることに確信を抱いていた。そして平等というものもまた、生産手段が社会的に所有されていないかぎり無意味であるということを理解し始めていた。[★17]

ここで注目すべきは、まだマルクス主義的分析手法を自身の理論に導入する以前から、彼が経済的平等を政治的自由が機能するための前提条件として捉えていたことである。したがってこの構想自体は、三

〇年代における彼のマルクス主義受容をきっかけにして初めて得られたものでは決してなかったのである。

ただし、彼によれば、「それはまだ歴史の歩む過程に対する洞察とはなっていなかった」［★18］。つまり、この時点での彼は、資本主義国家における階級関係の根本的重要性を十分に認識していなかったがために、国家行動がある少数者の集団の利益に偏ることを、市民による不断の監視によって防止することができると信じており、その意味では階級関係そのものを廃棄することの必要性を認識していなかったのである。

しかしながら、労働争議の仲裁や政治ジャーナリズム活動、外国での講演といった経験を通じて、彼は自身の政治理論を修正することになった。そのことを彼は次のように回顧している。

これらすべての活動から私が学びとった重要な教訓は、マルクス主義の哲学が有する広範な真理である。（……）一九二〇年にイギリスに帰ってきたときには、私はまだ民主主義の原理が徐々に経済関係に浸透していくのが観察されるであろうという希望を持っていた。だが私はやがて、いかなる階級も決して自発的に権力の所有を放棄することはないという結論に辿り着いた。生産手段の私的所有があるかぎり、労働者階級が国家権力を奪取することなしには、民主主義の理念が階級という障壁を乗り越えることはできないということを私は自覚するようになったのである。［★19］

このように、彼は三〇年代以降、民主主義的な手続きによる生産手段の社会化の可能性を、深い絶望をもって見るようになったのである。

そして、ラスキのこうした絶望が彼の政治思想に初めて明確なかたちをとって現れるのは、一九三一年八月二十五日の挙国政府成立を受けて執筆された論攷「危機が意味すること」においてであった。先述の通り、三一年八月、世界恐慌の煽りを受けて経済危機に直面していたイギリスの労働党政府は、失業手当の削減により失業者を犠牲に供するかたちでポンドの信用維持を狙った財政緊縮案によってこの危機を切り抜けようとした。だが、このような緊縮案は当然のごとく反発を招き、同月二十四日、半数近い大臣の辞任表明をもって労働党政府は倒壊した。経済危機が生み出したこのような政治危機を収拾すべくして発足した政府こそ、かの「挙国政府」であった。挙国政府は保守党員四人、労働党員四人、自由党員二人のわずか十人からなる小さな内閣であった。だがその実態は、「挙国政府」とは名ばかりの保守党主導政権であった。

労働党の一員であったラスキは、マクドナルドの行動を非難して次のように述べた。ポンドの信用失墜を恐れた銀行家たちの警告にマクドナルドが屈したという事実が物語っているのは、「社会主義国家は資本主義を暴力的に破壊しなければ建設できるものではないということである」[★20]。マクドナルドに対するラスキの落胆は、こうした極端なペシミズムに帰着した。ただし、暴力革命論を思わせるこのような過激な発言は、四〇年代の彼の「同意による革命」論を見れば明らかなように、一時的な感情の昂りによるレトリックにすぎない[★21]。ここで重要なのはむしろ、ラスキは若い頃からフェイビアン協会を通じてすでに労働党に入党していたものの、資本主義的社会構造そのものの変革に自身の著作の中で言及したのはこれが初めてであったということである。

資本主義に対するこのような問題意識は、三〇年代以降初めてラスキの思想に生じたものであった。というのも、二〇年代までの彼は、そのきわめて個人主義的なシティズンシップ論ゆえにホブハウスが批判したようなエリート主義的な意味における「フェイビアン主義者」とは到底言えないものの、少なくともフェイビアン協会の標榜する「浸透（permeation）」策［★22］に対する一定程度の共感を持っていたのであり、すなわち資本家が理性的な議論によって説得される可能性に対してラスキがきわめて楽観的だったからである。彼は権力の広範な配分によって政治的自由に対する諸個人の関心が高まれば、諸個人は自らの良心に即さないような政策や立法には不満の声を上げるようになり、そして国家の側もその声に耳を傾け、結果として国家行動は自ずと諸個人の意志に基づいたものになっていくはずだと信じていた。

しかしながら、実際に生じた不満の声に対して国家のとった行動とは、その強制力を行使することによって不満の声を封殺しようとするものであった。一九二七年の労働争議および労働組合法、三四年の不満扇動防止法、三六年の公共秩序法のごとき立法措置は、まさに国家が資本家の利益となるような現存秩序を維持するための道具にすぎないことを裏づける実例であった。彼はこういった歴史的事実から次のような結論を導き出す。資本家階級は「国家を、自分たちの利潤が最大限に確保される状態を促進する組織（……）としか考えていない」［★23］。つまり、いくら説得による「浸透」を試みたところで、資本家は国家権力を駆使して何とか自らの特権にしがみつこうとするのである。三一年に至ってラスキは、資本主義社会という枠組みの内部における民主主義的な手続きに関してよりいっそう悲観的な態度を示したのであった。

そしてこのことはまた、一九三〇年に『近代国家における自由』が出版されたときになっても、「権力の広範な配分」がどのような方法で実現されうるのかという問題について彼がほとんど論じてこなかったこととも密接に関連している。二〇年代までの彼は「権力の広範な配分」によって個人の自由が実現されると論じたが、その配分に至る方途に関してはほとんど議論が及んでいなかったのである。三一年以降、彼はこのことを反省して自身の議論をマルクス主義によって補強する必要があると感じるようになった。つまり、「権力の広範な配分」を可能にするためには、階級社会の下で資本家の善意に頼るのではなく、「階級なき社会」を実現することが不可欠だと考えるようになったのである。したがって、資本家階級の利益追求の道具として国家を見るマルクス主義的階級国家観をラスキが採用したのは、挙国政府成立以後とみなすことができるだろう。

第二節　三〇年代における多元的国家論の位置づけ

だが、すでに述べたように、これはかつての自身の立場の全面的放棄ではない。一九三五年出版の『理論と実践における国家』は、一般に彼が自身のマルクス主義的国家論を理論的に定式化した著作であると言われているが、われわれはそこに彼の政治思想における二〇年代からの連続性をも明白に見てとれるのである。

まず、彼は個人が国家に服従する根拠に関して、人びとは理論上の国家の「目的」ではなく、現実の経験世界において国家行動がもたらす「結果」に基づいて国家に服従すべきか否かを決めなければならないという、二〇年代と同様の機能主義的な議論をこの著作の中でも繰り返している。すなわち、人びとは国家に対して、単にそれが国家であるからという理由のみによって忠誠を捧げるべきではない[★24]。法学的主権論および観念論的国家論に向けられたこのような批判は、国家が他の集団にあらゆる面で優越するという主張を否定する点において、二〇年代に展開された「多元的国家論」の重要な要素であった。そして、彼はあくまでも国家主権の形式性を強調し、「それはある構造の叙述（description）であって、価値判断（valuation）の帰結ではない」と述べ、ここでも価値判断と事実判断の区別を明確化しているのである[★25]。

こうした区別に基づき、彼はまず法学的主権論を批判して、「法学者は、国家がその市民からの服従を要求することの諸目的を考察するのは不必要であるとみなすかもしれない。しかし、政治家はこれらの目的の意味することを片時も忘れようとはしない」と述べ、法学とは区別された政治学の役割を強調した[★26]。その役割とはすなわち、道徳的価値判断に基づく国家行動の吟味である。またラスキによれば、観念論的国家論も、ヘーゲル哲学に依拠して現実と理想とを等置することによって、現実の国家が市民の忠誠を要求する権利が基づくべき諸条件を満たしているか否かといった問題を未解決のまま残す点において、政治学固有の仕事を放棄するものであると糾弾している[★27]。

これらの批判の根底には、前章で触れた「法学的権利」と「道徳的正義」との区別がある。すなわち、ラスキは法学的主権論やイギリス観念論によってそれらの両者が混同されていることを批判した。そして、そのことはそれぞれ「合法性（legality）」と「正当性（legitimacy）」という別の対概念によっても表現されている。彼は主権の「合法性」と「正当性」について次のように述べている。

事実に忠実であろうとするならば、われわれは国家を、それ自体のうちにあらゆる社会目的を内包し、かつそれらの目的の正当性を定めるものとみなすことはできない。なるほど国家はそれらの目的の合法性を決定する。国家は自己の要求に対してそれらの目的が従属するように、合法的に強制しようとすることはできる。だが、合法性への従属が、定義された主権の性質から導き出される形式的かつ観念的な帰結以上の何ものかであると考えるのは、まったくその本質を見誤ることになる。正当性は、〔合法性とは〕まったく異なる領域に属する事柄なのである。［★28］

つまり、政治学は「合法性」のみを取り扱う法解釈学のような学問とは異なり、「正当性」の問題をも探究する知的営為なのである。

さらに「法」に議論を限定すると、「合法性」とはつまり法が持つ「形式的・法学的意味」のことである。この意味における「法」とは、ある決定を強制しようとする意志の単なる表明にすぎず、それは法的主権に依存するものである。一方で政治学は、「正当性」に関しては、法の有する意味のより細かな区別を要請する。それはすなわち、法の「政治的意味」と「倫理的意味」の区別である。形式的声明にすぎなかった法は、まず「政治的意味」において、人びとからの服従を受けて実効性が与えられる。しかし、単に法が市民によって実際に遵守されているというだけでは、その法は「倫理的意味」における法とはならない。表明された法が、その目的が達成されることが「道徳的に正しい（morally right）」という理由から服従を受けている場合にのみ、その法は「倫理的意味」を獲得するのである［★29］。つまり、ラスキにとって「正当性」を満たす法とは、この「倫理的意味」における法だけであった。

ラスキは一九三四年六月三十日にナチ党が下した突撃隊の粛清命令をその具体例として挙げ、次のように論じている。その命令は「有効に施行され、かつその国家に支配されていた人びとによって容認されたという意味においては法であった。だが、もし自主的な判断を下しうる立場にあったならば、大多数の人びとはそれらの命令を、倫理的に常軌を逸したものとみなしていたであろうと思われる。力（might）はいかに強くとも正義（right）とはならないのである」［★30］。

つまり、ある法が「主権者」によって定められたという事実はもとより、その法が市民によって遵守され円滑に施行されているような状況さえも、その法が倫理的に正しいことの証左とはならない。というのも、「政治的意味」における法は「思慮なき服従」によっても支えられうるものであり、諸個人が法に対してただ惰性的に服従しているような状況は、「道徳的存在」としての市民の自由とは両立しえないからである。それゆえラスキにとって、法の正当性の基礎である市民の同意は、市民が主体的な判断を下しうるような状況の下で示されたものでなければならない。彼はイタリアやドイツにおけるファシズム支配の現実を目にする中で、法に対する反対の声の不在は、必ずしも同意の存在を意味しないという洞察を導き出したのであろう。そして、このことは非ファシスト国家の労働者階級についても当てはまる。労働者階級が長時間労働に縛られており、また政治的判断のために必要な教育が受けられず、法によって結社の自由が抑圧されていた当時のイギリスのような国家においては、労働者階級は真の意味で自由であるとは決して言えないとラスキは考えたのである。

以上で見てきたような、「法学的」観点と「道徳的」観点の厳格な区別に加え、法に対して道徳的な基準から判断を下す主体が「個人」であることも二〇年代から一貫している。ラスキは、法はその施行に対して「個人」が同意するときにのみ正当なものとなりうるという個人主義的見解を引き続き採用している〔★31〕。そして、その帰結として当然導かれうる無秩序の危険をも自ら認めているが、そのような危険を伴う服従論を彼があえて支持する理由は、国家の命令が自らの良心と齟齬を来すことを市民が国家に知らせるためには、その命令に対して反対の声を上げるしか方法がないと考えたからである。

それゆえ自らの良心と衝突するような国家行動に対しては、抵抗によって反意を表明することが市民の義務ですらある。というのも、そのことによってのみ国家行動は個人の意志に基づいたものになりうるからである。国家の下す命令の道徳的正当性を問うことなく、単なる命令の受領者と化してしまった市民は、もはや道徳的な意味において市民たることをやめてしまうとラスキは言う〔★32〕。「自らの道徳的確信に従って行動しえないならば、人びとは自由だとは感じないだろう」〔★33〕という自由論に基づいた二〇年代のラスキの個人主義的服従論は、三〇年代に入ってからも持続していたのである。

第三節　マルクス主義受容と「思慮なき服従」論の展開

(1) 労働者階級の思慮なき服従

以上のように、ラスキの政治思想における自由論および個人主義的服従論は二〇年代からほぼそのままのかたちで存続していた。だが一方で、社会的現実に関する彼の分析は、マルクス主義の受容によってさらなる深化を遂げたと言ってよい。大衆の「思慮なき服従」を生み出し保持する仕組みに関する彼の分析は、マルクス主義を経ることでよりいっそう精緻化された。

前節で見たように、個人の良心に基づく抵抗を通じて国家行動を諸個人の意志に基礎づけられたものに変えていくという構想が二〇年代から維持されている一方で、少数者の支配に対して多数者が服従しているという一見不可思議にも思えるような現実が、これもまた二〇年代同様に、引き続きラスキの理論的出発点となっている。グリーンに倣って市民の義務としての抵抗を唱えてみたところで、現実の一般的な傾向としては、たとえ人びとの不満が高まっていたとしても、法は遵守され安定的に維持されているのである。三〇年代以降のラスキはその要因を次のように説明している。「法規範が維持されているわけは、それらの法規範に異議を唱える人たちも、法規範の背後にある権力に挑戦することができないからである」[★34]。グリーンやボザンケの主張とは異なり、法規範が維持されているゆえんは、必ずしもそれが共通善を実現しているとの承認を市民から得ていたり、一般意志を表現していたりするからではない。

だが、マルクス主義的唯物史観に則って考えれば、生産関係と生産力との矛盾が深まるにつれて労働者階級の不満も高まり、国家権力はいずれ革命の挑戦を受ける運命にあるはずだ。ところがラスキは、少なくとも第一次大戦以降の時代において、生産関係と生産力との矛盾が顕現した──すなわち後述のように[★35]、資本主義がその「膨張期」から「収縮期」に入った──との診断を下しているにもかかわらず[★36]、現実のイギリスでは依然として社会主義革命が起こっていない。なぜ革命は起こらないのか。

ラスキはその要因を、労働者の「思慮なき服従」に求めた。彼は一九三七年に刊行された『近代国家における自由』のペリカン版に付された序文において次のように述べている。「彼らは権力に服従することに慣れさせられている。また、彼らは歴史の動きから教訓を学びとるように訓練されてはいない。(……)彼らは過酷な日々の生活に縛りつけられることによって、権力に服従するよう訓練されている」[★37]。労働者は自らの置かれた状況によって、社会構造に関する真理から遠ざけられている。そして、大衆のこうした政治的無関心と無教養が、少数者が多数者を支配する歪な社会構造を可能にする条件なのである。このように、資本主義社会の階級構造との関連で論じられたところに、三〇年代における彼の「思慮なき服従」論の特徴がある。

ラスキによれば、この「思慮なき服従」を正当化し支える役割を果たしてきたのが「自由主義」というイデオロギーであった。そこで彼は、二〇年代にもすでに政治学のテーマであると考えていた「慣れ親しんできた制度」と「必要な制度」の峻別という分析手法を、いまや「主権論」ではなく「自由主義」の歴史に対して適用する。『理論と現実における国家』公刊の翌年に出版された『ヨーロッパ自由主義の興隆』(一九三六年)は、自由主義をめぐる「慣れ親しんできた制度」と「必要な制度」との混同の歴史を描くことにより、『理論と現実における国家』で展開されたマルクス主義的国家理論に歴史的基盤を提供するものであったと言えるだろう。

(2) 自由主義興隆の歴史的背景

『ヨーロッパ自由主義の興隆』の中で、ラスキは「自由主義」を「一つの教説というよりはむしろ心の習慣」であると広く規定した上で、「自由と平等との間に対立(……)をつくる傾向があった」心の習慣としての「自由主義」の、十六世紀から現代に至るまでの歴史を描いた〔★38〕。

まず彼は、自由主義思想史に対する十六世紀の議論の貢献は、「経済的領域における教会の権力を破壊したことである」と述べている〔★39〕。つまり、彼の言う「自由主義」思想とは、経済的領域における教会権力からの「解放」として始まったものであった。それは宗教改革というかたちで宗教の領域において起こった。そして重要なことに、その「解放」の対象にはもちろん労働者も含まれていた。

重商主義とは、そのような台頭しつつある世俗的国家が「自由主義」の完全な達成へと向かう途上でとった最初の手段であった。それは「経済的領域において社会統制の観念を教会から国家にあっさりと移してしまう。（……）国家行動はもはや善き生ではなく、富の獲得、富を生み出す諸条件を立法によって規定すること」となった〔★40〕。このように政治秩序の目的はこの段階で劇的な変化を被った。

こうした思想は、十七世紀においては、とりわけジョン・ロックによって強化されることとなる。ロックは私有財産を理性の支配する自然状態においてすでに存在するものとし、この私有財産に対する人びとの権利を確実なものとするために成立したのが「国家」であると主張した。つまりラスキによれば、歴史のこの時点で「私有財産が市民であることの事実上の資格であるような国家がつくられたのである。このような世界においては、自己愛と社会愛とが相互に等しいものとされうることが当然のこととして想定されるようになる」〔★41〕。こうした世界の下では、私利を追い求めることが公益に直結するものとみなされ、肯定されることになるのである。

また、それに劣らず重要なのは、ロックの教育論が「支配者」と「服従者」とに分かたれた世界を前提にしていたということである。「つまりロックにとって、教育に関するかぎりは、世界はすでに富者と貧者という二つの根本的な階級に分かたれているのである。一方の階級にとっては、訓育の目的は、国事においてであれ私事の処理においてであれ、とにかく支配する能力である。他方の階級にとっては、忠実で〔富者の〕役に立つ服従がその存在目的である」〔★42〕。したがって、ラスキの問題視する、生まれながらに支配者と被支配者とに分かたれた社会としての国家という観念は、少なくとも政治思想史の上では、ロックの時代の自由主義に端を発するものであった。

こうして自由主義の原理に基づく世俗国家が確立されると、その原理はもはや重大な攻撃を受けることもなく、当然のこととして受け入れられるようになった。だがラスキによれば、自由主義の実態が「明らかになると、これと有産階級との連関はきわめて明白になる。その根本的な理想は安定（security）である」〔★43〕。いまや自由主義は「解放」の原理ではなく、現行秩序の「安定」を維持するための道具となるに至った。加えて後述するように〔★44〕、ラスキによればこの「安定」という理想は、支配階級のみならず被支配階級をも含む人間一般の本能的欲求の傾向と緊密に結びついており、こうした傾向は保守党の潜在的に有利な立場を支える重要な要因となったのである。

十八世紀に入り、宗教改革以来続いてきた自由主義的国家論の進化は、アダム・スミスの手によっていよいよ完成された。ラスキはスミスに至るまでの自由主義的国家論の発展を以下のように跡づけている。「宗教改革は、社会的行動を統制する諸規律の源泉として、教会に代えて君主を置いた。ロックとその学派は、これらの諸規律に社会的目的を浸透させるのにより適したものとして、君主に代えて議会を置いた。アダム・スミスは一段と進んで、いくつかの瑣末な例外は別として、議会はいかなる干渉も加える必要はないということを付け加えた」。この段階に至り、国家の目的は「安定」の保障に限定された。

スミスはこうした主張から帰結する自由放任政策に、その支柱として「自然（nature）」と「理性（reason）」という権威を与えたのである［★45］。

フランスにおける重農主義者たちも、同様に自らの理論を「自然」概念によって基礎づけ正当化した。彼らは「人びとの不平等な能力は自然の中に存在するのであるから、所有の不平等は自然の命令に対する服従にほかならない」と主張した。そして、スミスも重農主義者もともに、経済の領域における有産者の自由放任が「社会的調和」を達成すると述べた［★46］。このように自由放任主義の原理は、一見すると労働者階級をも包含する社会の全体に対して普遍的な利益をもたらす原理であるかのように装ったのである。

またラスキによれば、フランス革命を経る中で、自由主義の教説にはさらなる重要な変化が生じた。彼は自由主義が「解放」の原理から「統制」の原理へと転化していく過程を次のように説明している。「つまり、中流階級を解放する方法として出発した一つの教説は、一七八九年以後、労働者階級を統制する方法に変化したのである。（……）彼ら〔革命の勝利者たち〕は、彼らの自由が国民〔全体〕の自由でもあると宣言した。彼らは、彼らが自らの自己利益を追求すれば、必ず同時に、彼らに従属している人びとの利益をも達成することになると主張した」。こうして自由主義の諸教義は、「貧しい人びとに彼らの運命を甘受するように躾ける学校の役割を果たした」のである［★47］。

一例を挙げるならば、フランス革命に思想的影響を及ぼしたヴォルテールは、いかなる意味においても「平等」の価値を認めようとはしなかったという。彼は「無教育の大衆を永続させることが必要不可欠であり、財産を有し下僕を必要とする者は誰でも同じように考えるだろう」と語った。ラスキによれば、ヴォルテールはこの点において、「人民が啓蒙されることの社会的帰結を恐れていたのである」［★48］。啓蒙主義の哲学者たちは概して、第三身分の背後に「第四身分」とでも呼びうる労働者階級がいることを無視した。「彼らは、彼ら自身の解放が労働者にとっても有利に働くと思い込み、それで満足していた」［★49］。要するに、フランス革命期の啓蒙思想家の大半は、資本家と労働者との不平等な地位を自然的秩序と同一視し、一方では労働者階級を教育の機会から遠ざけ、他方では資本家による私利の追求が社会的調和を達成するという言説を振りかざすことによって、こうした不平等を維持しようと努めたのであった。

（3）社会主義の登場と労働者階級

さて、ラスキはここまで見てきたような歴史観に基づいて、自らの立場でもあり、なおかつ自由主義に対する最も重要な反論と彼がみなす社会主義の主張を次のように説明している。「社会主義者が自由主義的観念を拒否した理由は単純に、彼らがその中に、普遍的なもののふりをしようとしている、歴史におけるいま一つの特殊的なものを見出したからである」［★50］。ここでラスキは、前章で触れた、政治学を歴史に基づいたものとするという自らの企図の歴史的起源を「社会主義」に見出している。歴史とは、何らかの普遍的な原理の漸次的開示の過程ではない。したがって、「自然」や「理性」といった普遍的概念によって基礎づけられたイデオロギーである自由主義によっては、政治という営為を捉えられない。何となれば、ラスキにとって「政治」とは、単なる「特殊的なもの」にすぎない「慣れ親しんできた制度」と道徳的な意味で「必要な制度」とを選り分ける作業だったからである。それゆえ社会主義は、社会の一部に資するイデオロギーにすぎない「自由主義」の特殊性を看破した点において高く評価されている。

では、実際には有産階級の特殊利益を保護するイデオロギーである自由主義が、その信奉者から普遍的なものであると疑いもなく信じられてきたのは一体なぜであったのだろうか。この問いに答えるにあたって、ラスキは二〇年代からの批判的分析枠組みを再度適用する。すなわち、「慣れ親しんできた制度」と「必要な制度」との混同である。自由主義の受益者たちは、「自分たちが慣れてしまっていた諸制度を社会の必要不可欠な基盤と混同したのである。(……)彼らはもはや、(……)自分たちの態度の道徳的な正しさ(the moral righness)に疑いを持たなかった」[★51]。彼らは現実において機能している既存の支配関係を、道徳的に正しい支配と同一視したのであった。自由主義の――そして、自由主義イデオロギーに基礎づけられた資本主義的社会構造の――受益者たちはいまや、自分たちの特権を自然的なもの(natural)として享受しているのだ。

だが、ラスキにとっての真の問題は、有産階級のみならず、労働者階級までもが富める者の特権を「自然的なもの」とみなしている状況であった。彼は一九三三年出版の『危機に立つ民主主義』の中で、すでにこの問題について論じている。要するに、彼が指摘する問題とは、「特権によって生活している人たち〔有産階級〕が、かつてはその言い分であったような積極的機能を果たすことがもはや実際には求められていない今日においても、この不平等な社会の惹起する心理が、彼らの特権を当然のもの(natural)であるかのように思い込ませることによって、彼らの特権の防備を固める働きをしているということである」[★52]。

そして、このような大衆の無知蒙昧な態度は、支配階級によって意図的に維持されてきたものである。

というのも、大衆の無知ゆえの政治的無関心は、政府の活動を円滑に進めるためのいわば「安全弁」の役割を果たすものであり、「不平等の上に打ち立てられた統治形態はどれも、大衆が無知であるからこそ威力を発揮することができる」ものだからである［★53］。労働者階級の教育水準が向上すれば、彼らは自らが置かれた地位に甘んじていようはずもなく、支配階級が不平等を維持するための諸制度を守り抜くことは困難となるだろう。「大衆が特権を承認するということは、既得権の所有者たちが、特権から排除されている人びとから、彼らの置かれている地位を認識するための判断力を奪っていることを示す何よりの証拠である」［★54］。そして、ラスキが問題にしているのは、被支配階級が現行秩序に何らの疑いも差し挟もうとしないようなこの状況なのである。

このような状況を議会主義的な方法によって変革することを望むのならば、労働党は「社会主義者による統治が不可避的であり正当であるということをあらかじめ市民に説得することが必要である」［★55］。これこそフェイビアン協会が――そして二〇年代までのラスキ自身が――とっていた改革構想であった。しかしながら、三〇年代のラスキは、そのような企てが必然的に困難な状況に直面することになると考えた。なぜなら、人びとは「未知なるものを試みるための組織が強力に出来上がっていないところでは、未知なるものに恐怖を感じ、あるいはさらに、彼らの慣れ親しんだ体制の崩壊によって追いつめられた場合でも、できるかぎり自分たちの慣例となっているようなやり方に縋りつく」からである［★56］。そして、二度にわたって成立した労働党政権が社会主義への前進を何らなしえなかったのは、こうした説得に失敗したためであったのだ。

他方で、保守党陣営は本来的に有利な立場にある。というのも、「保守党の政治方針の強みの重大な根源は、これまで一切の伝統を味方につけている点にある」からである。「激しい非難の雰囲気の中、これまでの伝統が挑戦を受けて従来の慣行が混乱に陥るとなると、大衆はほとんどどのような場合でも、現状維持の勢力の側に頼ることになる」[★57]。だからこそ、一九二九年に端を発する世界恐慌を経たイギリスの経済危機の状況下においてすら、労働者たちの大部分は従来の資本主義的な体制に縋りついているのである。そのことを証明するかのように、三五年に行われた総選挙においては、挙国政府成立の「戦犯」であったマクドナルドがすでに労働党から除名されていたにもかかわらず、同政党が政権に返り咲くことはなく、反社会主義政党たる保守党が圧倒的勝利を収めたのであった。

(4) 民主主義、資本主義、ファシズム

イギリスの危機的状況を経験した後も資本主義体制全体に対してほとんど疑問を抱かず自由主義の正しさを疑おうとしなかった大方の労働者階級とは対照的に、ラスキ自身は社会主義体制の実現をもってこの危機を乗り越えることが喫緊の課題であると信じた。というのも、彼はこうした資本主義社会の危機の先にあるものこそ、当時イタリアやドイツに暗い影を落としていたファシズムだと考えていたからである。

ラスキによれば、当時のイギリスを含む主要な先進国は、資本主義と民主主義との不安定な結合の上に成り立っていた。資本主義と民主主義の関係とは次のようなものである。

資本主義と民主主義との結合を普遍的な理想とした資本主義の自由主義的段階は、その**膨張期**に対

応していた。つまり、資本主義が生産過程からその完全な潜在力を引き出す力を持っていることが明白であった間は、民主主義的要求に対して譲歩する余裕もまたあった。（……）ところが、資本主義が困難な状況〔すなわちその収縮期〕に陥るや否や、譲歩という政治方針は心許ないものに思われた。〔★58〕

ラスキはこのように、資本主義と民主主義との関係が「協調」として表れるか「対立」として表れるかは、資本主義がその「膨張期」にあるか「収縮期」にあるかによって決定されると考えた。すなわち、資本家が労働者に対して譲歩する余裕を生み出せるほどに生産過程が生産力を発揮していた時代においては、労働者の問題はまだ民主主義的な枠組みの中で解決することができた。しかしながら、資本主義がその「収縮期」に入っていくにつれて――ラスキによれば、それは第一次大戦以降のことであるが――、徐々に労働者に対する譲歩が不可能になってくると、資本主義国家は自身の延命策として、その強制力を用いて労働運動の抑圧に着手するのである。

一九三〇年代を通じたこのような国家の「力」の側面の先鋭化は、ラスキをグリーンの国家論に対する批判へと向かわせた。彼は一九四〇年に行われた「自由主義の凋落」と題する講演の中で、それまでボザンケに比べるとあまり直接的な批判対象とはなってこなかったグリーンの名を挙げ、彼の国家論を次のように批判した。「力が国家の基礎であるという見解をグリーンが斥けたとき、彼は事実を直視することを拒否したのである」〔★59〕。グリーンは『政治的義務の諸原理』において、「力ではなく意志が国家の基礎である」と述べたが〔★60〕、ラスキは国家の「力」の側面を捨象するグリーンの見解を拒絶し、強制力を有する国家の特異性を強調したのである。そして、彼は次のように付け加えた。「人の心が恐怖に囚われているところでは、正義の問題は力の問題へと形を変えられるのだ」[★61]。

すでに見た通り、ラスキは「法」および「力」を「道徳」と混同する一元的国家論を拒絶した上で、それらの厳格な区別に基づく多元的国家論を採用し、道徳的観点から国家による権力行使の内容を逐一吟味する能動的シティズンシップを要請したが、世界恐慌を経験した資本主義の危機の時代にあっては、国家の「力」としての側面を認めつつ「力」と個人の自由との間に生ずる矛盾を個人と社会のアナロジーによって解決しようとしたボザンケ以上に、「力ではなく意志が国家の基礎である」という標語を掲げるグリーンの方が、より悪質な論敵としてラスキの眼には映ったのであろう。

さて、ラスキは資本主義の根底にあるような利潤獲得の衝動が、賃金引き下げや長時間労働などを含む労働条件の悪化を自ずと引き起こすと論ずる。しかし一方で、民主主義は労働者階級に、労働条件の改善のために自らの政治的権利を行使することを可能にさせた。したがって、資本主義と民主主義の結合は必然的にジレンマを引き起こす。そこで国家の「力」を利用することにより、このジレンマから資本主義を救い出そうとすべく生じたのがファシズムであるという。そしてラスキは、非常事態を理由に議会の信任を受けずして成立した挙国政府に、それがファシズム的独裁に転じうる潜在的な危険性を見出した[★62]。つまり彼によれば、ファシズムとは、資本主義的秩序を維持するために民主主義的手続きを廃棄することによって現れた支配形態なのである。彼は二つの「革命」概念を用いて、ファシズムへの移行プロセスを以下のように説明している。

ここではただ、資本主義的民主主義の問題は——景気回復という起こりそうもない場合を除いては——資本主義の抑圧か民主主義の抑圧のどちらかによってのみ解決されうるということを指摘すれば足りる。前者は経済革命（economic revolution）を、後者は政治革命（political revolution）を意味する。前者は生産手段の私有に代えて、共有性をとることを意味する。そして、この変革により当然、社会においてまず階級関係の変化が、次いで他のあらゆる諸関係の変化が起こる。（……）〔他方で〕民主主義の抑圧は、そのような階級関係上の根本的な変化を伴わないであろう。［★63］

ラスキは「経済革命」を成就させることによってこの危機を切り抜け、民主主義を存続させなければならないと考えた。というのも、彼によれば、自己統治の政治形態たる民主主義の下でしか、個人の自由は実現しえないからである［★64］。

したがって、いかなる特定の経済体制を批判するわけでもないと断った上で、あくまでも現行秩序の枠内における社会立法の実現を通じた能動的シティズンシップの涵養を目指したホブハウスとは異なり、「力」としての国家と階級社会の密接な結びつきを痛感したラスキは、マルクス主義の受容を経て、「権力の広範な配分」を目指す前に、「経済革命」を通じて「階級なき社会」を実現しなければならないという結論に達したのである。ただし前述のように、ラスキはマルクス主義を決して無批判的に受け容れたわけではなかったのだ。次節ではラスキの政治思想のマルクス主義批判の側面に光を当ててみよう。

第四節　唯物史観批判とユートピア批判

前節で述べた通り、ラスキは資本主義と民主主義の結びついた政治体制においては、国家は資本主義経済を維持するための強制力として働き、彼の目標とする分権化もそのような体制下では困難であるため、まずは「経済革命」を成し遂げる必要があるという考えに至った。だが彼は、資本主義の「収縮期」が資本家と労働者の階級対立を激化させ、必然的に経済革命に導かれるというカール・マルクスの予言には与しなかった。その理由は、ラスキがブルジョア化した労働者、すなわち「小ブルジョアジー」（いわゆる「プチブル」）という階級が資本主義的社会構造の強固さの重大な要因であると考えたからである。彼はマルクスがブルジョアジーとプロレタリアートという、歴史における単純な図式の二項対立を強調し、小ブルジョアジーを比較的重要性の低い階級として取り扱ったことを以下のように批判している。

われわれの現状は、単に少数の資本家が、いよいよ窮乏化し、耐え難い重荷を感じて革命に駆り立てられるような大多数のプロレタリアートに直面しているような状態ではない。彼〔マルクス〕が想像した階級意識の鋭い対立というものは、ロシアのほかにはまったく存在しなかった。階級の境界は曖昧であり、はっきりとしていない。資本主義の経済的発展は、労働者階級の大部分のブルジョア化を引き起こしたのであって、このことがもたらす心理的影響は重大である。〔★65〕

このようにラスキは、マルクスの提示した多数の労働者と少数の資本家の対立という単純な図式を、現実に即して拒絶した。この意味でラスキは、マルクスの思想をそのままのかたちで受け取ったのでは決してない。

そして、こうした階級の境界の曖昧化は、ファシズムの台頭を許した根本的要因であった。すでに見た通り、ラスキは、治者たる資本家階級は常に労働者階級を自由主義イデオロギーにより資本主義社会に馴致させ、支配を円滑に進めようと努めるため、こうした体制下において階級対立はマルクスが想定したような激化したかたちでは現れない。ラスキは労働者階級自らによって支持された資本主義社会の末路である「ファシズムの勃興」という現象を次のように説明している。

> つまりわれわれは、苦境に立つ資本主義の困難によって、労働者階級が統一するどころか分裂し、そしてそれゆえ、民主主義的な諸制度を滅ぼしうるファシスト同盟のようなものが可能となることで、資本家が国家に対する影響力を保持し続けうるような事態に直面しているのである。（……）ファシズムは、一方で大ブルジョアジーと小ブルジョアジーを統一し、他方で労働者階級を分裂させることができたからこそ、それらの〔中欧およびイタリアの〕国々で成功したのである。〔★66〕

ここでラスキが労働者階級の分裂にファシズム躍進の一因を見出していることは重要である。というのも、事実、当時のイギリスにおいては、伝統的輸出産業に従事する労働者が貧困に苦しむ一方で、国内市場志向の新しい産業に従事する「新興中流階級」は生活の質的向上を享受していたからである。そして、こうした労働者階級の分裂こそ、ラスキにとってはまさに当時のイギリス社会が抱えていた問題であった。それだけに「経済革命」はますます絶望的なものと思えたのである。

また、このような小ブルジョアジーの軽視に加え、ラスキはマルクスの思想の「ユートピア」的な側面に対しても、次のような批判的見解を示している。「マルクスにはもちろんユートピア的な要素がある。これについては、彼の信奉者たちは必ずしも十分な注意を払ってはいない。彼は歴史的過程を甚だ過度に単純化している。正義のための闘争は階級なき社会の創設によって終わりはしないのである」［★67］。たとえ階級格差がなくなったとしても、諸個人の何ものにも代え難い経験が多元的宇宙を形づくるかぎり、政治的な見解の差異も――それが統一体を不可能にしてしまうほど大きなものではないにしても――残る［★68］。「階級なき社会」は最終的な目標ではなく、ラスキ政治思想の究極目標としての「権力の広範な配分」を通じた個人の自由の実現のために整えるべき前提条件であったのである。

このように一九三〇年代におけるラスキのマルクス主義受容は、それ以前の時代に彼が展開した「権力の広範な配分」構想の前提条件を用意するために必要なものであった。マルクス主義の批判的受容を通じて、彼の「思慮なき服従」論は重要な発展を遂げた。彼は二〇年代において、「少数者による多数者の支配」という現実分析を自身の理論的出発点とし、その前提自体には何ら手を加えようとはせず、それを所与の前提条件としてそこから議論を組み立てていった。

しかしながら、三〇年代以降の彼はこの前提条件自体を問題にし、いよいよその変革を構想するに至った。そして、彼はマルクス主義の分析枠組みに従って「階級関係」に着目したからこそ、この「少数者による多数者の支配」を維持する手段としての国家の「力」の側面が、資本主義経済という社会体制そのものと密接に関連するものだと考えたのである。彼にとって階級社会とは、資本家と労働者の階級意識の鋭い対立によって特徴づけられるようなものではなく、階級関係の複雑さが一因となり、きわめて薄弱な階級意識しか持たない人びとが、自らの置かれた境遇すら認識できないほど判断力を奪われたような社会であった。このように、ラスキはマルクス主義を決してそのままのかたちでは受容しなかった。そして、彼はそのようなマルクス主義の批判的受容を通じて、「思慮なき服従」が資本主義的社会構造に起因するという認識に至ったからこそ、「思慮なき服従」の背後にある階級関係の変革の問題に着手したのであった。

小括

一九三〇年代のラスキは、マルクス主義を受容しながらも、それ以前の政治理論を廃棄したのではなく、むしろそれを深めるかたちで発展させた。マルクス主義受容により、彼の政治思想には「階級なき社会の実現」が「権力の広範な配分」に先行する目標として加わることになったが、二〇年代の議論との整合性を保つために、マルクス主義の教義にも部分的に手を加える必要があった。

ディーンは資本主義社会の枠内において社会福祉が改善されてきた歴史を指摘しつつ、次のようにマルクスの予言の失敗を批判している――そしてこのことは同時に、ディーンにとってはラスキに対する批判をも意味した。「この改良的な傾向は、革命感情の一般的な減退を伴ってきた。(……)政治的にも経済的にも労働者階級は決して同質的な集団ではない。(……)現実には、現代国家〔ディーンがこの書物を執筆した一九五〇年代の国家」は一八五〇年の国家よりも労働者からの圧力にはるかに影響を受けやすいのである」［★69］。

　しかしながら、こうしたマルクス批判をそのままラスキに対して向けても妥当な批判とはならない。というのも、本章で論じてきたことから明らかなように、ラスキはマルクスのこのような誤りを認めていたからこそ、資本主義の「膨張期」と「収縮期」という枠組みを持ち出したからである。ラスキはディーンの指摘するような資本家による譲歩が資本主義社会の枠内においても実際になされてきたことを認めた。しかしながら、それはとりわけ二十世紀初頭から第一次世界大戦にかけての、資本主義の「膨張期」に見られる特徴にすぎなかった。

　したがって、ラスキの立場は、民主主義の拡大と歩調を合わせるように社会立法も進展していくであろうと将来を楽観したホブハウスのそれとも異なる。ラスキにとって、このような資本家階級による譲歩はむしろ、社会構造に根差す問題の根本的な解決を回避することにほかならなかった――このような主張は、次章で見る「社会奉仕国家」と「計画社会」をめぐる議論に発展することとなる。そして、こうした上辺の取り繕いが困難になった時代こそ、世界恐慌に直面した資本主義の「収縮期」であった。ところが、この時期に入ってもまだ現存秩序の枠内における解決が可能であるということが広く信じられていた。一方で、「挙国政府」の成立に兆しているように、ラスキはイギリスにもドイツやイタリアと同じ道を辿る危険があると感じていた。それゆえ彼にとって、資本主義的社会構造の根本的な変革は喫緊の課題だったのである。

　このようにラスキは、歴史を自由主義の必然的な勝利への過程として描くウィッグ史観はもとより、現行秩序の枠内における「調和」に向かう進歩を想定したホブハウスのようなニューリベラルの楽観的な歴史観と、それとは反対に階級対立が必然的に社会主義革命を引き起こすと考える俗流マルクス主義的な唯物史観の双方を拒絶した。「階級なき社会」を実現するためにも、まずは社会の非合理的な状態が国家の「力」によって強引に維持されてきた歴史を、そして被治者の側が何も行動を起こさないのであればそのような状態がこれからも維持されていくであろうことを認識しなければならないのである。

また、ラスキはマルクスの提示した資本主義に対するオルタナティヴに対しても満足することができなかった。それは、人間の長い歴史の中で明らかになった現実から遊離した、静態的でユートピア的な社会像であった。それに対して、ラスキが二〇年代から目指していた歴史に基づく政治学とは、人間性が有する「思慮なき服従」の傾向を前提として、「階級なき社会」の設立をもってすべての解決とせず、「階級なき社会」においてもなお存在する人間の惰性的傾向を「権力の広範な配分」を通じた能動的シティズンシップの涵養によって打開しようとするものであった。そこで次章では、ラスキが一九四〇年代に示したオルタナティヴである「計画民主主義」の構想について論ずる。国家による「計画」と個人の自由との両立という難問に対して、彼がいかなる解答を提示したのかを明らかにしたい。

★1　一九三〇年代のイギリスにおける知識人の左傾化に関しては、水谷三公『ラスキとその仲間――「赤い三〇年代」の知識人』中央公論社、一九九四年に詳しい。

★2　なお、ラスキとユダヤ人との距離については、大井『ハロルド・ラスキの政治学』、補論「ユダヤ人としてのラスキ」二九一―四一頁に詳しい。

★3　Deane, *The Political Ideas of Harold J. Laski.* ラスキ研究におけるディーンの同著作の影響力に関しては、

Newman, *Harold Laski*, pp. xiv-v; 小笠原欣幸『ハロルド・ラスキ——政治に挑んだ政治学者』勁草書房、一九八七年、「はじめに」を参照。

★4　*Zylstra, From Pluralism to Collectivism*, p. 133.

★5　Greenleaf, 'Laski and British Socialism', p. 587.

★6　Peter Lamb, 'Laski on Sovereignty: Removing the Mask from Class Dominance', in *History of Political Thought*, vol. 18, no. 2, 1997, pp. 329, 334; Peter Lamb, 'Laski's Ideological Metamorphosis', in *Journal of Political Ideologies*, vol. 4, no. 2, 1999, pp. 249–52.

★7　以下で自由主義に対するラスキの批判に焦点を合わせる本書とは逆に、彼の政治思想を「リベラリズム」（自由主義）の枠内における変革の試みとして捉える研究としては、早川『政治の隘路』特に四〇—一頁、大井『ハロルド・ラスキの政治学』特に二七五—八一頁がある。なお、「自由主義」と「社会主義」の関係に関するホブハウスとラスキの見解の対照性については、本書、第三章の注（90）を参照。

★8　Harold J. Laski, 'Crisis in the Theory of the State' (1938), in *A Grammar of Politics*, p. i（岡田良夫訳「議会制国家論の危機」、『議会政治の崩壊と社会主義』法律文化社、一九七八年、一六九頁）.

★9　Laski, 'Crisis in the Theory of the State', p. ii（邦訳、一七〇頁）.

★10　Laski, 'Crisis in the Theory of the State', p. iii（邦訳、一七二頁）. 強調引用者。

★11　この意味で、ラスキが三〇年代においてその多元論的立場を完全に逆転させ、主権概念を認めるに至ったというディーンの主張は誤りである。Deane, *The Political Ideas of Harold J. Laski*, p. 155（邦訳、一五五頁）. ディーンは三〇年代のラスキの代表的著作である『理論と現実における国家』の中の、国家は「個人や集団に対して法的に（legally）優越している強制権力を持つ」という一節を引用してその論拠としているが、ディーンはまさにこの「法的に」という重要な限定を見過ごすことによって、このような誤解を犯しているのである。Cf. Harold J. Laski, *The State in the Theory and Practice*, George Allen & Unwin, 1935, p. 21（石上良平訳『国家——理論と現実』岩波書店、一九五二年、六頁）.

★12　Laski, 'Crisis in the Theory of the State', p. v（邦訳、一七五頁）.

★13　Laski, 'Crisis in the Theory of the State', pp. xi-ii（邦訳、一八六頁）.

★14　Laski, 'Crisis in the Theory of the State', p. xii（邦訳、一八七頁）. 強調引用者。

★15　Laski, 'Crisis in the Theory of the State', p. xii（邦訳、一八八頁）.

★16　ラスキの思想に変遷を認める大部分の研究において

は、彼の思想のマルクス主義的段階は挙国政府が成立した一九三一年八月二十五日から始まったものとみなされている。また、その終わりは多くの場合、第二次世界大戦が本格化し、彼が「同意による革命」論の構想を練り始めたと思われる一九三九年に設定されている。例えば、Deane, *The Political Ideas of Harold J. Laski*; Zylstra, *From Pluralism to Collectivism*; 小笠原『ハロルド・ラスキ』。ただし、一九三一年という境界線を相対化し、ラスキのマルクス主義への接近をより緩慢なものとして捉え直したニューマンのような立場もある。Newman, *Harold Laski*.

★17 Harold J. Laski et al., *I Believe: A Series of Intimate Credos*, Clifton Fadiman (ed.), Simon and Schuster, 1939, pp. 142-3（喜多村浩訳「ハロルド・J・ラスキ」、『私は信ずる』社会思想社、一九五七年、六六—七頁）.

★18 Laski et al., *I Believe*, p. 143（邦訳、六七頁）. なお、ここで言われている「歴史の歩む過程に対する洞察」とは「唯物史観」を意味するものではない。彼の唯物史観批判については本章第四節を参照。ここで表現されているのは、経済的諸関係の矛盾が必然的に社会を革命へと導いていくという楽観的な歴史観ではなく、この文章の後段で語られている、政治制度の次元で実現した民主主義の原理が経済関係にも自ずと浸透していくことは期待しえないという悲観的な歴史観である。

★19 Laski et al., *I Believe*, p. 144（邦訳、六八—九頁）.

★20 Harold J. Laski, 'Some Implications of the Crisis,' in *The Political Quarterly*, vol. 2, no. 4, 1931, p. 468（岡田良夫訳「一九三一年の政治的危機について」、『危機のなかの議会政治』法律文化社、一九六四年、九〇頁）.

★21 彼の革命論については、本章第三節（四）および第六章第一節を参照。

★22 「浸透」策とは、「協会が目指す諸政策の実現へと向けて既存政党に各種の圧力を行使していく」フェイビアン協会の活動方針を意味した。光永雅明「社会主義運動の結社——フェビアン協会」、川北稔編『結社の世界史4・結社のイギリス史——クラブから帝国まで』山川出版社、二〇〇五年、一五四頁。このような方針の背後には、資本家階級を説得して議会を通じた社会主義的な立法を行うことは可能であるという信念があった。

★23 Harold J. Laski, *Democracy in Crisis*, Routledge, 2015 [1933], p. 20（岡田良夫訳『危機にたつ民主主義』ミネルヴァ書房、一九五七年、八頁）.

★24 Laski, *The State in the Theory and Practice*, pp. 17–8（邦訳、二一—三頁）.

★25 Laski, *The State in the Theory and Practice*, p. 22（邦訳、六—七頁）.

★26 Laski, *The State in the Theory and Practice*, p. 38（邦訳、二〇頁）.

★27 Laski, *The State in the Theory and Practice*, p. 56（邦訳、

三五頁）.

★28　Laski, *The State in the Theory and Practice*, p. 68（邦訳、四五頁）．強調引用者。

★29　Laski, *The State in the Theory and Practice*, p. 81（邦訳、五六―七頁）.

★30　Laski, *The State in the Theory and Practice*, p. 82（邦訳、五七頁）.

★31　Laski, *The State in the Theory and Practice*, p. 82（邦訳、五七頁）．このことからも、「一九三二、三年には、彼がマルクス主義の立場をとるので、この個人主義的服従論は彼の著作から姿を消し」たとするディーンの指摘は誤りであることが分かる。Deane, *The Political Ideas of Harold J. Laski*, p. 172（邦訳、一七三頁）.

★32　Laski, *The State in the Theory and Practice*, pp. 82–3（邦訳、五八頁）.

★33　Laski, *Liberty in the Modern State*, p. 89（邦訳、一〇二頁）.

★34　Laski, 'Crisis in the Theory of the State', p. vii（邦訳、一七九頁）.

★35　資本主義の「膨張期」と「収縮期」に関する議論については、本章第三節（四）を参照。

★36　Harold J. Laski, *The Rise of European Liberalism*, Routledge, 2015 [1936], p. 245（石上良平訳『ヨーロッパ自由主義の発達』みすず書房、一九五一年、二五一頁）.

★37　Harold J. Laski, 'Introduction to the Pelican Edition', in *Liberty in the Modern State*, Penguin Books, 1937, pp. 37–8（岡田良夫訳「自由の危機とファシズム」、『危機のなかの議会政治』二三八―九頁）.

★38　Laski, *The Rise of European Liberalism*, pp. 16–7（邦訳、六―七頁）.

★39　Laski, *The Rise of European Liberalism*, p. 58（邦訳、五一頁）.

★40　Laski, *The Rise of European Liberalism*, p. 60（邦訳、五三頁）.

★41　Laski, *The Rise of European Liberalism*, p. 153（邦訳、一五二頁）.

★42　Laski, *The Rise of European Liberalism*, p. 91（邦訳、八六頁）．強調引用者。

★43　Laski, *The Rise of European Liberalism*, p. 155（邦訳、一五四頁）.

★44　このような保守党の潜在的優位に関するラスキの議論については、本章第三節（三）を参照。

★45　Laski, *The Rise of European Liberalism*, pp. 180–1（邦訳、一八二―三頁）.

★46　Laski, *The Rise of European Liberalism*, pp. 186–7（邦訳、一八八―九頁）.

★47　Laski, *The Rise of European Liberalism*, pp. 208–9（邦訳、二一一―二頁）．強調引用者。

★48　Laski, *The Rise of European Liberalism*, pp. 214–5（邦訳、二一七—九頁）.

★49　Laski, *The Rise of European Liberalism*, p. 221（邦訳、二二六頁）.

★50　Laski, *The Rise of European Liberalism*, p. 240（邦訳、二四六頁）. 強調引用者。

★51　Laski, *The Rise of European Liberalism*, p. 246（邦訳、二五三頁）. 強調引用者。

★52　Laski, *Democracy in Crisis*, p. 118（邦訳、一〇四—五頁）.

★53　Laski, *Democracy in Crisis*, pp. 72–3（邦訳、五七—九頁）.

★54　Laski, *Democracy in Crisis*, p. 119（邦訳、一〇六頁）.

★55　Laski, *Democracy in Crisis*, p. 112（邦訳、九八頁）.

★56　Laski, *Democracy in Crisis*, pp. 76–7（邦訳、六二—三頁）.

★57　Laski, *Democracy in Crisis*, p. 111（邦訳、九八頁）.

★58　Laski, *The State in the Theory and Practice*, pp. 130–1（邦訳、九七—八頁）. 強調引用者。

★59　Harold J. Laski, 'The Decline of Liberalism', in *L. T. Hobhouse Memorial Trust Lectures*, no. 10, Oxford University Press, 1940, p. 13.

★60　Green, 'Lectures on the Principles of Political Obligation', ch. 7. なお、グリーンの死後に付されたこの小見出しは、グリーン著作集の編者であるネトルシップによるものであるが、概ねグリーンの主張を正しく要約していると言える。本書、第一章の注（89）参照。

★61　Laski, 'The Decline of Liberalism', p. 17.

★62　Laski, 'Some Implication of the Crisis', pp. 468–9（邦訳、九〇—一頁）.

★63　Laski, *The State in the Theory and Practice*, p. 203（邦訳、一五七頁）.

★64　Laski, *Liberty in the Modern State*, pp. 65–7（邦訳、七四—五頁）.

★65　Laski, *The State in the Theory and Practice*, p. 284（邦訳、二二一—二頁）.

★66　Laski, *The State in the Theory and Practice*, p. 285（邦訳、二二二頁）.

★67　Harold J. Laski, 'Marxism after Fifty Years', in *Current History*, vol. 37, 1933, p. 695（服部辨之助訳「マルクス死後五十年」『カール・マルクス』角川書店、一九五七年、八三頁）. 強調引用者。

★68　Laski, *Liberty in the Modern State*, pp. 90–1（邦訳、一〇四—五頁）.

★69　Deane, *The Political Ideas of Harold J. Laski*, pp. 165–7（邦訳、一六三—五頁）.

第六章　自発性を計画する
――ハロルド・ラスキの「計画民主主義」論

イギリス保守党政権の宥和政策が失策であったことは、一九三九年、ドイツのポーランド侵攻による第二次世界大戦の開戦によって明らかになった。一方で、同年のソ連による独ソ不可侵条約の締結は、三〇年代を通じてマルクス熱に浮かされていたイギリス左派知識人に冷や水を浴びせかけた。だが、いずれの衝撃も参戦を渋るイギリスの重い腰を即座に上げさせるには至らなかった。首相の席には相変わらずネヴィル・チェンバレンが鎮座していたが、彼の宥和政策に対する批判は保守党内外で強く、自由党や労働党の指導者たちは挙国内閣設立の呼びかけに断固として応じなかった。

翌四〇年、ようやくイギリス軍の遠征が始まる中、批判に耐え切れなくなったチェンバレンは、以前より保守党内から宥和政策を批判し、海相として戦争への積極参加を訴えていたウィンストン・チャーチルに首相の座を譲り渡すこととなる。このチャーチルの下でイギリス史上三度目となる挙国政府が組織され、イギリスはこの戦争を、一次大戦時を上回る全面的な国民の支持を背景に闘うこととなった。

二次大戦は「民衆の戦争」としての性格を帯び、民衆は戦後に待ち受ける豊かで平等な社会を目指し、大陸のファシスト政権を打倒すべく戦争に身を投じていったのである。

ラスキは二次大戦中から常に戦後のことを考えて政治的な議論を展開した。彼は二次大戦における軍事的な勝利のみならず、同時に広範な社会改革が行われるべきだと主張してやまなかった。こうした進歩的な主張が、世界大戦の早期収束を第一目標とする、労働党党首にしてイギリス副首相であったアトリーとの間に軋轢を生んだ。そして、この党内対立はラスキの評判をひどく貶めることとなった。

しかし、政治的実践の世界でのこうした凋落ぶりとは対照的に、四〇年代に入っても彼の執筆活動は衰えることがなかった。四〇年代の彼はアメリカの民主主義を様々な面から考察した大著［★1］を残したし、『現代革命の省察』や『信仰・理性・文明』といったアカデミックな著作に加え、『計画は自由を抑圧するだろうか』をはじめとする政治パンフレットも多数著した。これら晩年の著作群は、それ以前に書かれたものと比べると、ラスキに関する専門研究においてさえ、必ずしも十分な検討がなされてきたとは言い難い。

研究史上のこうした不満足な状況と、ラスキが晩年に受けた悪評とは無関係ではない。同時代人の証言によれば、ラスキは初期主権三部作や『政治学大綱』といった体系的著作を出版した〈多元主義時代〉や〈フェイビアン主義時代〉と比べて、三〇年代以降はマルクス主義に毒され「政治パンフレット屋」にまで身を落とし、時局に左右されて自分の意見や立場を次々に変えたという［★2］。こうした見方はアカデミックな世界においても定評の地位を勝ち得、ディーンの変遷テーゼの影響力も相俟って、特に彼の晩年の著作は、ラスキに関する専門研究以外の分野においてはほとんど顧みられなくなってしまった。

だが、こうした状況の中にあっても、晩年のラスキに着目した研究は細々とではあるがなされてきた。ラスキ晩年の著作の分析を通じて、彼を右のような悪評から救い出そうと試みたのが丸山眞男であった。彼はラスキの政治思想を「多元論」と「マルクス主義」の時代に分け、その変遷と矛盾を非難する立場に抗して、いち早くラスキの政治思想における一貫性に着目した論者であると言える。彼はとりわけラスキの晩年の二つの著作（『現代革命の省察』と『信仰・理性・文明』）に関する書評的エッセイをそれぞれ一本ずつ残しているが、これらの中でラスキが「多元的国家論」から「マルクス主義的階級国家観」へと「政治的立場」を「転回」したとしながらも、その「変化を規定する不変なもの」、言い換えれば、彼の心情を規定している「エトス」の存在を指摘し強調している。そして、紙幅の制約により、「もはやこの問題に詳しく立ち入る余裕がない」と断った上で、その「エトス」を「個人の内的価値に対するアイディアリズムと政治権力に対するリアリズムとが一貫して彼の判断の規準となっている」と簡潔に表現することで評論を結んでいる［★3］。

しかしながら、こうした丸山の試みも空しく、ラスキの死後以来、彼の政治思想の一貫性に対する関心は薄れ、もっぱらその思想的変遷と矛盾が注目の的となり、あるいは所与の前提にすらなっていった。ディーンの変遷テーゼと晩年の悪評とが重なり合い、晩年の著作はますます忘れ去られていった。そのような状況の中、先陣を切ってラスキの晩年にスポットライトを当て、さらに彼の書簡やメモランダムなど広範にわたる資料から晩年の「同意による革命」論の全貌を浮かび上がらせた画期的な研究が、一九八七年に公刊された小笠原欣幸の著作であった。彼は特に「既存の政治体制に取って代わり得るオルターナティヴ（対案）の思想」に着目し、ラスキの政治思想の発展を晩年の「同意による革命」論に結実するものとして跡づけた[★4]。だが、こうした目的のため、彼はラスキ晩年の政治思想のもう一つの側面である「計画民主主義」論にはほとんど言及していない。

そこで本章では、特にラスキが晩年に示した「計画民主主義」という具体的制度構想における「計画社会」と「自由」の関係に焦点を合わせる。同じく晩年の「同意による革命」論に関する優れた研究の豊富さに比して、「計画民主主義」論を彼の「自由」概念との関係で論じている研究はほとんど見当たらない。その両者の関係に言及している数少ない例の一つがラムのラスキ研究である。ラムはラスキにおける自由、平等、民主主義の三者の関係を、「平等なくして民主的統治はありえない。そして、民主的統治なくして自由はありえない」というラスキ自身の言葉[★5]で表現した上で、「計画民主主義」が抱える「社会的統制が人格を抑圧する効果を持つような画一性を招来するかもしれないという問題」にラスキが自覚的であったこと、さらにその処方箋としての「非従順（nonconformity）」を強調したことを指摘している点で、きわめて正確なラスキ理解を提示している。また、彼は『現代革命の省察』のような主要著作ばかりでなく、計画社会における自由について論じた政治パンフレットにも目を配っており、ラスキが晩年においても「分権化」を重視したことを指摘している点で、彼の思想的一貫性にも注意を払っている[★6]。しかしながら、ラムの研究もまた、その分権化がラスキの自由概念といかなる関わりを持つのかを明らかにしていない点、またラスキ特有の「計画」概念に立ち入った検討を加えていない点で不満が残る。

したがって、本章はラスキと同時代の他の計画社会論者との比較も交えつつ、ラスキの「計画民主主義」論に見られる彼独自の問題意識を明らかにする。第一節では彼の「同意による革命」論を扱う。「同意による革命」論は、実は四〇年代のラスキ政治思想に突如として登場した議論では決してなく、三〇年代に彼が展開した資本主義とファシズムに関する議論の延長上に位置づけることができる。第二節では晩年のラスキ政治思想のもう一つの側面である「計画民主主義」論を検討する。その「計画」の意味するところが、ラスキにおいては「計画経済」よりも広い意味を含んでいることを示した上で、こうした国家による干渉と個人の自由とがいかにして両立されうるのかという二〇年代から続く彼の問題意識が結晶化したものとして「計画民主主義」論の全容を詳らかにしたい。

第一節　同意による革命

(1) 好機としての第二次世界大戦

前章で見たように、一九三〇年代のラスキは「革命」を二種類に分けて論じた。一つ目の革命は「政治革命」であり、これは反革命、すなわちファシスト政権の樹立を意味した。資本主義が収縮期に入り、資本家の労働者に対する譲歩が不可能となるや、資本家階級は資本主義的経済秩序を維持するために国家権力と結託し民主主義を廃棄するという。これに対して、二つ目の革命は「経済革命」であり、これは生産手段の社会化、すなわち社会主義革命を指す。ラスキは民主主義的政治秩序を守り抜くために、階級関係そのものに手を加え、自身の目標とする「権力の広範な配分」の前提条件を準備するこの経済革命を目指した。

四〇年代のラスキの政治思想が触れられる際にしばしば注目の的となる「同意による革命」論は、まさにこのような革命論から導出される議論として適切に捉えることができる。すなわち、「同意による革命」と言ったときの「革命」とは、後者の「経済革命」を意味するものである。したがって、通常「革命」という言葉からイメージされる「暴力革命」とこの概念とは必ずしも一致しない。ラスキにとって「経済革命」とは経済秩序の変革を意味するものであり、それを成就するためには必ずしも「暴力」は必要とされないのである［★7］。

彼は『信仰・理性・文明』（一九四四年）の中で、第二次世界大戦下のイギリスにおいて、平時とは比較にならないほどの、社会に対する個人の自発的献身が行われているとの見解を示している［★8］。小笠原の解釈によれば、ここでラスキは単なる戦友意識の高揚を指摘しているのではない。彼は軍の野営陣地などで兵士たちと戦争の目的について実際に議論する中で、中上流階級出身の指揮官が労働者階級出身の兵士たちとともに死を賭して戦地に赴くことを通じ、階級関係を超えた仲間意識が醸成されているのを肌で感じた［★9］。そこで、戦争という特殊な状況下におけるこうした階級超越的精神の高揚を好機と捉え、そこに暴力によってではなく、資本家階級の同意の下で彼らの特権を廃止し、階級なき社会を打ち立てる「経済革命」を実行しうると判断したのである。

反対にラスキが恐れたのは、二次大戦後のイギリスが一次大戦後の経過と同じ轍を踏むことであった。栄田卓弘によれば、一次大戦の際にも「戦時社会主義（War Socialism）」と呼ばれる現象が見られたが、戦争が終わると「戦前へ（Before the War）」のスローガンの下、戦時中に見られた国家による経済統制の動きは払拭され、自由市場経済にほぼ復帰してしまった［★10］。二次大戦後においてこれと同じ事態が繰り返されるならば、「経済革命」はいよいよ絶望的なものとなる。というのも、前章で論じたように、ラスキはマルクス主義を受容して以来、戦争のような特殊な条件下を除いては、資本家階級は生産手段の社会化の要請に対しては、国家の強制力に頼ってこれを阻止するだろうと考えていたからである。同意に基づく社会主義体制への平和的移行が不可能となるならば、社会主義への道は自ずと暴力革命に限られるのである。

　では、なぜラスキは「暴力」ではなく「同意による革命」の必要を説いたのであろうか。それは「同意による革命」を通じて設立される後述の「計画社会」における自由と関係する。彼は社会の一部の者が暴力的手段に訴えて国家権力を奪取することにより計画社会を樹立するか、あるいはあらゆる階級の同意に基づいて計画社会を実現するかという問題に関して、当然後者の方が望ましいと考える。その根拠は二〇年代から続くラスキの自由論にある。すでに述べたように、彼はその多元的国家論において、法と道徳の区別に基づき国家行動を逐一吟味し、必要があれば批判の声を上げるような能動的シティズンシップを要請した。諸個人の経験は究極的には他者によって代表されえないがゆえに、計画社会における計画者が万人にとっての自由と両立しうるような完全無欠の「計画」を初めから提案することは不可能である。したがって、「計画」の対象となる市民が「計画」の内容を厳しい目で精査することを通じて、「計画」の内容は漸進的に市民の意志に基づくものとなっていく。その中で「計画」に従うことが自己の良心に従うことと一致していくにつれ、市民の自己実現としての自由が可能となるのである。

　したがって、「同意による革命」を通じて諸個人を「計画」に関与させる結果として、「精査する経験の範囲が広くなればなるほど、政府はより深い批判に直面することが期待できる」［★11］。これに対して、暴力による革命は、一般市民を「計画」から締め出すことにより、そのような道を閉ざしてしまう。暴力的な手段による社会主義体制の実現は、その後の計画社会における広い市民層の意志の反映を甚だしく困難にしてしまうものとラスキの眼には映じたのであった。

（2）ロシア革命に対するラスキの評価

ロシア革命に対するラスキの評価も、初期から続くこのような自由論の観点から下されることとなる。彼はソヴィエト・ロシアにおける社会主義革命にたびたび肯定的な評価を与えてきたことが知られている［★12］。ただし、その際の評価基準が、彼が初期から重視し続けてきた諸価値に置かれている点には留意しておくべきだろう。彼は『現代革命の省察』（一九四三年）の中で次のように述べている。ロシア革命は、人びとに「自らの生活を支配しうる希望」をもたらし、「畑や工場で、また軍隊やソヴィエトで権力行使の責任を学ぶと同時に、また新政権の統治に参与することによってこの政府に対する関心を抱くに至った労働者や農民という新しい社会層を、自分たちの行う冒険の仲間に加えるだけの洞察力を有していた」という点で評価できる［★13］。

ここで重要なのは、統治への関与を通じて市民の公共精神を涵養するという初期ラスキの政治思想がそのまま引き継がれ、ソ連評価に反映されている点である。またロシア革命は、資本主義社会においては不可分なものとして結びついていた経済的な富と政治権力の関係を切り離し、富の獲得とは関係のない社会目的の維持に必要な努力をも惹起したという［★14］。つまり、ラスキによれば、ロシア革命は富の獲得を倫理的目的とする資本主義社会の価値観から人びとを解放した点においても評価されるのである。

ただし、これらの評価が「独裁の必要は単に過渡的なものにすぎないという確信」、すなわち「所有の社会化が確立されたあかつきには、労働者の民主主義が自然と出現してくることになろう」ということを前提としている点を見過ごしてはならない。ラスキは決してロシア革命を手放しで称賛したのではない。小笠原の指摘するように、ラスキはロシア革命に社会主義的理念の実現を見る一方で、後進国としてのロシアの置かれた特殊な歴史的事情も考慮に入れている。そして、長きにわたるツァーリの専制支配の伝統など、ロシアの特殊事情から生じたスターリンの独裁的支配を「ロシア革命の中心原理」からの逸脱として理解した［★15］。彼はこの原理にこそ、個人の自由の実現の希望を見出したのであり、独裁はそれが永続するならば、自由の実現への方途を永久に閉ざすものであるとしてこれを非難した。

第二次世界大戦後のラスキによるソ連評価は、戦中に比べいっそう手厳しいものになったと言われる［★16］。『信仰・理性・文明』の続編として戦後に書かれたラスキの遺稿『岐路に立つ現代』の中で彼は、ソ連において「政府の諸政策に対する組織的な反抗がまったく見られないのは、決して弾圧のためでも恐怖のためでもなく、全国的に満足が行き渡っていることの表れである」と主張するソ連政府の欺瞞を「知的道徳的混乱」として暴露し、秘密警察によるソ連人民の自由の抑圧を糾弾するようになった［★17］。こうしたソ連批判もまた、法が現実に服従を受けているからといって、そこに個人の良心に基づく服従、すなわち自由があるとは限らないとする徹底的な法と道徳との分離という初期からの一貫性を示している。

ただし、戦後になってラスキのソ連に対する評価が全面的に批判に転じたかというと必ずしもそうとは言えない。同書の中で彼は、「形式的服従を拒否するような集産主義を要求する」態度をロシア人の精神の中に見出し、これを称賛している。「要するに、ソ連の精神には抑えることのできないアナーキズムが見られるのであって、それを軽視することは危険である」[★18]。ソ連の精神に対するこうした積極的評価は、ラスキの初期からの「思慮なき服従」に対する批判、および市民による国家行動の能動的吟味の要請との連続性をなすものであり、集産主義の実現も決して彼の「至上命題」となったわけではなく、自由を可能にするための市民の自発性がその前提となるべきものであった。

以上で見てきた些か過剰ともとれるようなソ連における自由の精神の称揚は、ソ連社会の事実認識に関する誤りを含むものであることも指摘されている[★19]。なるほどソ連社会に関するラスキの叙述の客観的妥当性は疑わしさを拭い切れない。だが、彼はロシアの置かれた歴史的背景による制約に基づき一定の留保を付しながらも、明らかに彼の理想とする社会像や個人の精神的態度がソ連において部分的に実現しているのを見ていた。このように、ラスキのソ連観を彼の政治的理念が投影されたものとして捉えることで、より正確なラスキ理解が可能になるだろう。歴史家としてのラスキに下される評価はさておき、思想家としてのラスキの理解に通ずる鍵は、こうしたソ連観の中にも隠されているのである。

（3）政治的民主主義と社会的民主主義

ラスキはソヴィエト・ロシアに社会主義社会の理想像を見出す一方で、西側諸国の資本主義社会を論ずるにあたっては、ディズレーリの言葉を初期から繰り返し引いている[★20]。ラスキによれば、今日ではもはや自由市場経済が一般大衆に繁栄をもたらすと信じる者はほとんどいない。それどころか、大戦間の二十年が証明したことは、それがごく限られた少数者には過度の繁栄をもたらし、残りの多数者に対しては過度の貧困をもたらすということであった。「そしてこの対照は、かつてディズレーリが述べたように、一つの社会の中に、滅多に同じ言語を話さず、また滅多に共通の物の見方を持たないような二つの国民を生じさせる傾向がある」[★21]。

こうした富者と貧者の経験の不一致は、不可避的に民主主義体制における諸個人の自由を不可能なものとしてしまう。というのも、近代国家の規模における民主主義は代表制に基づく寡頭支配の形態をとらざるをえず、さらに経済的な富と政治権力の結びつきにより、当然治者には富者が、被治者には貧者が割り当てられる。したがって、「二つの国民」に分かたれた国家においては、貧者は富者という他者の経験に従属することとなるため、「自由」を自己の良心に対する従属と見るラスキにとって、そのような状況は「自由」とは呼び難いからである。それゆえラスキは、経済的平等を民主主義社会における自由の条件の一つとする。なぜなら、経済的格差が国民を「二つの国民」へと分け隔ててしまうような社会においては、寡頭支配たる現代民主主義は多くの者にとっては他律の状態にならざるをえないからである。

そこでラスキは、達成すべき目標を、「政治的民主主義（political democracy）」とは区別されたものとして、「社会的民主主義（social democracy）」と表現した。彼は自国の現状に次のような評価を下している。「一九四〇年までのところでは、イギリスにおいて政治的民主主義の諸形式は、ごく部分的にしか社会的民主主義のかたちで表現されるに至っていない」[★22]。資本家階級は民主主義の原則が経済の領域には適用されないということを暗黙の前提としている。そして、こうした民主主義原則の不徹底が、「多数者の政治的主権と特権階級の経済的主権という矛盾」、すなわち政治における平等と経済における不平等というアシンメトリーを可能にしているという〔★23〕。

つまり、ラスキにとって「民主主義」とは、単に政治制度上の問題に還元し尽くせるものではない。彼はホブハウスのごとく制度の「形式」と「精神」とを対比して次のように論じている。「およそ民主主義的社会というものは、その社会の統治形式の問題であると同時に、またその成員の精神的相互関係の問題でもある。民主的社会においては、市民に対する為政者の実効性ある責任が、暴力によらずに不断に遂行されていなければならない」〔★24〕。

そして、このように民主主義を「形式的」なものから「実質的」なものとするためには、経済的平等という前提条件がまずは整えられなければならないのである〔★25〕。彼は「政治的民主主義」の諸制度をうまく機能させるには、「社会的民主主義」の実現が不可欠な条件であると考えた。なぜなら、前述の通り、代議制民主主義における自由は、社会ないし経済の領域における個人間の対等な関係をもって初めて実現されうるものだからである。そして、ラスキにとって、社会の領域においても民主主義を実現することのできる体制は、四〇年代に入ってから彼の議論に初めて登場したもう一つの構想である「計画民主主義」を措いてほかにない。次節では、このような計画社会の下で個人の自由がいかに維持されうるのかという問題をめぐるラスキの議論を検討する。

第二節　計画民主主義

（1）「計画」とは何か

計画社会における自由という問題関心自体は何もラスキ独自のものではない。一次大戦下における戦時社会主義の実現を経て、アメリカに端を発する世界恐慌への対処にあたり、すでに三〇年代から様々な分野においてこのテーマをめぐり学者たちが議論を闘わせていた。ラスキは社会主義者として計画社会を推進する立場に立ったわけだが、彼の主要な論敵はエリー・アレヴィやルートヴィヒ・フォン・ミーゼスといった論客と並んで、渡米中からラスキ自身とも親交のあったウォルター・リップマンであった。リップマンは『善き社会の諸原理の探究』（一九三七年）の中で、戦時のみならず平時においても「計画」が可能であると主張するルイス・マンフォードらの論者に向けて、平時における「計画」は権威主義体制を必然的に伴うと主張し、合理的社会の構想は非合理的な専制に帰着するという逆説の論証を試みた［★26］。

四〇年代になって形成されたラスキの「計画民主主義」論は、こうした批判に対する計画社会論者側からの応答であったと言える。彼の同時代人で計画社会の擁護を行った者の中には、ナチス・ドイツからイギリスに逃れ、ラスキがそのロンドン大学での講師就任を手助けしたハンガリー生まれのユダヤ人社会学者カール・マンハイムや、優れたロシア革命史研究によって知られ、ラスキに対する批判が噴出した彼の死後においても、彼の業績に対する好意的な態度を示した歴史家Ｅ・Ｈ・カーなどがいた［★27］。

彼らは互いに少しずつ立場を異にしながらも、平時において「計画」と民主主義を両立させることは可能であるばかりか、そうすることが自らの世代の使命であるという信念においては一致していたようである。さらに、ＬＳＥでラスキの同僚として教鞭をとっていたフリードリヒ・ハイエクもラスキの議論を批判しており、計画社会の是非をめぐって対立する双方の立場から活発な議論が行われた。

では、ラスキにとって「計画（plan）」とは一体何を意味したのであろうか。彼の「計画」概念について論じる際に、それが意味することの範囲の広さには十分な注意が必要である。ラスキの論敵であるリップマンがこの言葉を使う際、リップマンが意味していたのは「計画経済（planned economy）」であった。したがって、リップマンの「計画」批判はもっぱら、多様な個人の消費欲求を中央政府が計画することの不可能性に向けられていた［★28］。それに対して、ラスキの「計画」概念の内容は、計画経済が通常意味する労働と資源配分の国家による統制（それらはリップマンによれば、戦時においては「徴兵」と「配給」として現れる［★29］）とは必ずしも一致しない。ラスキは「計画」に基づく社会を次のように定義した。「計画社会とは、枢要な経済的統制が私人の手から共同体の手に渡ることを意味する」［★30］。

したがって、ラスキは「計画」という語によって、配給制などの国家による資源配分ではなく、市場経済に対する国家干渉一般を指していた。そこで問題となるのは、国家が個人の欲求を知りうるか否かといった問題ではなく、むしろ国家干渉と個人の自由とをいかにして両立させうるかという問題であった。つまり、ラスキの政治理論においては、国家干渉の必要は個人の自由の前提となっていたのである。この点で、国家干渉と個人の自由とを対立的なものとして捉えた「古い自由主義」を批判したホブハウスとの連続性を見出すこともできる。このような「計画」という語をめぐる概念操作を通じて、ラスキは自身の初期からの問題関心、いや、もっと言えば十九世紀後半のグリーン以来連綿と続く、積極的国家と個人の自由との両立をめぐる問題関心と、この「計画民主主義」論とを接続したのであった。

それゆえに、こうした「計画」の目的は、一九三〇年代のラスキの著作においてもそうであったように、社会主義社会の実現による個人の生活条件や諸個人間の経済的平等の保障にとどまるべきものではない。彼は次のように述べる。「計画」の「目的は、社会主義国家の建設と関係がないわけではないが、これとは異なるもの、つまり現在われわれの間に存在し、戦争勃発以前においてすでに権威を伸張し決意を固めつつあった反革命勢力に対し、われわれの政治的民主主義を守ろうとする目的である」。仮に社会主義革命が成就されたとしても、政治的民主主義の諸制度、そしてそれを必要条件とする個人の自由が守られなければ意味がない。したがって、ラスキの自由論を踏まえて言えば［★31］、国家による「計画」は個人の「自発性」を生み出すものとならなければ意味がないのである。

したがって、「政治的民主主義が経済的独占の支配者とならなければならない。さもなければ、経済的独占が政治的民主主義の支配者となるであろう」［★32］。ここで言われている前者の状況においては、形式的な「政治的民主主義」が市場経済の統制の上に築かれることにより、実質的な「社会的民主主義」を伴ったかたちで現れ、社会的な平等を条件として公共精神が発達し、個人の自由が守られうる。それに対し、後者の状況においては、国民が富者と貧者とに二分され、「少数者に対する多数者の思慮なき服従」が、外形的な民主主義的諸制度の虚飾によって覆い隠される。つまり、民主主義は「計画」を伴うことによってのみ、実質的なものとなりうるのである。

他方で、ただ単に社会を「計画」の原理に基礎づけるだけでは、個人の自由は保障されない。というのも、「計画」そのものは中立的な概念であり、その目的如何によっては民主的にも非民主的にも運用されうるからである。ラスキによれば、「イタリアとドイツにおける計画は特権を持つ少数者への奉仕に利用され、ソ連における計画は大衆への奉仕に利用されてきた」[★33]。彼にとって、資本主義の収縮期に既存の階級関係を維持するという目的の下、労働市場に対する国家干渉の増大を通じて大衆を動員することに成功したファシズムもまた、ソ連共産主義と同様に「計画社会」の一形態であった。

このようなファシズムの計画社会への分類は、三〇年代からの彼のファシズム観の変移と対応している。すでに述べたように、三〇年代においてマルクス主義を受容した彼は、資本主義の危機の時代に資本家階級が国家権力と結託して労働運動を強制力によって抑え込むという事態にファシズムの本質を見出し、ファシズムをもっぱら、民衆を抑圧する一方的な「力」の側面から論じた。ところが四〇年代に入り、いまや彼はマルクス主義者のファシズム論を、「それ〔ファシスト勢力〕が支配するに至るいかなる社会においても根本の階級関係を乱すものではないという点を彼らが指摘していることは正しい」としながらも、それがナショナリズム的感情を巧みに利用することによって大衆運動を組織できた点を見逃している点を指摘し、自分自身のファシズム観にも修正を加えたのである[★34]。

このファシズムの再定式化によって、ファシズムはラスキの理想とする社会像との距離を危険なまでに縮めた。両者はともに「計画社会」とされたのである。このことが含意する二つのことは重要である。すなわち一つ目は、計画社会は「階級なき社会」という前提条件の上に打ち立てられなければならないということ、二つ目は、「計画」は政治的民主主義の否定（すなわちファシズム）ではなく、政治的民主主義と結びついたもの（すなわち計画民主主義）でなければならないということだ。ただし、ここでは次の三つ目の含意が特に重要である。すなわち、計画社会は個人の自由を否定しうるということだ。繰り返し述べてきたように、ラスキは決して計画社会の設立が自ずと個人の自由を保障するものであるとは考えなかったし、事実、計画社会の反対者がこぞって批判したのはまさにその点であった。ラスキはこれらの批判に答えるために、計画の目的を人民の意志に基づいたものとする方途、すなわち計画社会の下で個人の自由を実現する方途に関する議論へと進むのである。

(2) 計画民主主義における個人の自由

経済的自由主義者を中心とするラスキの主要な論敵たちは、計画社会は本質的に自由と相容れない体制であるとしてこれを激しく論難した。例えば、リップマンによれば、平時における計画生産は人民の多様な欲求に対処することの困難を伴う。それゆえに、こうした社会においては人民に必要なものを人民に代わって決定する一元的な機関が必要となるため、臣民にとっての善を知っていると主張する独裁者による「慈恵的専制」に行き着かざるをえないという[★35]。

また、ハイエクは市場における消費者のニーズの多様性を指摘した上で、ある個人の価値尺度は社会の多様なニーズの一部分にすぎず、それゆえ単一の計画者による社会全体の価値配分の決定は不可能であり、また計画を議会における討論によって決定しようとしても合意を形成しえないため、議会の機能不全という問題が不可避的に生ずると論じた[★36]。リップマンとハイエクの両者に共通しているのは、市場における諸個人の多様な消費欲求を個人に代わって計画者が判断することは、個人の自由に対する抑圧を招来せざるをえないという主張である。

しかしながら、このような解釈は計画社会論に関する重大な誤解を含んでいる。それはすでに指摘した通り、ラスキらの計画社会論者が意味する「計画」は、いわゆる「計画経済」と完全に符合するものではなく、それゆえ彼らは生産の全般的な計画化を意図してはいないという点である。リップマンは、計画社会がすべてを計画することにより、自由な消費の余地がなくなり、また職業選択の自由もなくなるということも懸念している［★37］。ハイエクもまた、「国家が全生産手段を統制するような共同活動部門」のもたらす影響が、やがては全社会システムを支配するようになる危険性を強調した［★38］。

だが、このような警告は計画社会論者の構想する社会像には必ずしも当てはまるものではない。カーはリップマンが懸念するような「労働管理権は日常的に用いられる道具ではなく、自発的方法が失敗した場合の究極の刺激として取っておくべきもの」であるとし、また他方で「重要産業部門の国有化」に対しては支持を表明している［★39］。またマンハイムは、自身の構想する「民主的計画」の立場から、「独裁制はすべてに干渉することが計画ではないという点を理解することができていない」と批判し［★40］、むしろ計画社会においては、「完全な活動の自由が可能な領域と、規制される諸領域を支配する規則に対する民主主義的統制とが明確に限定される点に自由がある」としているのである［★41］。

ただしラスキは、このような「計画」が対象とする領域の限定性を前提することに加えて［★42］、計画されざる自由放任社会における「自由」と計画民主主義社会における「自由」との間に質的な差異を見出した。彼は前者を「消極的自由（negative freedom）」、後者を「積極的自由（positive freedom）」と表現している［★43］。彼によれば、リップマンの「自由」概念は消費活動における選択の幅を意味するものにすぎず、「それは、浪費を行いうる力が成功者たる証拠とみなされる社会によって要求される贅沢の基準を示す単なる指標にすぎない」［★44］。こうした意味における自由は当然、経済に対する国家干渉が少なければ少ないほど好ましいとするような消極的性質のものとなる。

そして、それはまた多数者の犠牲を前提にしなければ成り立ちえない少数者にとっての自由である。というのも、経済的な領域における諸個人の機会の平等として出発した自由競争の原理に基づく資本主義は、競争が進むにつれ、徐々に企業のカルテルやトラストの支配する独占資本主義へと姿を変えていったからである。カーの言葉を借りるならば、「自由競争の結果は、競争を破壊すること」であった［★45］。こうした経済史観は計画社会論者の間で共有されたものであったが［★46］、当時のイギリスがいかなる社会的段階に立っているのかという問題に関しては、特にその後の発展段階を表す用語法をめぐって、ラスキとカーは微妙に立場を違えている。

カーによれば、自由競争原理に基づく資本主義経済から様々な社会問題が生じ、その欠陥が明らかになったいま、「十九世紀の自由放任主義の資本主義を去って移りゆく道としては、〝福祉国家〟、〝社会奉仕国家（social service state）〟、また単に〝社会主義〟と呼ばれる社会・経済秩序以外にない」。そして、彼は「社会主義を目的とする計画」だけがわれわれに残された道であると断言した［★47］。このように、カーの議論においては「社会奉仕国家」と「計画」とが結びつきうる観念として登場する。

それに対して、ラスキはこの二つの語を明確に区別した。彼は労働党が政権を担うことが可能になったような社会的事情を考慮して、「少なくともわれわれは一九〇六年以前の時代の消、極、的、国家から社会奉、仕、国、家へと移行した」と結論づける。ただし、彼はすかさず次のように付け加えている。「われわれの国家は社会奉仕国家である。だが、一貫した原理によってその性格を形づくる目論見が時々しか存在してこなかったという単純な理由により、それはとても計画社会であるとは言えない」〔★48〕。ここで言う「社会奉仕国家」とは、国家が基幹産業の統制権を手にしておらず、それゆえ経済的な不平等の是正が「計画」にではなく、国家の支配階級たる資本家の裁量による譲歩に委ねられているような国家である。

こうした国家はまた、実質的な意味における民主主義の達成の妨げになるという。「社会奉仕はわれわれの時代における富者の支払う富裕税であり、それによって彼らは社会の構造に関わる問題に対する大衆の惰性的な無関心を維持している。というのも、大衆にその吟味を促すことは常に危険なことだからである」〔★49〕。治者たる資本家階級は、あくまでも資本主義的経済秩序の枠内で譲歩を行うことにより、被治者の公的関心を弱体化し、自らの支配体制を盤石たるものにしようと努める。これにより「社会奉仕国家」における個人の自由はますます望みの薄いものとなるのである。

またラスキは、「社会奉仕国家」の経済形態とそれに伴う支配者の行動の傾向のみならず、その下での被支配者の精神的態度をも問題にしている。彼は先に引用した「社会奉仕国家」と「計画社会」を区別した文章の後段で次のように述べている。「われわれはいまだに、本質的には獲得社会（acquisitive society）である」〔★50〕。ここで言及されている「獲得社会」という語は、イギリスの歴史家R・H・トーニーが同名の著作において提示した概念であるが、彼が「獲得社会」の原理を批判し、自身の理想としては、富を獲得する「権利」ではなく、社会に奉仕する「機能」に基づく「機能社会（functional society）」を対置したのに対して〔★51〕、ラスキはもっぱら「獲得社会」の原理が有する倫理的側面を問題視し、それを「計画社会」における「積極的自由」と対比させた。すなわち、ラスキによれば、「獲得社会」の原理は経済的成功を称賛の的にし、貧困を道徳的劣等の証左とみなす独自の倫理を発展させてきた――その倫理とは、まさしく第一章で論じたようなヴィクトリアニズムの倫理である。そこでは道徳的価値が経済的価値の中に併呑され、真・善・美のごとき無形の価値が物質的な富よりも重視されることは妨げられている〔★52〕。

このような社会において、富を持たざる者は自らの公的性質を放棄し、私的関係の中に逃げ隠れ、型にはまった日々の生活に安寧を見出す〔★53〕。というのも、ラスキは、ハリントンやマディソン、そしてマルクスに依拠しつつ、経済力と政治権力との結びつきを自らの政治思想の前提としており〔★54〕、富者と貧者に分かたれた社会においては、持たざる者は「自己統治」を理念とする民主主義の下での政治的決定に影響を及ぼしえず、それゆえ自らの生活のあり方を自ら決定することができないからである。ラスキにとって、自らの生き方を自ら決定しえない者は、グリーンが提示したような「積極的」な意味において「自由」であるとは到底言えない。

そのような「積極的自由」を喪失した個人がどのような行動をとるかを、ラスキは次のように説明している。

> この巨大社会において自由を手に入れることのできない苦しみから逃れる手段の一つは、個人人格の自我や唯一性が失われてしまうほど完全に従属することである。(……) 彼らにとって〔自由の〕譲渡は安寧である。そして彼らは、自分は自由だ、なぜなら自分は個性を完成しなければならないという社会的責務を放棄したのだから、と考える。〔★55〕

資本主義社会における持たざる者は、個性の完成を志向する「積極的自由」の放棄と引き換えに、社会的責務の束縛からの「消極的自由」を手にする。しかしながら、このような「自由」は束の間の幻想にすぎない。というのも、彼らはこの社会的責務からの逃避により、やがては「消極的自由」をも失うことになるからだ。能動的シティズンシップとは対極にあるこのような「思慮なき服従」の態度こそ、ヒトラーやムッソリーニの率いる少数者が反革命を成就させ、その後も権力を維持しえたことの堅固な土台となったのである。

それに対して、「計画社会」において達成されるべき「積極的自由」の観念は、「国家権力からの干渉の不在ではなく」、国家権力による「機会の創出によって特徴づけられる」。なぜなら、「干渉の不在は少数者の自由を意味」し、「機会の創出は多数者の自由を意味する」からである〔★56〕。そして、そのような機会創出によって特徴づけられた「自由」は次のように定義される。「真の意味で自由になるということは、われわれの一人ひとりが持っている個性を解放するような、そして個性の抑圧によっては維持されえないような社会・経済秩序〔の実現〕を妨げている障害物を取り除くことである」〔★57〕。ここには国家の積極的役割を「共通善への障害の除去」に見出すイギリス観念論者とラスキとの興味深い一致が見られる――ただし、何を「共通善への障害」とみなすかについて、彼らは意見を異にしているのだが。ラスキは晩年の自由論の中で、階級関係をそのような障害とみなし、経済秩序に対する国家干渉が個人の自由の必要条件であることを殊更に強調したのであった。

だが、それは自由の十分条件ではなかった。なぜなら、三〇年代に入って新たに目標として掲げられた「階級なき社会」を実現したとしても、彼がその初期から論じ続けた「権力の広範な配分」という次なる目標を達成しなければならないからである。「われわれは単に所有を個人の手から公の手に渡し、次いで生産過程を計画化しようとするだけではこの目的を達することはできない」。「計画」は少数者のために利用されうる。それを阻止し、「計画」を人民の意志に従属させうるのは、被治者の側における創意と自発性を喚起し、国家行動に対する不断の吟味を可能にするような制度にほかならない。そして、そのような制度構想として晩年のラスキが提案したのは、「分権化（decentralisation）」というシンプルな標語的装いをまとったものの、彼がそれ以前から「権力の広範な配分」という言葉で一貫して表現してきたものであった。

すなわち、各労働者は彼らが生産者としてその一部分に参加する計画の目的と手段とを定める際に、その努力の程度に応じて協力することができ、消費者ないし市民としては、この計画の運用の結果を身をもって経験した者としてその運用の当否の判断に参加することができなくてはならない。これは明らかに生産の側においても消費の側においても分権化された諮問機構（decentralised machinery of consultation）を意味する。すなわち、社会における所有の形態を変えるだけでは十分ではない。それらを民主化することも必須である。［★58］

持続的創意によって社会秩序の創出に積極的に参画し、また政府の下す決定に自発的な同意を与えるのでなければ、市民は人格の実現としての自由を手にしえない［★59］。制度的変革によって市民の主体性を涵養しようとするこうしたラスキの構想は、イギリスにおける「少数者の民主主義」の伝統に期待してエリート教育の重要性を説き、大衆の激情を操作する技術に大きな役割を与えたマンハイム［★60］や、人間の非合理性を自覚しつつ、理性をより完全なものにしていくことを提言しながらも、特に具体的解決策を示すことはせず歴史家としての禁欲的態度を固守したカーの計画社会論［★61］とは一線を画すものであったと言える。

さて、以上で明らかにしてきたことから、ラスキの「計画民主主義」論が受けうる（そして実際に受けてきた）批判の一つに答えることができる。その批判とは、「要するに、計画経済の諸目的を人民の決断に依拠させうる方法は存在しない」というリップマンの言葉に集約されている［★62］。ハイエクはより直接的にラスキの名前を挙げ、諸個人のニーズの多様性に基づき、民主的手続きに則って一元的な計画を成し遂げることの不可能性を指摘した［★63］。また、ラスキ研究の第一人者であるディーンさえも、個人の多様性を前提としつつも法を個人の同意に基づくものにしようとするラスキの自由論を批判して、「何でもすることができ、しかも万事秤にかけられなければならないとするならば、何事も事実上は成し遂げることはできないだろう」と述べた［★64］。

しかしながら、これらの批判は、そもそもラスキが代議制民主主義への懐疑を出発点として自身の政治理論を構築したことを見落としている。彼の理論的前提は「治者と被治者の不一致」であった。彼は各職能団体の代表から構成される委員会をもって現に存在する議会に代えようとするギルド社会主義を批判して、代わりに諮問機関を提案する文脈で次のように述べた。「国家の政府に、決定することは任せておいて、専門家に助言を求めることだけを強制するという考えは、ギルド社会主義のように機能団体に権力を付与する制度よりも好ましい」［★65］。このように、治者たる政府による政治的決断と、被治者たる市民による道徳的判断のプロセスを分離し、前者が則るべき原理を提示するのではなく、社会の構造変革による後者の能動的シティズンシップの涵養を構想しているところにラスキの政治思想の独創性があると言えるだろう。

そのように考えれば、ディーンによる批判はむしろ、「共同活動は、個々の考えが一致する場合にのみ限定されるべきだ」とするハイエクの主張にこそ当てはまることが分かる［★66］。集団決定の過程において人間の多様性ばかりを強調すると、一切の国家行動が不可能となってしまう。だが、人間が個性を発揮しうるためにも、国家による積極的行動は必要不可欠である。ラスキは個人と国家のこのようなジレンマが最も先鋭化したかたちで現れた四〇年代の「計画民主主義」をめぐる議論の中で、国家による決断とそれに対する市民による不断の吟味というダイナミズムを通じて、国家行動を漸進的に市民の意志に基づいたものとしていくという彼独自の動態的な自由論を彫琢したのであった。

小括

第四章から本章まで、ラスキの思想的発展を跡づけ、そこに見出される一貫性を示してきた。彼は初期主権三部作においては、ボザンケやグリーンをはじめとするイギリス観念論者の国家主権論を批判した。ラスキによれば、イギリス観念論者たちは、法的な正当性を有する国家にのみ道徳的正当性を認める一元的国家論を展開した。これに対して、彼は二つの種類の正当性を厳格に区別する多元的国家論を唱え、国家行動の道徳的正当性を所与のものとせずに逐一吟味する個人を理想的市民像として提示した。

こうした能動的シティズンシップは、「権力の広範な配分」という政治形態の再編を通じてある程度人為的に創出しうる性格であると彼は考えたのであった。

二〇年代から三〇年代にかけて労働問題に対する国家の非妥協的な姿勢を観察する中で、彼は「権力の広範な配分」という政治改革は社会改革なくしては実現しえないと考えるようになった。そこで三〇年代のラスキはマルクス主義の教義を批判的に受容し、国家を、支配者たる資本家階級が既存の経済秩序を維持するための道具とみなし、被治者である労働者階級が国家行動に反対の声を上げたとしても、資本主義システムの枠内においては国家の「力」によって声がかき消されてしまうという結論に至った。これはまさに現行秩序の枠内における調和への進歩を信じたホブハウスとは対照的な立場であった。そこで三〇年代以降のラスキにとっては、「階級なき社会」を実現することが「権力の広範な配分」のための前提条件として新たな目標に加えられたのである。

しかしながら、「階級なき社会」の実現方法については、三〇年代の間の彼の考えはまだ固まっていなかった。第二次世界大戦下で階級を超えた国民的団結を目にする中で、彼は「階級なき社会」を非暴力的な方法で実現するためにはこの好機を逃してはならないと考えた。資本家階級の同意に基づく社会変革構想である「同意による革命」論は、このようにして四〇年代のラスキの議論に姿を現したのである。ただし、この「同意による革命」を通じて打ち立てられるべき社会像は、彼が初期から一貫して目標に掲げてきた「権力の広範な配分」を含むものであった。

彼の構想は「階級なき社会」の実現によって終わりはしない。治者と被治者の固定的な階層分化が解消された後も、人間の「思慮なき服従」の傾向は常に残り続ける。こうした傾向は、基幹産業を国有化し、多岐にわたる社会保障制度が整備された「計画社会」の下では、肥大した国家権力が独裁に転化する危険をなおのこと生じさせる。だからこそ、「分権化」を通じて醸成された能動的シティズンシップにより、国家行動を個人の意志に従属させていくという「計画民主主義」論は、四〇年代に展開されたラスキ政治思想のもう一つの側面として注目に値する。それは、国家権力と個人の自由の両立という、彼がその生涯を通じて取り組んだ問題関心の集大成だったのである。

★1 Harold J. Laski, *The American Democracy: A Commentary and an Interpretation*, Routledge, 2015 [1949].

★2 Carroll Hawkins, 'Harold J. Laski: A Preliminary Analysis,' in *Political Science Quarterly*, vol. 65, no. 3, 1950, p. 391.

★3 丸山「西欧文化と共産主義の対決」二二〇頁、丸山「ラスキのロシア革命観とその推移」二四〇―四頁。強調原文。

★4 小笠原『ハロルド・ラスキ』。「同意による革命」論に重点を置いた研究としては、他に毛利「ハロルド・ラスキの社会変革論」がある。

★5 Laski, *Liberty in the Modern State*, p.180（邦訳、二一九―二〇頁）.

★6 Lamb, *Harold Laski*, pp. 69, 85–6, 88.

★7 ただし、このような議論がラスキの意図した通りに同時代人たちに受け取られたかというと話は別である。ラスキの伝記を著したクラムニックとシアマンによれば、当時の一般人にとっては、「革命」と「暴力」とを密接不可分のものとして考えるのが普通であった。Kramnick & Sheerman, *Harold Laski*, pp. 532-3. 実際、ラスキは「革命」という言葉の持つこのような一般的イメージを利用され、名誉棄損裁判に敗訴している。本書、終章参照。

★8 Harold J. Laski, *Faith, Reason, and Civilization: An Essay in Historical Analysis*, Viking Press, 1944, pp. 12, 16–7（中野好夫訳『信仰・理性・文明』岩波書店、一九五一年、六頁、一二―三頁）.

★9 小笠原『ハロルド・ラスキ』一六三頁。

★10 栄田卓弘『イギリス自由主義の展開――古い自由主

義の連続を中心に』早稲田大学出版部、一九九一年、三二六頁。

★11　Harold J. Laski, *Will Planning Restrict Freedom?*, Architectural Press, 1944, p. 28.

★12　栄田『イギリス自由主義の展開』三一七頁。

★13　Harold J. Laski, *Reflections on the Revolution of Our Time*, Routledge, 2015 [1943], pp. 44–5（笠原美子訳『現代革命の考察』上巻、みすず書房、一九五〇年、五七頁）.

★14　Laski, *Reflections on the Revolution of Our Time*, p. 51（邦訳、上巻、六六頁）.

★15　小笠原『ハロルド・ラスキ』、一六七―九頁。なお、同時代人の中でもラスキの政治思想に批判的であり、彼が理想とするような一般民衆の積極的政治参加にも懐疑的であったヨーゼフ・シュンペーターでさえも、ことソ連評価に関しては、「ラスキ教授はスターリン主義者ではない」と断言している。Joseph A. Shumpeter, 'Review: *Reflections on the Revolution of Our Time* by Harold J. Laski', in *The American Economic Review*, vol. 34, no. 1, pt. 1, 1944, p. 162.

★16　例えば、栄田『イギリス自由主義の展開』三二四―九頁を参照。

★17　Harold J. Laski, *The Dilemma of Our Times: An Historical Essay*, Routledge, 2015 [1952], pp. 15–6（大内兵衛、大内節子訳『岐路に立つ現代』法政大学出版局、一九六九年、四―五頁）.

★18　Laski, *The Dilemma of Our Times*, p. 59（邦訳、六四―五頁）.

★19　栄田『イギリス自由主義の展開』三一九頁。また、同様に水谷三公も、「裁判・刑務所の運営について有意義な実験が行われ、犯罪者に対して人情味のある処遇がなされるソ連司法制度の美点」を称賛するラスキの事実認識の甘さを指摘している。水谷『ラスキとその仲間』二七八頁。「知識人の政治責任を問う」という観点から、ラスキのこうしたソ連贔屓を断罪することも可能だろう。水谷『ラスキとその仲間』三一〇頁。

　しかしながら、「ラスキの政治思想を明らかにする」という本書の関心からは、とりわけ水谷の参照したラスキの文章の続きが重要である。ラスキは次のように書いている。「ソ連がこれまでなしてきたこととは、犯罪を、そのあらゆる段階において、経済的な環境と関連づけてきたということである。犯罪とは、そのかなり多くの部分が経済的な環境の表われなのである。こうした関連づけによって、犯罪者を社会の敵として扱うのではなく、むしろ社会の犠牲者として扱い、刑務所の大々的な改革に乗り出すことが可能になった。これらの改革は、その社会的成果において、これまでの文明におけるいかなる改革にもはるかに優るものである」。Laski, *Reflections on the Revolution of Our Time*, p. 52（邦訳、上巻、六七—八頁）.

つまり、ラスキはここで、個人の犯した罪の責任を単にその個人にすべて帰するのではなく、社会もその責任の一端を負っているという自覚がソ連の司法改革の中に萌していているのを見出しているのである。彼のこのようなソ連評価を理解するためには、ヴィクトリア時代の一般的な価値観が、犯罪やその原因としての貧困を個人の責任に帰するものであったことを念頭に置く必要がある。当時は貧困が性格を形成するのではなく、性格が貧困を形成すると考えられていた。本書、第一章第一節および第二章第三節参照。なお、このように犯罪に対する社会の責任を強調しすぎると、今度は個人の責任が問えなくなってしまうという問題については、杉田敦『権力論』岩波書店、二〇一五年、二四—三〇頁を参照。

★20　ラスキは〈フェイビアン主義時代〉においてもすでにディズレーリを引いて、経済的な不平等が社会に亀裂をもたらすことを主張している。「私の論旨は、富める人びとと貧しい人びとは実際においては二つの異なった国民であると述べた、あのディズレーリの天才的洞察に尽きるのである」。Laski, *Liberty in the Modern State*, p.192（邦訳、一三六頁）.

★21　Laski, *Faith, Reason, and Civilization*, p. 19（邦訳、一七頁）.

★22　Laski, *Reflections on the Revolution of Our Time*, p. 132（邦訳、上巻、一八五頁）.

★23　Laski, *Reflections on the Revolution of Our Time*, pp. 33–4（邦訳、上巻、四〇—一頁）.

★24　Laski, *Reflections on the Revolution of Our Time*, p. 164（笠原美子訳『現代革命の考察』下巻、みすず書房、一九五〇年、四頁）.

★25　Harold J. Laski, 'Choosing the Planners,' in G. D. H. Cole et al., *Plan for Britain: A Collection of Essays prepared for the Fabian Society*, George Routledge & Sons, 1943, p. 106.

★26　Walter Lippmann, *An Inquiry into the Principles of the Good Society*, Little, Brown, 1937, pp. 91, 105.

★27　ラスキに対するカーの好意的評価に関しては、E. H. Carr, 'Harold Laski'（1953）, in *From Napoleon to Stalin and Other Essays*, Macmillan, 1980, pp.170–6（鈴木博信訳「ハロルド・ラスキ」、『ナポレオンからスターリンへ——現代史エッセイ集』岩波書店、一九八四年、二二三—二三二頁）を参照。

★28　Lippmann, *An Inquiry into the Principles of the Good Society*, p. 99.

★29　Lippmann, *An Inquiry into the Principles of the Good Society*, pp. 101–3.

★30　Laski, 'Choosing the Planners,' p. 121.

★31　本書、第四章第一節（二）参照。

★32 Laski, *Reflections on the Revolution of Our Time*, p. 310（邦訳、下巻、二一四頁）.

★33 Laski, *Reflections on the Revolution of Our Time*, p. 167（邦訳、下巻、八頁）.

★34 Laski, *Reflections on the Revolution of Our Time*, p. 88（邦訳、上巻、一一九—一二一頁）. シュンペーターはマルクス主義的なファシズム論に対するラスキのこのような（自己）批判を高く評価している。Shumpeter, 'Review', p. 163. なお、近年のファシズム研究においても、ファシズムを資本家階級と国家権力の結託に還元する説明は、「下からの」ファシズム運動を無視した過度な単純化であることが指摘されているが、同時に資本家階級がファシズムの受益者であり、いくつかの局面ではそれに積極的に加担したというマルクス主義の指摘した事実自体は否定されていない。山口定『ファシズム』岩波書店、二〇〇六年、二九八—三〇〇頁。

★35 Lippmann, *An Inquiry into the Principles of the Good Society*, pp. 96–7, 104–5.

★36 F. A. Hayek, *The Road to Serfdom*, University of Chicago Press, 1994 [1944], pp. 65–6, 69–70（西山千明訳『隷属への道』春秋社、二〇〇八年、七三—四頁、七七—八頁）.

★37 Lippmann, *An Inquiry into the Principles of the Good Society*, pp. 101–3.

★38 Hayek, *The Road to Serfdom*, p. 68（邦訳、七六頁）. 強調引用者。

★39 E. H. Carr, *The New Society*, Macmillan, 1951, pp. 55, 59（清水幾太郎訳『新しい社会』岩波書店、一九五三年、八一—三頁、八八頁）. 強調引用者。

★40 Karl Mannheim, *Man and Society in an Age of Reconstruction: Studies in Modern Social Structure*, Routledge & Kegan Paul, 1940, p. 14（福武直訳『変革期における人間と社会』みすず書房、一九六二年、一六頁）. 強調引用者。

★41 Mannheim, *Man and Society in an Age of Reconstruction*, p. 371（邦訳、四五一頁）.

★42 Laski, *Reflections on the Revolution of Our Time*, p. 306（邦訳、下巻、二一〇頁）.

★43 Laski, 'Choosing the Planners', p. 112.

★44 Laski, *Reflections on the Revolution of Our Time*, p. 341（邦訳、下巻、二五八頁）.

★45 Carr, *The New Society*, p. 26（邦訳、三九頁）.

★46 Laski, *Reflections on the Revolution of Our Time*, p. 306（邦訳、下巻、二〇九頁）; Karl Mannheim, *Freedom, Power, and Democratic Planning*, Routledge & Kegan Paul, 1951, p. 11（池田秀男訳『自由・権力・民主的計画』未来社、一九七一年、三九頁）.

★47 Carr, *The New Society*, p. 38（邦訳、五六—七頁）.

★48 Laski, *Will Planning Restrict Freedom?*, pp. 24–5. 強調引用者。

★49 Laski, *Faith, Reason, and Civilization*, p. 28（邦訳、三一頁）.

★50 Laski, *Will Planning Restrict Freedom?*, p. 25.

★51 R. H. Tawney, *The Acquisitive Society*, Harcourt, Brace, 1920, pp. 28–30（山下重一訳「獲得社会」、『世界思想教養全集17』三二五—六頁）.

★52 Laski, *Reflections on the Revolution of Our Time*, pp. 326–8（邦訳、下巻、二三七—四〇頁）.

★53 Laski, *Reflections on the Revolution of Our Time*, p. 30（邦訳、上巻、三五頁）.

★54 「国家形態の如何を問わず、政治権力は事実上経済力の所有者に帰属するということは、ハリントン、マディソン、そしてマルクスのごとき人びとのいずれもが当然強調したところであった」。Laski, *Liberty in the Modern State*, p. 52（邦訳、五六頁）.

★55 Laski, *The Dilemma of Our Times*, p. 83（邦訳、九六頁）.

★56 Laski, 'Choosing the Planners', p. 115.

★57 Laski, *The Dilemma of Our Times*, p. 84（邦訳、九八頁）.

★58 Laski, *The Dilemma of Our Times*, p. 89（邦訳、一〇四頁）.

★59 Laski, 'Choosing the Planners', pp. 123–4.

★60 David Kettler, Volker Meja & Nico Stehr, *Karl Mannheim*, Ellis Horwood, 1984, pp. 137–8, 147（石塚省二訳『カール・マンハイム——ポストモダンの社会思想家』御茶の水書房、一九九六年、二〇五頁、二二〇頁）.

★61 Carr, *The New Society*, pp. 79, 106（邦訳、一一六頁、一五五頁）.

★62 Lippmann, *An Inquiry into the Principles of the Good Society*, p. 103.

★63 Hayek, *The Road to Serfdom*, pp. 70–1（邦訳、七八—九頁）.

★64 Deane, *The Political Ideas*, p. 40（邦訳、四一頁）.

★65 Laski, *A Grammar of Politics*, p. 82（邦訳、上巻、一二五頁）. 強調引用者。

★66 Hayek, *The Road to Serfdom*, p. 67（邦訳、七四—五頁）.

終章　シティズンシップの終わるとき

ここまでT・H・グリーンからハロルド・ラスキに至るまでのイギリス政治思想史におけるシティズンシップ論の系譜を見てきた。最後にもう一度その系譜の概観を振り返ることで本書の結びとしたい。

本書の注目する思想的継承関係はT・H・グリーンに始まるものであった。イギリス観念論者である彼は主に社会契約論の自然権概念を批判し、「権利」の存立基盤を個人の「義務」意識に求めた。彼の「権利承認テーゼ」によれば、このような「義務」意識を持つ個人の織りなす社会の網の目の中で、「共通善」に役立つものとして承認された主張だけが「権利」となる。彼のこのような権利論は、保守的な側面と急進的な側面を持つ両義的な政治思想に帰結した。

一方で保守的な側面とは、彼の主権論である。彼がルソーとオースティンの折衷から導き出した主権概念は、社会の大部分から習慣的な服従を受けている者を「主権者」と定めるものであった。グリーンは、この主権者が服従を受けているのは、主権者の行動が「共通善」を体現しているということが社会の大部分によって承認されているからであるとした。このような主権論はある保守的な含意を有する。それは、主権者のデ・ファクト的な支配を被治者の意志に基づくものとして正当化しうるということである。このような主権論の根底には、被治者はその気になれば主権者を挿げ替えることができるのだという楽観的な想定があった。もはや「共通善」に貢献すると思われない「主権者」の支配に対しては、人びとは服従をただやめればよいのである。人びとの意志に基づかない支配は長続きしないだろう。グリーンはそう考えたのだ。被治者の前に厳然として立ちはだかる「力」としての側面を軽視したこのような国家論は、後にラスキからの批判を受けることとなった。

他方で急進的な側面とは、彼の「抵抗の義務」論である。彼は「抵抗権」と「抵抗の義務」を理論の上で明確に区別し、「抵抗権」を社会による承認に基礎づける一方で、「抵抗の義務」の根拠を個人の意識から生ずる動機に求めた。それゆえ彼は、「抵抗権」が社会によって認められていないような場面であっても、個人が抵抗の必要性を意識する場合、そこには「抵抗の義務」が存在するということを認めた。ただし、どのような個人も等しく、国家行動が共通善から逸脱した際の「抵抗の義務」を自覚する主体であるとは言えない。事実、彼によれば、古代ローマ帝国はそのような能動的主体を創出することに失敗したからこそ崩壊に至ったのである。したがって、彼の求める理想的市民像とは、ただ自分自身の私的利益にとって都合の良いかぎりにおいて国家に従う「忠実な臣民」ではなく、国家が共通善への道から外れたときには諫言を通じて積極的に国家を改善しようと努めるような「知的愛国者」であった。

以上の両側面はそれぞれ微妙にかたちを変えながら、彼の観念論の後継者であるバーナード・ボザンケの思想の中に受け継がれていった。第三次選挙法改正における制度面での民主主義の大いなる進展を見たボザンケは、治者と被治者の同一性という民主主義の理念に表れた「自己統治のパラドックス」への対処を迫られた。そこで彼は、「実在意志」という独自の観念をもってこのパラドックスの超克を試みた。彼は、歴史的に存続してきた国家には「永遠意識」が部分的にではあるが表現されているというグリーンの主張をさらに推し進め、社会の中で現在維持されている諸制度や諸慣習は、どれほど卓越した個人が頭の中で練り上げたような理論と比べても、合理性の面では優越しているのだという結論に達した。そして、この社会的諸制度や諸慣習を「実在意志」の具現化として捉えたボザンケは、社会と個人のアナロジーを通じて、それらに対する個人の服従を、個人の内なる「実在意志」に対する服従と同一視したのである。

それに対して「国家」という団体は、社会的諸制度や諸慣習を構成する一要素にすぎないため、それはヴィクトリアニズム的慣行を超え出て、貧民の救済という本来自らの領分ではない活動に乗り出すかもしれない。そのような場合に限っては、国家を批判することにより自らの過ちに気づかせる必要がある。だが、同時に社会的諸制度や諸慣習を相互調整し、「力」(主権)をもって共同体全体の一体性を保つことも国家の伝統的な役割であり、その意味では自ら社会的諸制度や諸慣習の核心部分を構成しているため、これに対しては服従することが実在意志の基本原則となる。したがって、ボザンケは決して「国家絶対主義者」ではなかったものの、彼が後の多元的国家論者と比べて国家に相対的に高い地位を認めたこともまた事実であった。彼においては、国家に対する服従と個人の自由は以上のようなかたちで調停されたのであった。

また、ボザンケはグリーンが明確に区別した「権利」と「義務」を単なる言葉遣いの違いによる本質的には表裏一体のものとして捉え、両者をともに「社会による承認」に基礎づけた。ボザンケにおいては「反乱の義務」（グリーンの「抵抗の義務」）がよりいっそう生じにくいものとなった。ボザンケが諸個人に求めるシティズンシップも、「反乱の義務」の自覚を通じた国家に対する積極的な働きかけというよりは、分業化された複雑な社会構造の中で自らに割り当てられた「立場」を弁え、その「立場」からの共通善に対する独特な貢献を自覚しつつ、自らの社会的役割を全うすることであった。それゆえ彼にとって、市民の政治参加は「シティズンシップ」の実践には必ずしも必要なものではなく、彼の政治思想からは制度面における民主主義のさらなる拡大も論理的には導出しなかった。

彼の「実在意志」論からは、シティズンシップに関する積極的含意と消極的含意とが引き出されうる。その意味で彼の政治思想もまた両義的な側面を有するものであった。積極的含意としては、現在の社会のあり方には諸個人の意志がすでに反映されている、だからこそ諸個人は社会のあり方に対して責任を持たなければならない、というものである。選挙権を持っていない者も、社会の「雰囲気」を通じて社会に影響を与えうる。このような観点から、彼は寝たきりの個人に対してすら、公的関心を持ち続けることを要請した。一方で消極的含意としては、すでに社会のあり方に実在意志が反映されているのだから、諸個人は改めて意見を表明する必要はないだろう、というものである。こと「合理性」に関しては、彼は個人に対する社会の絶対的な優越性を認めた。なぜなら社会とは、歴史を通じて諸個人が行ってきた試行錯誤の合理的な部分の集積だからである。このように、ボザンケはもっぱら「歴史」というものを、非合理的な要素が淘汰されていき、合理的なものが勝ち残っていく過程として捉えたのであった。

ボザンケの政治思想が有する後者の保守的側面を痛罵したのがニューリベラルの論客L・T・ホブハ

ウスであった。彼は「社会の態様の中にはすでに実在意志が顕現している」という理論が実践に対して持つ含意を深刻に受け止めた。そこでその解毒剤として処方されたのが「社会立法」であった。彼は「社会立法」と「民主主義」的な制度の組み合わせが市民の公的関心を喚起し、能動的シティズンシップが涵養されると考えた。彼の議論はイギリス観念論批判や多元的国家論の様々な面でラスキの議論を先取りするものであったと言える。だが、彼の政治思想はある重要な点においてラスキのそれとは異なっていた。それは彼の政治思想の理論的基盤となっていた歴史観である。

ホブハウスもボザンケと同様に、グリーンの権利論を歪曲したかたちで受け取った思想家の一人であった。彼においても「権利」と「義務」とは表裏一体のものであった。ただしボザンケとは異なり、彼にとって権利や義務は社会的承認によってではなく、共通善との関係の科学的論証によって根拠づけられる「客観的」なものであった。だが、何が権利であり何が義務であるのかを最終的に決める主体は、それが個人でも社会でもないとすれば、一体誰であるのか。彼は自らの政治思想に潜むこの論理的な空隙を「進歩の形而上学」によって補填した。すなわち、権利と義務の客観的内容は、「調和」に向かう歴史の中で漸次的に明らかになっていくだろうという想定である。

こうした楽観的歴史観は、シティズンシップ論においてもラスキとの懸隔をもたらした。ホブハウスは社会的結合の発展史において、少なくともイギリス国内に関しては、シティズンシップをすでに実現されている原理として見ていた。彼にとって十九世紀末から二十世紀初頭にかけて実現した「民主主義」的諸制度や「社会立法」の拡大は、まさにこの進歩を裏づける証拠であった。現在の社会的諸慣習や諸制度を肯定するボザンケの保守的な態度も、現行社会システムの枠内での、未来における「調和」の実現を楽観するホブハウスの改良主義的な立場も、等しく歴史の中に合理性の必然的発展を見出す進歩史観に根差すものであったと言えるだろう。

ハロルド・ラスキはシティズンシップ論の系譜の中にあって、このような歴史観を拒絶した人物であった。彼はイギリス観念論の一元的な形而上学的前提を斥け、自らの政治思想をウィリアム・ジェイムズから受け取った多元的宇宙論に基礎づけた。そして、歴史を合理性の漸次的開示ではなく、単なる偶然性の集積と捉え、個人の多様な経験によって培養された良心に依拠しつつ、現行社会制度を「慣れ親しんできた制度」と「必要な制度」の混合として精査するようなシティズンシップを個々人に対して要請した。つまり、ラスキは歴史的に存続してきた現状の合理性を所与の前提として受け容れてはならないことを強調したのである。現状とは異なるオルタナティヴを構想する能力こそ、個々の市民に求められるものであった。

ラスキ個人にとっては、そのオルタナティヴの内容は「計画社会」であった。ただし、そのような社会においても、人間の「思慮なき服従」の傾向は忘れられてはならず、それゆえ計画社会は常に諸個人の「反乱の義務」の自覚を喚起するような分権的な「計画民主主義」でなければならなかった。このように彼にとって、計画社会というヴィジョンは被治者に対して上から一元的に押しつけられたものであってはならず、能動的シティズンシップの行使を通じて被治者の意志を不断に調達するべきものであったのだ。

さて、一九四〇年代、反ファシズム戦争の旗印の下で醸成された階級を超える国民的団結の雰囲気は、ラスキの期待通り、実際に社会改革の機運を高めることとなった。こうした雰囲気は、ＬＳＥの学長であるウィリアム・ベヴァリッジの報告「社会保険および関連サーヴィス」（いわゆる「ベヴァリッジ報告」）という副産物をもたらした。同報告の提言する福祉国家構想は、戦時中ということもありすぐには実行に移されず、またイギリスの階級構造そのものも戦争を通じて変化したわけではなかった。にもかかわらず、この報告書が戦後、福祉国家に向けて歩むことになるイギリスの道しるべとなったのは確かである。

事実、一九四五年七月、第二次世界大戦の終結を待たずに行われた総選挙では、社会保険制度の拡充や基幹産業の国有化を含む社会改革を掲げる労働党が圧勝し、アトリーを首相とする労働党政権が成立した。政権に就くや、労働党政府は矢継ぎ早に基幹産業の国有化を実現していった。「計画民主主義」というラスキの構想の半分は、終戦直後に大きな一歩を踏み出したのである。一方でラスキ本人はというと、同選挙戦における労働党候補の応援演説の中で彼が「暴力革命」を支持したと報道した『ニューアーク・アドヴァタイザー』紙を相手取り、名誉棄損裁判を起こしていた［★1］。だが、この裁判は結局ラスキの敗訴に終わり、裁判に要した訴訟費用は彼の経済状況をひどく逼迫させることとなった。

二次大戦後、アメリカとソ連の対立が表面化する中で、ラスキに対する世間の風当たりはますます強くなっていく。彼のアメリカにおける最後の講義ツアーも、いわゆる「赤狩り（Red Scare）」による妨害を受けた。気管支炎を患い健康面においてもひどく衰えていたラスキは、それでも一九五〇年二月の総選挙に際し、病気の身体に鞭を打ち応援演説に奔走した。だが、このことが結果的に彼の死を早めることとなった。同年三月二十四日、ラスキは五十六歳の若さでこの世を去った。

労働党はこの選挙には辛勝を収めたものの、経済の悪化などを背景に、翌五一年の総選挙ではチャーチル率いる保守党に政権を明け渡した。ただしこの保守党内閣は、国有化事業に一定の留保を付しつつも、大枠においては前労働党政権の福祉国家政策を引き継ぐものであった。ラスキの思い描いた「計画民主主義」への歩みは、皮肉にも彼の敵対した保守党の手により推し進められていくことになったのである。これは何もチャーチルの心変わりによるものではなく、労働党の方針を完全に無視しえない保守党の政治的基盤の弱体によるものであった（右の選挙において、保守党は議席数では労働党を辛うじて上回ったが、得票総数では大幅に労働党のそれを下回っていた）。以後、サッチャー政権が成立する一九七〇年代までのイギリスでは、労働党と保守党の間で福祉国家政策をめぐる「合意の政治（consensus politics）」が行われた。そこには、不承不承ながら、「同意」が存在したのである。

ただし世界規模で見れば、資本主義陣営と社会主義陣営の間には冷戦という厳然たる対立が存在した。当初は先の見えなかったこのイデオロギー対立は、一九九一年、社会主義国家ソ連の崩壊によって幕切れを迎えた。本書の冒頭で触れたフランシス・フクヤマをはじめとする多くの識者が、この出来事を「自由主義」の勝利として歓迎した。ラスキの「計画民主主義」論は他の多くの社会主義イデオロギーとともに、失敗を暴かれ敗北を喫した非合理的な思想として、歴史の闇に葬り去られたのである。

後の時代を生きるわれわれの眼から見れば、資本主義が戦後見せた回復力やソ連の崩壊などを見通せなかったラスキの洞察は非難しうるものかもしれない。資本主義の保存のために民主主義を廃棄した形態というファシズムの一側面に視野を限定したため、彼の議論がホロコーストに見られるようなファシズムの民族主義的側面を説明できていないことも糾弾しうるかもしれない［★2］。資本主義に代えて社会主義を実現しなければ民主主義は死滅し、ファシズムに陥るであろうというラスキの予言は外れ、結果としては、彼が激烈に批判したところの、ケインズらによって主張された資本主義の枠内での解決策が功を奏し、その後も生き残ったと言える。しかしながら、資本主義が生み出す諸問題は、すべてが解決を見たわけではない。資本主義的社会構造の必然的な帰結としての「思慮なき服従」という現象を明らかにした彼の政治思想は、現代を生きるわれわれにとっても、経済的自由主義と民主主義の結合という意味での「リベラル・デモクラシー」に対する一つの批判的な視座を提供しうるものである。

また、「自由主義」ないし「リベラル・デモクラシー」の勝利という視点から歴史を眺めることは、われわれの現行社会システムとそれを根本において支えているイデオロギーに対する自己理解の眼を曇らすことにもなる。というのも、われわれの現行社会システムは決して純粋な「リベラル・デモクラシー」とは言えないからである。中国やロシアで市場経済が導入され、社会主義陣営において計画経済が重大な見直しを迫られたのと同様に、経済的領域における国家干渉を一切許さない純粋な自由放任主義を奉ずる論者は現代の資本主義国においても稀である。だが、社会主義的な要素の部分的摂取は必ずしも「リベラリズムの死」を意味しない［★3］。われわれの住む世界は、光の子らが闇の子らを打ち負かすことで形づくられた単純な世界ではないのだ［★4］。

歴史の合理性というテーゼへの「思慮なき服従」を避けようとするのであれば、ラスキ政治思想の欠陥は、ソ連の崩壊という外在的要因によってではなく、彼の思想に関する内在的理解を通じて示されなければならない。彼は意志を高次のものと低次のもの（ボザンケでいうところの「実在意志」と「現実意志」）に分ける観念論的人間観に対する批判として、「人格の全体性」を想定した。彼は言った。「私の真の自我とは、私の存在と行為のすべてである」と［★5］。だが、このような想定は、「慣れ親しんできた制度」

への大衆の「思慮なき服従」をも肯定しうるような契機を孕んでいる。なぜなら、ラスキの論理に従って言うならば、その服従もまた「真の自我」の表現であると言えてしまうからである。彼が強調すべきだったのは、実は「人格の全体性」という想定ではなく、むしろ「権力は譲渡しうるが、意志は譲渡しえない」というルソーのテーゼの方だったのではなかったか［★6］。

ただし、こうした彼の弱点も、彼が批判しなければならなかった論敵という思想史的な制約と照らし合わせて評価が下されるべきだろう。彼の議論はイギリス観念論の隆盛という一世代前の思想的文脈を無視しては理解されえない。一般論として、ある思想家の議論を理解しようとする際、彼がいかなる思想的文脈において、誰に対する反論を意図して理論構築を行ったのかを押さえなければ、真の内在的理解に到達するのは困難である。

したがって、ラスキの政治思想から実りあるものを取り出そうと欲するのであれば、彼の死後にソ連が辿った運命よりも、彼が乗り越えようとした先人たちの議論に目を向けるべきだろう。ラスキは歴史の進行の中に合理性の漸進的開示を見出した思想家たちを批判し、そのような歴史観は「思慮なき服従」に帰結すると論じた。長い歴史を経て現在残っている諸制度の中には、合理的なものと非合理的なものが混在している。また、現行の諸制度というかたちではまったく姿を現していない「必要な制度」というものもありうる。現在の世界のあり方は、世界のあり方の一つにすぎない。「思慮なき服従」とは現在のあり方を絶対視し、別のあり方を構想しえない人間の態度であると言える。

冷戦という世界規模のイデオロギー対立の中で資本主義陣営に属した我が国においては、ソ連の崩壊に象徴される社会主義陣営の「敗北」という重大な歴史的事件を経た現在、ラスキの思想はほとんど顧みられなくなり、彼は忘れ去られた思想家のリストに名を連ねている。だが、ソ連における計画経済の失敗を見てラスキの「計画民主主義」論を廃棄するのであれば、それは産湯とともに赤子を流すことにもなりかねないだろう。歴史の中で勝ち残ってきたものが必ずしも合理的なものであるとは限らない。なぜならば、われわれは必然ではなく、様々な歴史的偶然の結果として、現在という地点に立っているからである。われわれはゴール地点に立っている、そう考えることこそ、彼にとっては「思慮なき服従」であったのだ。われわれはいまだ歴史の途上にある。歴史の終わるとき、シティズンシップもまた終わるのである。

★1　この裁判の記録はDaily Express, *Laski v. Newark Advertiser Co. Ltd. & Parlby: before Lord Goddard, lord chief justice of England and a special jury*, 1947として出版された。

★2　Newman, *Harold Laski*, p. 158.

★3　フランシス・フクヤマの『歴史の終わり』に対する反論としての、自由主義と社会主義の間の強い絆については、Andrew Gamble, *Politics and Fate*, Polity, 2000, pp. 31–6, 107–8（内山秀夫訳『政治が終わるとき?——グローバル化と国民国家の運命』新曜社、二〇〇二年、四六—五二頁、一五〇—一頁）を参照。T・H・マーシャルの次のような言葉にも見られるように、西側陣営に属するイギリスにおいても、冷戦が激化する前の一九五〇年前後においてはまだ自国の体制を「社会主義」として叙述することが可能であった。「われわれの現代のシステムは、率直に言って一つの社会主義システムであり、それはもはや〔アルフレッド・〕マーシャルのような現代システムの考案者たちが社会主義からしきりに区別しようとしたようなシステムではない」。Marshall, *Citizenship and Social Class*, p. 7（邦訳、一一三頁）.

また、バーナード・クリックの次のような立場もあわせて参照されたい。「非政治化された消費資本主義を熱烈に支持する純粋なリベラル・デモクラシーの体制ですら、かつてのソヴィエト連邦のようなスタイルやいまの中国のようなモデルに比べればずっとましであろう。しかし私たちは、純粋なリベラル・デモクラシーよりももっとうまくやることだってできるのである」。Crick, *Democracy*, p. 118（邦訳、二〇五頁）．ここには「自由主義か社会主義か」というあまりにも単純な二者択一を回避する政治的立場のあり方の一例が示されている。

★4 Butterfield, *The Whig Interpretation of History*, p. 28（邦訳、三六頁）．

★5 Laski, *Liberty in the Modern State*, p. 58（邦訳、六四頁）．ラスキの人間観については、本書、第四章第二節（一）を参照。

★6 Cf. Rousseau, *Du Contrat Social*, p. 124（邦訳、四一頁）．ただしラスキ自身、まるでイギリスの代議政治を嘲笑したルソーのように、代議制に対する深い懐疑を示した。本書、第四章第一節（三）および第二節（一）参照。そのことが彼の議論の出発点となっている。彼は「個人の経験は他の何者の経験によっても代替されえない」ということの想定に加えて、「人格の全体性」までを前提とする必要があったのだろうか。ラスキの政治思想もまた、合理性を完全に体現する教養として受け取られるべきではないのである。

あとがき

本書は二〇一七年度に慶應義塾大学大学院法学研究科に提出した筆者の博士学位論文『イギリス政治思想史におけるシティズンシップ論の系譜――T・H・グリーンからハロルド・ラスキまで』に大幅な修正を加えたものである。なお、同博士学位論文は慶應義塾政治思想研究奨励賞受賞の名誉に与った。記してここに篤く感謝を申し上げたい。

本書の内容の一部は、これまでに発表した以下の論文をもとにしている。

「思慮なき服従への警鐘――ハロルド・ラスキの多元的国家論をめぐって」、『法学政治学論究』第九六号、二〇一三年。

「〝三〇年代〟におけるハロルド・ラスキの〝思慮なき服従〟論の展開――マルクス主義の受容をめぐって」、『法学政治学論究』第一〇〇号、二〇一四年。

「市民の義務としての反乱――ハロルド・ラスキによるT・H・グリーンの批判的継承」、『イギリス哲学研究』第三九号、二〇一六年。

「自発性を計画する――ハロルド・ラスキの計画民主主義論」、『法学政治学論究』第一一三号、二〇二〇一七年。

これまで多くの方々の助力を賜りながら、何とか本書の出版まで辿り着くことができた。紙幅の関係上、ささやかではあるものの、この場を借りてお礼を申し上げたい。

まず慶應義塾大学大学院在学期間の最終年を除く七年間、指導教授として私の研究を導いて下さった堤林剣先生。先生は、学部を卒業するタイミングでドイツからイギリスへと研究対象の舵を切った私を快くゼミに受け入れて下さった。先生の院ゼミは私にとって、政治思想史研究の方法論について徹底的に考え抜くまたとない機会となった。一般的にはあまり知られていない思想家たちを取り扱う自分の研究の方向性に確信を持てないでいたとき、私にいつも自信を与えてくれたのは先生の言葉だった。自分の興味関心と問題意識にのみ導かれて始まった私の研究生活は、いつしか先生の期待に応えたいという欲求を伴うものとなっていた。サバティカルの期間でさえ、先生は私の博論の草稿に対するコメントというかたちでイギリスからエールを送り続けて下さった。指導教授が堤林先生でなければ、本書はまったく違ったものとなっていただろう――もっとも、先生のお力添えなしで出版に辿り着いていればの話だが。これからも先生の教え子の名に恥じない研究と講義で先生に対する感謝を示していければと思う。

私の大学院生活を締め括る最後の一年間、指導教授として私を受け入れて下さったのは同じく慶應義塾大学法学部の萩原能久先生であった。誤解を恐れずに言うならば、先生は常に私の「仮想敵」であり続けて下さった（ただし、ここでの「敵」とは決してカール・シュミットの定義するような「殲滅の対象」を意味するものではない。「説得の対象」という意味である）。政治思想史研究の意義に対して厳しく懐疑を投げかける先生の視点がなければ、本書の内容はもっと牧歌的で弛んだ、緊張感のないものになっていただろう。先生の存在があったからこそ、私は政治思想史研究の意義という根本的な問題を等閑にせずに、それと正面から向き合うことができたと言っても過言ではない。しかし、私はまた一方で、まだ大学院生活が始まったばかりの頃に先生の授業で研究報告をした際、先生が見事な手際で私の研究の論旨を要約して下さったことをよく覚えている。その先生が、博論の主査として私の大学院生活の終幕を見届けて下さったことを心より光栄に思っている。大学院入試の面接の際、先生の前で宣言した「自分の研究の意義をいつか説得してみせます」という目標がほんの少しでも達成できていればと願ってやまない。

他大学のご所属であるにもかかわらず、堤林先生とともに私の博論の副査を引き受けて下さったのは平石耕先生である。先生とは自分の研究対象とする時代が近いこともあり、慶應義塾大学に何度もお呼びしては講義をしていただいたり、先生のご書籍に対する私の拙い書評を聞いていただいたりした。また、成蹊大学思想史研究会にもお呼びいただき、若手からベテランの方々に至るまでの多くの研究者から多大なる刺激を受けた。平石先生と私の間では、研究対象の近さはさることながら、本書の後半でも問題となった「歴史的に続いてきたものを批判的に吟味する姿勢」が共有されているように思われることは大変心強いことである。僭越ながら、これからのイギリス政治思想史研究を盛り上げていく上で、先生のご研究に私の研究も加勢することができれば幸甚に思う。

私の博論の完成に立ち会って下さったのが以上三名の審査員の方々であるとすれば、博論を本書に昇華する上で特にご尽力いただいたのが慶應義塾大学法学部の田上雅徳先生であった。先生は私にとって、人が助けを求めているのを敏感に察知し、どこからともなく颯爽と現れるスーパーマンのような存在である。先生の主催する酒宴が慶應の院生の精神的な活力になっていることについては類書に多くの記述が見られるので他に譲るが、学問的なことに関して私が特に覚えているのは、修士論文面接の際に頂いた質問である。ハロルド・ラスキは自発的結社の役割を相対的に高く評価しているが、非自発的結社に積極的役割は見出せないのか。非自発的であるがゆえの積極性もあるのではないか。想像力をかき立てられるこの質問は、私が本書出版の後で取り組みたい研究の一つを決めた。自発的な研究を誘発するような教育スタイルは、一介の教育者として今後手本にしていきたいところである。

私がもともとドイツ政治思想史を専攻していたのは先述の通りだが、政治思想史に関心を抱くそもそものきっかけとなったのは、慶應義塾大学法学部政治学科一年の時に受けた蔭山宏先生の必修講義「政治思想基礎」であった。その後、三年の時に蔭山先生のゼミに入り、以後約二年間、先生の下でシュミットとヘルマン・ヘラーの政治思想を研究した。先生の学部ゼミではマックス・ウェーバーや丸山眞男などの文献を輪読する中で、一つひとつの概念や文章の細部に注目するという、以後の研究生活の基本姿勢を学んだ。「政治」とは何か、「思想」とは何か、そして「研究」とは何かといったことをこの時に突きつめて考えた経験が、現在の私の研究を基底の部分で支えている。また、蔭山ゼミの兄弟子にあたる片山杜秀先生からも大切なことを学んだ。片山先生は蔭山先生がご不在の期間、蔭山ゼミの面倒を見て下さった。その時に先生が勧めて下さった、わずか三十頁あまりの論文を三、四時間かけて読み込むという精読のスタイルは、今の自分の研究にも活かされている。

同じく蔭山ゼミの兄弟子にあたる大久保健晴先生からも、大学院のプロジェクト科目などを通じて大いに刺激を受けた。いついかなる時でも手を抜かない先生の研究に対する真摯な姿勢は、なかなか真似できるものではないが私の目指す研究者像の理念型である。同じくプロジェクト科目に出席されている山岡龍一先生からも、本書を執筆する上で大変参考になるアドバイスを頂いた。私が学部生の時に履修していた「政治理論史」では、先生が七、八回の講義をかけてキケロについて語るのを見て、一人の思想家にじっくりと向き合うことの大切さを学んだ。また、修士課程の時、経済学研究科の坂本達哉先生の授業で、本書の冒頭でも取り上げた『かの高貴なる政治の科学』を読んだことは私にとっての大きな財産となった。まだまだ駆け出しの頃の私が生意気にも先生の解釈に異論をぶつけたときも、先生は私の持論に熱心に聞き入って下さった。その時の経験がいまでも、私が通説に挑戦する際の勇気を与えてくれている。

大学院に入って初めて接した他大学の研究者は、慶應のプロジェクト科目に来て下さった杉田敦先生であった。かねてよりご書籍を通じて私淑していた杉田先生から実際にお話を伺う機会を賜り、ラスキを研究している旨をお伝えしたところ、参考文献を何冊か推薦して下さったときの感激はいまだに忘れられない。また、同じく修士課程の頃、慶應の塩原良和先生には『現代社会学事典』の「ラスキ」の項目を執筆するにあたって大変お世話になった。成蹊大学思想史研究会でお会いした山田竜作先生は、私の知らなかったカール・マンハイム像を惜しみなくご教示して下さった。また、日本イギリス理想主義学会に私をお誘い下さった行安茂先生がいつも私の研究を気にかけて下さっていることは身に余る光栄である。先生のご期待にはいつか学会報告等のかたちで報いたいと願っている。

博士課程に入ったばかりの頃、私の研究発表を聴くためにイギリスからわざわざ来日して下さったデイヴィッド・バウチャー先生にも感謝を申し上げたい。T・H・グリーンとラスキの比較研究を行うにあたり、先生が背中を押してくれたことが大変励みになった。また、その時に来日されたチェーザレ・クッティカ先生にも、私の研究に関してとても勇気づけられるようなお言葉を頂いた。別の機会に来日されたジョン・ダン先生には「ダークサイドに堕ちたラスキをやるのは約束された道ではない」と言われたが、以来私はダン先生のこの予言をいかにして裏切るかという課題を心の片隅に置きながら本書の執筆を進めてきた。そして、本書が博論と比べて少しでも一般の読者の方々に読んでいただきやすいものになっているとすれば、それは私が博論の内容について講義する機会を与えて下さった苅田真司先生と、私の二回にわたる講義を熱心に聴き、質問や感想まで下さった國學院大學の学生たちのおかげである。併せて感謝申し上げたい。

本書の内容を固めるにあたって、最後に発表をさせていただいたのは政治思想史研究会クオ・ヴァディスである。大学院時代からずっと出席させていただいていたクオ・ヴァディス研究会で自分の発表の番が回ってきたことは非常に感慨深く、またそこでも刺激的なコメントや励みになるコメントを数多く頂いた。クオ・ヴァディス研究会の主催者であり、このような貴重な機会を私のために用意して下さった鷲見誠一先生には特に篤くお礼申し上げたい。私が出版に向けた準備を安心して着実に進めてこられたのは、ひとえに鷲見先生のおかげであった。

ここまで慶應を中心とする大学関係者の皆様に対する感謝の気持ちを書き連ねてきたが、そもそも「大学」の何たるかを私に最初に教えて下さったのは、私の学部生時代のドイツ語教師にしてクラス担任の岩下眞好先生であったように思う。先生は、ある時はご自宅に招いて下さったり、ある時は一緒に旅行をして下さったり、ある時は丸一日かけてイマヌエル・カントの輪読会を開いて下さったりと、常に時代の潮流に逆らってカリキュラムという名の枠に囚われない「授業」で私たちを楽しませてくれた。私は先生の生き様から、（哲学的な意味ではなく一般的な意味で）物事の本質は形式ではなく内容にあるという、当たり前ではあるものの見失われがちで大切なことを学んだ。私の研究に関心を持って下さっていた先生に本書を読ませられなかったことは何よりも心残りである。だが、先生の教えはしっかりと私の胸に刻まれている。

同年代の先輩や後輩にも大変お世話になった。特に大学院入学にあたってマンツーマンでのラスキの輪読会を開いて下さり、一緒に研究方針を考えて下さった高橋義彦さん、論文を書くたびに丁寧に読んで下さり、コメントや鋭いご指摘を下さった川上洋平さん、私の論文を誤字・脱字レベルまでチェックして下さり、また授業準備など研究以外の面でもいろいろアドバイスをして下さった古田拓也さん、アカデミック・ライティングの先生としても付きっきりで私の研究について考えて下さった沼尾恵さん、院ゼミの先輩として常にわが道を行き、模範的な研究者のあり方を背中で示し続けて下さった原田健二朗さん、私が研究発表をするたびに参考になる質問して下さった速水淑子さん、そして他大学ではあるものの研究分野が近く、研究会などにもたびたび誘って下さった寺尾範野さんら諸先輩方には篤く感謝申し上げたい。後輩の名前もここですべてを挙げることはできないが、長野晃君、宗岡宏之君、三田悠仁君、寺井彩菜さん、相川裕亮君、林嵩文君、板倉圭佑君、長島皓平君には日頃のお礼をここに記しておく。そして、私の授業に出席してくれた慶應義塾大学と二松学舎大学の学生たちにも感謝したい。皆さんの果敢な質問やコメントからはいつも勇気と刺激を貰っている。

本書の出版に際しては、編集者として携わって下さった慶應義塾大学出版会の永田透さんにも大変お世話になった。永田さんは私のアイディアや提案を多く採り入れて下さり、また永田さんからも的確で有用なアドバイスを多数頂いた。永田さんは私に本作りの楽しさを教えて下さった。自分の初めてとなる出版を永田さんに担当していただけたことは私にとって思いがけない僥倖であった。心より感謝とお礼を申し上げたい。なお、本書は慶應義塾学術出版基金（第四三回・二〇一八年度後期）による出版補助を受けていることを併せてここに明記しておく。

最後に私事ではあるが、私の研究生活を日々支えてくれている家族に本書を捧げたいと思う。普段はなかなか言う機会がないのでこの場を借りて。いつもありがとう。

梅澤佑介

二〇二〇年三月一一日

人名索引

ア行

カ行

サ行

タ行

ナ行

ハ行

マ行

ラ行

事項索引

タ行

ナ行

ハ行

マ行

ヤ行

ラ行

参考文献一覧

Advisory Group on Citizenship, *Education for Citizenship and the Teaching of Democracy in Schools*, The Qualifications and Curriculum Authority, 1998(鈴木崇弘，由井一成訳「シティズンシップのための教育と学校で民主主義を学ぶために」，長沼豊，大久保正弘編著『社会を変える教育』キーステージ21，2012年，111–210頁).

Austin, John, *A Plea for the Constitution*, 1859, W. Clowes and Sons.

Bellamy, Richard, *Citizenship: A Very Short Introduction*, Oxford University Press, 2008.

Berlin, Isiah, 'Two Concepts of Liberty'(1958), in Preston King(ed.), *The Study of Politics: A Collection of Inaugural Lectures*, Frank Cass, 1977, pp. 119–62(生松敬三訳「二つの自由概念」，『自由論』新装版，みすず書房，2000年，295–390頁).

Bagehot, Walter, 'The English Constitution'(1867), in Forrest Morgan(ed.), *The Collected Works of Walter Bagehot*, Routledge/Thoemmes Press, 1995(小松春雄訳『イギリス憲政論』中央公論新社，2011年).

馬路智仁「越境的空間へ拡がる"福祉"――レオナード・ホブハウスにおける連関的な社会秩序の構想」，『社会思想史研究』第34号，2010年，104–21頁.

Barker, Ernest, *Political Thought in England : From Herbert Spencer to the Present Day*, Williams & Norgate, 1915(堀豊彦，杣正夫訳『イギリス政治思想Ⅳ――H・スペンサーから1914年』岩波書店，1954年).

Barker, Ernest, 'The Discredited State' in *Church, State and Education*, Methuen, 1930, pp. 151–70.

Barker, Rodney, *Political Ideas in Modern Britain: In and After the Twentieth Century*, 2nd ed., Routledge, 1997 [1978].

Bosanquet, Bernard(ed.), *Aspects of the Social Problem*, Macmillan, 1895.

Bosanquet, Bernard, *The Philosophical Theory of the State*, Cambridge University Press, 2011 [1899].

Bosanquet, Bernard, 'The Function of the State in Promoting the Unity of Mankind', in *Social and International Ideals: Being Studies in Patriotism*, Macmillan, 1917, pp. 270–301.

Bosanquet, Helen, *Bernard Bosanquet: A Short Account of His Life*, Macmillan, 1924.

Boucher, David, 'British Idealism, the State, and International Relations', in *Journal of the History of Ideas*, vol. 55, no. 4, 1994, pp. 671–94.

Boucher, David & Andrew Vincent, *British Idealism and Political Theory*, Edinburgh

University Press, 2000.

Briggs, Asa, *Victorian People: Some Reassessments of People, Institutions, Ideas and Events, 1851–1867*, Odhams Press, 1954（村岡建次，河村貞枝訳『ヴィクトリア朝の人びと』ミネルヴァ書房，1988年）.

Burrow, John, Stefan Collini & Donald Winch, *That Noble Science of Politics: A Study in Nineteenth-Century Intellectual History*, Cambridge University Press, 1983（永井義雄，坂本達哉，井上義朗訳『かの高貴なる政治の科学』ミネルヴァ書房，2005年）.

Butterfield, Herbert, *The Whig Interpretation of History*, Norton, 1965（越智武臣ほか訳『ウィッグ史観批判』未来社，1967年）.

Carr, E. H., *The New Society*, Macmillan, 1951（清水幾太郎訳『新しい社会』岩波書店，1953年）.

Carr, E. H., 'Harold Laski'（1953）, in *From Napoleon to Stalin and Other Essays*, Macmillan, 1980, pp. 170–6（鈴木博信訳「ハロルド・ラスキ」，『ナポレオンからスターリンへ――現代史エッセイ集』岩波書店，1984年，223–32頁）.

Cole, G. D. H., *Social Theory*, Methuen, 1923（野田福雄訳「社会理論」，『世界思想教養全集17　イギリスの社会主義思想』河出書房新社，1963年，205–91頁）.

Collini, Stefan, 'Hobhouse, Bosanquet and the State: Philosophical Idealism and Political Argument in England 1880-1918', *in Past & Present*, no. 72, 1976, pp. 86-111.

Collini, Stefan, *Liberalism and Sociology: L.T. Hobhouse and Political Argument in England, 1880–1914*, Cambridge University Press, 1979.

Collini, Stefan, *Public Moralists: Political Thought and Intellectual Life in Britain, 1850–1930*, Oxford University Press, 1991.

Crick, Bernard, *Essays on Citizenship*, Continuum, 2000（関口正司監訳『シティズンシップ教育論――政治哲学と市民』法政大学出版局，2011年）.

Crick, Bernard, *Democracy: A Very Short Introduction*, Oxford University Press, 2002（添谷育志，金田耕一訳『デモクラシー』岩波書店，2004年）.

Daily Express, *Laski v. Newark Advertiser Co. Ltd. & Parlby: Before Lord Goddard, Lord Chief Justice of England and a Special Jury*, 1947.

Deane, Herbert A., *The Political Ideas of Harold J. Laski*, Columbia University Press, 1955（野村博訳『ハロルド・ラスキの政治思想』法律文化社，1977年）.

Dicey, A. V., *Lectures on the Relation between Law and Public Opinion in England during the Nineteen Century*, Macmillan, 1962［1905］（清水金二郎訳『法律と世論』法律文化社，1972年）.

栄田卓弘『イギリス自由主義の展開――古い自由主義の連続を中心に』早稲田

大学出版部，1991年.

Freeden, Michael, *The New Liberalism: An Ideology of Social Reform*, Oxford University Press, 1978.

Fukuyama, Francis, 'The End of History?', in *The National Interest*, vol. 16, 1989, pp. 3–18.

Fukuyama, Francis, *The End of History and the Last Man*, Free Press, 1992（渡部昇一訳『歴史の終わり』上下巻，三笠書房，2005年）.

Gamble, Andrew, *Politics and Fate*, Polity, 2000（内山秀夫訳『政治が終わるとき？――グローバル化と国民国家の運命』新曜社，2002年）.

Gaus, Gerald F., 'Bosanquet's Communitarian Defense of Economic Individualism: A Lesson in the Complexities of Political Theory', in Avital Simhony & David Weinstein（eds.）, *The New Liberalism: Reconciling Liberty and Community*, Cambridge University Press, 2001, pp. 137–58.

Gaus, Gerald F., 'The Rights Recognition Thesis: Defending and Extending Green', in Maria Dimova-Cookson & W. J. Mander（eds.）, *T. H. Green: Ethics, Metaphysics, and Political Philosophy*, Oxford University Press, 2006, pp. 209–35.

Green, T. H., 'Lectures on the Philosophy of Kant', in R. L. Nettleship（ed.）, *Works of Thomas Hill Green*, vol. 2, Cambridge University Press, 2011［1886］, pp. 1–155.

Green, T. H., 'On the Different Senses of "Freedom" as Applied to Will and to the Moral Progress of Man'（1879）, in R. L. Nettleship（ed.）, *Works of Thomas Hill* Green, vol. 2, pp. 307–333.

Green, T. H., 'Lectures on the Principles of Political Obligation'（1879–80）, in R. L. Nettleship（ed.）, *Works of Thomas Hill Green*, vol. 2, pp. 334–553.

Green, T. H., 'Lecture on Liberal Legislation and Freedom of Contract'（1881）, in R. L. Nettleship（ed.）, *Works of Thomas Hill Green*, vol. 3, Cambridge University Press, 2011［1888］, pp. 365–86（山下重一訳「自由立法と契約の自由」，『國學院大學栃木短期大學紀要』第8号，1970年，65–86頁）.

Green, T. H., *Prolegomena to Ethics*, A. C. Bradley（ed.）, Cambridge University Press, 2012［1883］.

Greenleaf, W. H., 'Laski and British Socialism', in *History of Political Thought*, vol. 2, no. 3, 1981, p. 573–91.

椙沢栄一「H. J. ラスキの政治思想――初期作品の『主権三部作』を中心に」，『埼玉女子短期大学研究紀要』第3号，1992年，39–61頁.

Harris, Paul, 'Green's Theory of Political Obligation and Disobedience'（1986）, in John Morrow（ed.）, *T.H. Green*, Ashgate Publishing, 2007, pp. 197–220.

Hawkins, Carroll, 'Harold J. Laski: A Preliminary Analysis', in *Political Science Quarterly*,

vol. 65, no. 3, 1950, pp. 376–92.
早川誠『政治の隘路――多元主義論の20世紀』創文社，2001年.
Hayek, F. A., *The Road to Serfdom*, University of Chicago Press, 1994［1944］（西山千明訳『隷属への道』春秋社，2008年）.
Heater, Derek, *What is Citizenship?*, Polity Press, 1999（田中俊郎，関根政美訳『市民権とは何か』岩波書店，2002年）.
平石耕「シティズンシップ――B・クリックの"能動的シティズンシップ"論の文脈」，佐藤正志，ポール・ケリー編『多元主義と多文化主義の間――現代イギリス政治思想史研究』早稲田大学出版部，2013年，187–213頁.
Hirst, Paul, *Associative Democracy: New Forms of Economic and Social Governance*, Polity Press, 1994.
Hobbes, Thomas, *Leviathan*, Richard Tuck（ed.）, Cambridge University Press, 1991［1651］（永井道雄，上田邦義訳『リヴァイアサンⅠ』中央公論新社，2009年）.
Hobhouse, L. T., *The Labour Movement*, T. Fisher Unwin, 1893.
Hobhouse, L. T., 'The Ethical Basis of Collectivism', in *International Journal of Ethics*, vol. 8, no. 2, 1898, pp. 137–56.
Hobhouse, L. T., 'Government by the People'（1910）, in James Meadowcroft（ed.）, *Liberalism and Other Writings*, Cambridge University Press, 1994, pp. 123–35.
Hobhouse, L. T., 'Liberalism'（1911）, in James Meadowcroft（ed.）, *Liberalism and Other Writings*, pp. 1–120（吉崎祥司監訳『自由主義』大川書店，2010年）.
Hobhouse, L. T., *Social Evolution and Political Theory*, Columbia University Press, 1911.
Hobhouse, L. T., 'The Prospects of Anglo-Saxon Democracy', in *Atlantic Monthly*, vol. 109, 1912, pp. 345–52.
Hobhouse, L. T., *The Metaphysical Theory of the State: A Criticism*, Routledge, 2009［1918］.
Hobhouse, L. T., *The Elements of Social Justice*, Henry Holt, 1922.
Hobson, J. A., 'L. T. Hobhouse: A Memoir', in J. A. Hobson & Morris Ginsberg, *L. T. Hobhouse: His Life and Work*, George Allen & Unwin, 1931, pp. 15–95
Hume, David, *Essays, Moral and Political and Literary*, rev. ed., Eugene Miller（ed.）, Liberty Fund, 1987［1777］（田中敏弘訳『道徳・政治・文学論集』名古屋大学出版会，2011年）.
石井健司「ホブハウスによる"ヘーゲル＝ボザンケ的国家"批判」，『近畿大学法学』第49号，2002年，315–69頁.
Jones, Henry, *The Principles of Citizenship*, Macmillan, 1920.
川北稔編『イギリス史』山川出版社，1998年.
Kettler, David, Volker Meja & Nico Stehr, *Karl Mannheim*, Ellis Horwood, 1984（石

塚省二訳『カール・マンハイム――ポストモダンの社会思想家』御茶の水書房，1996年）.

木畑洋一，村岡建次編『世界歴史大系　イギリス史3――近現代』山川出版社，1991年.

Kramnick, Isaac & Berry Sheerman, *Harold Laski: A Life on the Left*, Hamish Hamilton, 1993.

日下喜一『自由主義の発展――T. H. グリーンとJ. N. フィッギスの思想』勁草書房，1981年.

Lamb, Peter, 'Laski on Sovereignty: Removing the Mask from Class Dominance', in *History of Political Thought*, vol. 18, no. 2, 1997, pp. 327–42.

Lamb, Peter, 'Laski's Ideological Metamorphosis', *Journal of Political Ideologies*, vol. 4, no. 2, 1999, pp. 239–60.

Lamb, Peter, *Harold Laski: Problems of Democracy, the Sovereign State, and International Society*, Palgrave Macmillan, 2004.

Laski, Harold J., *Studies in the Problem of Sovereignty*, Routledge, 2015［1917］.

Laski, Harold J., *Authority in the Modern State*, Routledge, 2015［1919］.

Laski, Harold J., 'The Foundations of Sovereignty', in *The Foundations of Sovereignty and Other Essays*, Routledge, 2015［1921］, pp. 1–29（渡辺保男訳「主権の基礎」，辻清明編『世界の名著72　バジョット・ラスキ・マッキーヴァー』中央公論新社，1980年，351–76頁）.

Laski, Harold J., 'The Theory of Popular Sovereignty', in *The Foundations of Sovereignty and Other Essays*, pp. 209–31（渡辺保男訳「国民主権論」，辻清明編『世界の名著72』377–95頁）.

Laski, Harold J., 'The Pluralistic State', in *The Foundations of Sovereignty and Other Essays*, pp. 232–49（渡辺保男訳「多元的国家論」，辻清明編『世界の名著72』396–410頁）.

Laski, Harold J., 'Introduction', in J. S. Mill, *Autobiography*, Oxford University Press, 1924［1873］, pp. ix-xx.

Laski, Harold J., *A Grammar of Politics*, Routledge, 2015［1925］（日高明三，横越英一訳『政治学大綱』上下巻，法政大学出版局，1952年）.

Laski, Harold J., 'Symposium: Bosanquet's Theory of the General Will', in *Proceedings of the Aristotelian Society*, Supplementary Volumes, vol. 8, 1928, pp. 45–61.

Laski, Harold J., *Liberty in the Modern State*, Routledge, 2015［1930］（飯坂良明訳『近代国家における自由』岩波書店，1974年）.

Laski, Harold J., 'Some Implications of the Crisis', in *The Political Quarterly*, vol. 2, no. 4, 1931, pp. 466–9（岡田良夫訳「1931年の政治的危機について」，『危機のなか

の議会政治』法律文化社，1964年，85–93頁）．

Laski, Harold J., *Democracy in Crisis*, Routledge, 2015［1933］（岡田良夫訳『危機にたつ民主主義』ミネルヴァ書房，1957年）．

Laski, Harold J., 'Marxism after Fifty Years', in *Current History*, vol. 37, 1933, pp. 691–6（服部辨之助訳「マルクス死後五十年」，『カール・マルクス』角川書店，1957年，73–86頁）．

Laski, Harold J., *The State in the Theory and Practice*, George Allen & Unwin, 1935（石上良平訳『国家――理論と現実』岩波書店，1952年）．

Laski, Harold J., *The Rise of European Liberalism*, Routledge, 2015［1936］（石上良平訳『ヨーロッパ自由主義の発達』みすず書房，1951年）．

Laski, Harold J., 'Introduction to the Pelican Edition', in *Liberty in the Modern State*, Penguin Books, 1937, pp. 11–48（岡田良夫訳「自由の危機とファシズム」，『危機のなかの議会政治』197–255頁）．

Laski, Harold J., 'Crisis in the Theory of the State'（1938）, in *A Grammar of Politics*, pp. i-xxvi（岡田良夫訳「議会制国家論の危機」，『議会政治の崩壊と社会主義』法律文化社，1978年，169–212頁）．

Laski, Harold J., 'The Decline of Liberalism', in *L. T. Hobhouse Memorial Trust Lectures*, no. 10, Oxford University Press, 1940, pp. 13–24.

Laski, Harold J., 'Choosing the Planners', in G. D. H. Cole et al., *Plan for Britain: A Collection of Essays prepared for the Fabian Society*, George Routledge & Sons, 1943, pp. 101–27.

Laski, Harold J., *Reflections on the Revolution of Our Time*, Routledge, 2015［1943］（笠原美子訳『現代革命の考察』上下巻，みすず書房，1950年）．

Laski, Harold J., *Faith, Reason, and Civilization: An Essay in Historical Analysis*, Viking Press, 1944（中野好夫訳『信仰・理性・文明』岩波書店，1951年）．

Laski, Harold J., *Will Planning Restrict Freedom?*, Architectural Press, 1944.

Laski, Harold J., *The American Democracy: A Commentary and an Interpretation*, Routledge, 2015［1949］.

Laski, Harold J., *The Dilemma of Our Times: An Historical Essay*, Routledge, 2015［1952］（大内兵衛，大内節子訳『岐路に立つ現代』法政大学出版局，1969年）．

Laski, Harold J. et al., *I Believe: A Series of Intimate Credos*, Clifton Fadiman（ed.）, Simon and Schuster, 1939, pp. 137–53（喜多村浩訳「ハロルド・J・ラスキ」，『私は信ずる』社会思想社，1957年，59–83頁）．

Lindsay, A. D., 'Review: *A Grammar of Politics* by Harold J. Laski', in *Journal of Philosophical Studies*, vol. 1, no. 2, 1926, pp. 246–8.

Lindsay, A. D., *The Modern Democratic State*, Oxford University Press, 1943（紀藤信

義訳『現代民主主義国家』未来社，1969年）.

Lippmann, Walter, *An Inquiry into the Principles of the Good Society*, Little, Brown, 1937.

Maccunn, John, *Ethics of Citizenship*, Macmillan, 1894.

Mackenzie, J. S., 'Review: *A Grammar of Politics* by Harold J. Laski', in *Mind*, vol. 34, no. 136, 1925, pp. 495–9.

Maine, Henry Sumner, *Popular Government: Four Essays*, John Murray, 1885.

萬田悦生「グリーンの政治思想と共通善」，行安茂編『イギリス理想主義の展開と河合栄治郎』世界思想社，2014年，66–79頁.

Mander, W. J., *British Idealism: A History*, Oxford University Press, 2011.

Mannheim, Karl, *Man and Society in an Age of Reconstruction: Studies in Modern Social Structure*, Routledge & Kegan Paul, 1940（福武直訳『変革期における人間と社会』みすず書房，1962年）.

Mannheim, Karl, *Freedom, Power, and Democratic Planning*, Routledge & Kegan Paul, 1951（池田秀男訳『自由・権力・民主的計画』未来社，1971年）.

Marcuse, Herbert, *Reason and Revolution: Hegel and the Rise of Social Theory*, Routledge & Kegan Paul, 1941（桝田啓三郎，中島盛夫，向来道男訳『理性と革命』岩波書店，1961年）.

Marshall, T. H., 'Citizenship and Social Class'（1950）, in T. H. Marshall & Tom Bottomore, *Citizenship and Social Class*, Pluto Press, 1992, pp. 1–51（岩崎信彦，中村健吾訳『シティズンシップと社会的階級』法律文化社，1993年，1–130頁）.

Martin, Kingsley, *Harold Laski: A Biography*, Fletcher & Son, 1953.

丸山眞男『現代政治の思想と行動』新装版，未来社，2006年.

マイヤー＝タッシュ，P・C『ホッブズと抵抗権』三吉敏博，初宿正典訳，木鐸社，1976年［1965年］。

McBriar, A. M., *An Edwardian Mixed Doubles: The Bosanquets versus the Webbs, A Study in British Social Policy, 1890–1929*, Oxford University Press, 1987.

Meadowcroft, James, *Conceptualizing the State: Innovation and Dispute in British Political Thought, 1880–1914*, Oxford University Press, 1995.

Miliband, Ralph, 'Review: *The Political Ideas of Harold J. Laski* by Herbert A. Deane', in *Stanford Law Review*, vol. 8, no. 1, 1955 pp. 149–53.

Mill, J. S., 'The Claims of Labour'（1845）, in J. M. Robson（ed.）, *Collected Works of John Stuart Mill*, vol. IV, University of Toronto Press, 1967, pp. 363–89.

Mill, J. S., 'On Liberty'（1859）, in J. M. Robson（ed.）, *Collected Works of John Stuart Mill*, vol. XVIII, University of Toronto Press, 1977, pp. 213-310（山岡洋一訳『自由論』日経BP社，2011年）.

Mill, J. S., 'Considerations on Representative Government' (1861), in J. M. Robson (ed.), *Collected Works of John Stuart Mill*, vol. XIX, University of Toronto Press, 1977, pp. 371-577（関口正司訳『代議制統治論』岩波書店，2019年）.

Mill, J. S., 'Centralisation' (1862), in J. M. Robson (ed.), *Collected Works of John Stuart Mill*, vol. XIX, pp. 579–613.

Mill, J. S., *Autobiography*, Oxford University Press, 1924 [1873]（朱牟田夏雄訳『ミル自伝』岩波書店，1960年）.

光永雅明「社会主義運動の結社——フェビアン協会」，川北稔編『結社の世界史4・結社のイギリス史——クラブから帝国まで』山川出版社，2005年，150–62頁.

水谷三公『ラスキとその仲間——「赤い30年代」の知識人』中央公論社，1994年.

毛利智「ハロルド・ラスキの社会変革論——議会主義と革命主義のはざまで」，『政治思想研究』第11号，2011年，430–65頁.

Muirhead, J. H., (ed.), *Bernard Bosanquet and His Friends: Letters Illustrating the Sources and the Development of His Philosophical Opinions*, George Allen & Unwin, 1935.

長沼豊，大久保正弘編著『社会を変える教育』キーステージ21，2012年.

Nettleship, R. L., 'Memoir', in R. L. Nettleship (ed.), *Works of Thomas Hill Green*, vol. 3, Cambridge University Press, 2011 [1886], pp. xi-clxi.

Newman, Michael, *Harold Laski: A Political Biography*, Merlin Press, 2009 [1993].

Nicholls, David, *Three Varieties of Pluralism*, Macmillan Press, 1974（日下喜一，鈴木光重，尾藤孝一訳『政治的多元主義の諸相』御茶の水書房，1981年）.

Nicholson, Peter P., *The Political Philosophy of the British Idealists: Selected Studies*, Cambridge University Press, 1990.

小笠原欣幸『ハロルド・ラスキ——政治に挑んだ政治学者』勁草書房，1987年.

大井赤亥「初期ハロルド・ラスキの“多元的国家論”をめぐる再検討——教会論と労働組合論の位相」，『政治思想研究』第12号，2012年，251–80頁.

大井赤亥『ハロルド・ラスキの政治学——公共的知識人の政治参加とリベラリズムの再定義』東京大学出版会，2019年.

岡野八代『シティズンシップの政治学——国民・国家主義批判』増補版，白澤社，2009年.

Pemberton, Jo-Anne Claire, 'James and the Early Laski: The Ambiguous Legacy of Pragmatism', in *History of Political Thought*, vol. 19, no. 2, 1998, pp. 264–292.

プラトン『国家』上巻，藤沢令夫訳，岩波書店，1979年.

Pocock, J. G. A., 'The Ideal of Citizenship since Classical Times' (1992), in Richard Bellamy & Madeleine Kennedy-Macfoy (eds.), *Citizenship: Critical Concepts in Political Science*, vol. 1, Routledge, 2014, pp. 67–85.

Popper, K. R., *The Open Society and its Enemies: Volume II, The High Tide of Prophecy: Hegel, Marx, and the Aftermath*, Routledge & Kegan Paul, 1945（小河原誠，内田詔夫訳『開かれた社会とその敵』下巻，未来社，1980年）.

Richter, Melvin, *The Politics of Conscience: T. H. Green and His Age*, Weindenfeld & Nicolson, 1964.

Rousseau, Jean-Jacques, *Du Contrat Social*, Ronald Grimsley（ed.）, Oxford University Press, 1972［1762］（作田啓一訳『社会契約論』白水社，2010年）.

Runciman, David, *Pluralism and the Personality of the State*, Cambridge University Press, 1997.

関口正司『自由と陶冶——J. S. ミルとマス・デモクラシー』みすず書房，1989年.

シュミット，カール「国家倫理学と多元論的国家」［1930年］今井弘道訳，『ユリスプルデンティア——国際比較法制研究』第2巻，比較法制研究所，1991年，98–115頁。

芝田秀幹『イギリス理想主義の政治思想——バーナード・ボザンケの政治理論』芦書房，2006年.

芝田秀幹『ボザンケと現代政治理論——多元的国家論，新自由主義，コミュニタリアニズム』芦書房，2013年.

Shumpeter, Joseph A., 'Review: *Reflections on the Revolution of Our Time* by Harold J. Laski', in *The American Economic Review*, vol. 34, no. 1, pt. 1, 1944, pp. 161–4.

Skinner, Quentin, 'The Idea of a Cultural Lexicon', in *Visions of Politics, Volume I: Regarding Method*, Cambridge University Press, 2002, pp. 158–74.

Skinner, Quentin, 'The Sovereign State: A Genealogy', in Hent Kalmo & Quentin Skinner（eds.）, *Sovereignty in Fragments: the Past, Present and Future of a Contested Concept*, Cambridge University Press, 2010, pp. 26–46.

Stapleton, Julia, *Englishness and the Study of Politics: The Social and Political Thought of Ernest Barker*, Cambridge University Press, 1994.

杉田敦「人間性と政治——グレアム・ウォーラスの政治理論（下）」，『思想』第741号，1986年，124–41頁。

杉田敦「全体性・多元性・開放性」，『境界線の政治学』岩波書店，2005年，25–52頁.

杉田敦『権力論』岩波書店，2015年.

Sweet, William, *Idealism and Rights: The Social Ontology of Human Rights in the Political Thought of Bernard Bosanquet*, University Press of America, 1997.

Tawney, R. H., *The Acquisitive Society*, Harcourt, Brace, 1920（山下重一訳「獲得社会」，『世界思想教養全集17』293–394頁）.

寺尾範野「レオナード・ホブハウスの権利論――“リベラルな福祉国家論”の構想」,『政治思想研究』第11号，2011年，402-29頁.
寺尾範野「ニューリベラリズムによるボザンケ批判の再考――倫理，国家，福祉をめぐって」,『イギリス哲学研究』第35号，2012年，53-67頁.
遠山隆淑『「ビジネス・ジェントルマン」の政治学――W・バジョットとヴィクトリア時代の代議政治』風行社，2011年.
遠山隆淑『妥協の政治学――イギリス議会政治の思想空間』風行社，2017年.
Tyler, Colin, *Idealist Political Thought: Pluralism and Conflict in the Absolute Idealist Tradition*, Continuum, 2006.
Tyler, Colin, *Civil Society, Capitalism and the State: Part 2 of The Liberal Socialism of Thomas Hill Green*, Imprint Academic, 2012.
若松繁信『イギリス自由主義史研究――T・H・グリーンと知識人政治の季節』ミネルヴァ書房，1991年.
Ulam, Adam B., *Philosophical Foundations of English Socialism*, Harvard University Press, 1951（谷田部文吉訳『イギリス社会主義の哲学的基礎』未来社，1968年).
Whatmore, Richard & Brian Young (eds.), *A Companion to Intellectual History*, John Wiley & Sons, 2016.
山口定『ファシズム』岩波書店，2006年.
山本卓「レオナード・ホブハウスの“自由主義的社会主義”――ナショナルミニマムの政治理論」,『政治思想研究』第9号，2009年，365-96頁.
山下重一『J・S・ミルの政治思想』木鐸社，1976年.
Zashin, Elliot M., *Civil Disobedience and Democracy*, Free Press, 1972.
Zylstra, Bernard, *From Pluralism to Collectivism: The Development of Harold Laski's Political Thought*, Van Gorcum, 1968.

【著者】

梅澤　佑介（うめざわ ゆうすけ）

1987年，神奈川県に生まれる．2018年，慶應義塾大学大学院法学研究科政治学専攻後期博士課程修了．法学博士．現在，慶應義塾大学法学部・二松学舎大学国際政治経済学部・専修大学法学部・共立女子大学国際学部非常勤講師．専門分野は西洋政治思想史．
主要論文に「市民の義務としての反乱――ハロルド・ラスキによるT・H・グリーンの批判的継承」（『イギリス哲学研究』第39号，2016年），共訳書にリチャード・タック『戦争と平和の権利――政治思想と国際秩序：グロティウスからカントまで』（風行社，2015年）などがある．

市民の義務としての〈反乱〉
――イギリス政治思想史におけるシティズンシップ論の系譜

2020年6月5日　初版第1刷発行

著　者――――梅澤佑介
発行者――――依田俊之
発行所――――慶應義塾大学出版会株式会社
〒108-8346　東京都港区三田2-19-30
TEL〔編集部〕03-3451-0931
〔営業部〕03-3451-3584〈ご注文〉
〔　〃　〕03-3451-6926
FAX〔営業部〕03-3451-3122
振替　00190-8-155497
http://www.keio-up.co.jp/
装　丁――――Boogie Design
ＤＴＰ――――アイランド・コレクション
印刷・製本――中央精版印刷株式会社
カバー印刷――株式会社太平印刷社

Printed in Japan ISBN 978-4-7664-2682-3

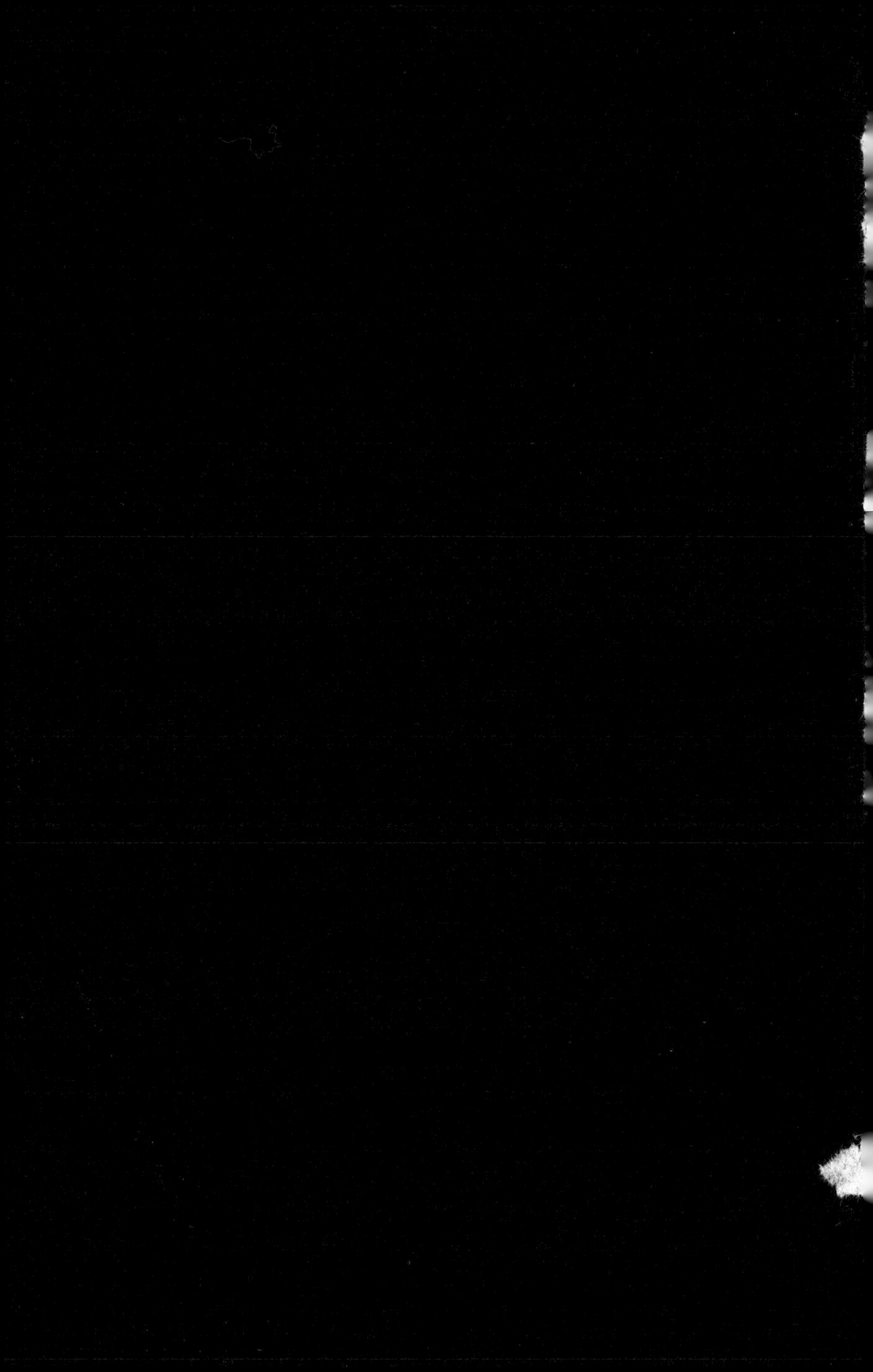